168

VOYAGE AU LEVANT.

PARIS. — IMPRIMERIE DE MARC DUCLOUX ET COMP.,
RUE DE L'ÉCOLE-DE-MÉDECINE, 80.

JOURNAL
D'UN
VOYAGE AU LEVANT

PAR

L'Auteur du Mariage au point de vue Chrétien.

TOME III.

LE DÉSERT ET LA SYRIE.

PARIS,
MARC DUCLOUX ET C°., ÉDITEURS.
EN VENTE : A LA LIBRAIRIE, RUE TRONCHET, 9.

1848.

DÉSERT DE SUEZ.

Mardi 14 mars 1848, dans le désert. — Nous quittons ce matin le Caire. — Je l'avoue, nous voyons les horreurs de la révolution et pis, au bout des événements qui viennent de se succéder. — Les intentions de beaucoup de gens sont bonnes, il y a beaucoup de bien à faire; mais, où est la main qui règlera les passions? — Et puis, cette copie mot à mot de la République de 89, m'effraye en même temps qu'elle me semble une pauvreté.

Quelle fin de règne, pour ce roi qui, sous les coups des assassins, s'est montré dix-huit ans l'énergique défenseur de la paix européenne! Quelle fin de règne, pour cette reine qui, dix-huit ans a vécu d'angoisses et de douleurs! — Et la duchesse d'Orléans, après tant de larmes, ce passage au travers d'une régence de dix minutes!

La liberté religieuse, l'émancipation des esclaves, la séparation de l'Église et de l'État peuvent sortir de cette convulsion ; Dieu le veuille. — Quant à l'amélioration de l'état des classes pauvres, j'y crois moins. On est dans le faux à l'égard du peuple ; on y est, parce qu'on a peur de lui plus qu'on ne l'aime; les vrais frères ne flattent pas.

Dieu tient nos destinées dans sa main. Un voile épais est tiré devant elles ; mais qu'il y a de douceur à s'appuyer sur le Rocher !

Cette première journée dans le désert aurait été belle, sans le poids qui nous étouffe. Et pourtant, vingt-cinq jours de solitude, n'est-ce pas une grâce et un bonheur ? Ensemble, un devant le Seigneur, le Seigneur avec nous : que de douleurs succèderont peut-être à ce dernier éclair de paix ! Jésus, tu es et tu seras partout *notre paix*.

Le comte de Sallazar, un de nos bons amis de la Haute-Égypte et du Caire, nous accompagne à cinq heures du matin jusqu'au campement de nos chameaux, partis la veille. — Nous montons sur nos dromadaires; tout ce dont on nous avait fait peur s'évanouit : l'allure est douce, les bêtes sont excellentes.

Le désert flamboie sous le soleil. Quelques grands lézards jaune opaque, à tête noire, à queue dentelée, nous regardent passer. Nos Bédouins les saisissent et nous les apportent, mais nous avons décrété l'abolition de la peine de mort dans notre caravane; on les laisse courir.

A onze heure la chaleur est si forte et ma faiblesse telle — je n'ai pu hier ni manger, ni dormir — que mon mari fait arrêter la caravane. Nous nous étendons sur le sable, à l'ombre d'une des stations du chemin qui mène à Suez. Le convoi des voyageurs anglais nous atteint; les hommes sont cahotés dans cinq petites voitures en forme d'omnibus; les dames viennent séparément. Ces stations sont des relais placés près de chaque télégraphe. Deux d'entre elles fournissent à dîner..... aux seuls voyageurs de la compagnie.

Ce matin, tous les Français de l'hôtel, jusqu'au cuisinier et au marmiton, avaient pris la cocarde rouge. — « Eh bien! » dit Louis à ces derniers, en les voyant à quatre heures décorés de la sorte, « qu'y a-t-il donc? »

— Vous ne savez pas?... La République!

— Eh bien oui, la République. Êtes-vous républicains, vous?

— Non!... *mais puisque c'est la République!*

Raisonnement profond! — Et voilà comment on retourne les masses.

Si la République est possible, tant mieux. Mais le communisme est là-dessous, le communisme : hache, pioche, tout ce qu'on voudra; instrument propre à détruire, jamais à bâtir.

Mercredi 15 mars 1848. — Hier soir, la lune donnait en plein sur notre campement. Il se compose de trois tentes. L'une ronde, verte, abritant les cantines, les bagages, Antonio, Louis, et notre cuisinier Habib. L'autre modeste mais gentille, appartenant à Jeannette. La troisième carrée, petite, chef-d'œuvre de Gandillot, que nous ont prêté mon frère et ma belle-sœur. Il y a deux ans, elle s'étendait sur eux dans ce même désert.

Nos chameaux, qui avaient été brouter quelques plantes épineuses, sont revenus à la nuit tombante. Chaque Bédouin a fixé au cou de sa bête un sac plein de fèves — deux litres environ ; — on n'entend plus que le bruit des mâchoires qui broient avec solennité.

Habib établit ses casseroles sur les charbons ; les Bédouins forment des cercles autour des feux. Nous allons nous asseoir sur le sable, à quelque distance, pour nous voir être heureux. Nous ouvrons notre Bible, nous lisons un de ces Psaumes qui calment l'angoisse, parce qu'ils ont été écrits dans l'angoisse ; mon mari prie. Pouvoir s'appuyer sur la foi de son mari, grâce entre toutes !

Dieu nous a exaucés ; nous sommes pleins de confiance, résolus à nous livrer entièrement à sa direction, certains qu'Il mène le monde et qu'Il ne nous chargera pas au delà de nos forces, sachant qu'Il garde ceux que nous lui avons remis en partant. Au fond de notre tristesse, il y a de la joie ; par-dessous nos inquiétudes, il y a de la paix.

La vanité des passions les plus nobles, des travaux les plus sérieux, n'a jamais éclaté de telle sorte. — Une heure, balayer dix-huit ans d'efforts et de courage !

Le gouvernement n'a pas assez fait de sacrifices aux principes, c'est vrai. Hélas! qui en a fait davantage? N'est-ce pas le dédain des principes qui nous tuera? — Qui a des principes aujourd'hui? Sont-ce les royalistes d'hier, républicains aujourd'hui, anarchistes demain, absolutistes après-demain?... Sont-ce les gens qui ont fait la révolution sans savoir ce qu'ils faisaient, entraînés par la puissance des choses?

Nous voici campés. Le soleil plonge dans les sables. Tout le jour, nous avons eu à notre gauche le désert que traversait Moïse avec les Israélites. — La terre de Goscen était située à l'orient du bras le plus oriental du Nil. Les enfants d'Israël suivaient probablement le canal qui unissait la mer Rouge à la branche Bubastique. — Eux aussi étaient troublés; leur avenir les pénétrait de crainte. Moïse a prié là, prié avec ténacité; il a été entendu de Dieu. Nous, enfants rachetés de Christ, ne le serons-nous pas, quand nous lui demandons la confiance, la soumission, le salut de nos patries?

Notre journée s'est passée à marcher lentement au milieu d'une plaine de sable, bornée à droite par une chaîne de montagnes qui côtoie la mer Rouge.

Les aspects sont solennels, uniformes; de temps en temps le terrain se relève en plateaux ou se creuse en vallées; mais rien n'est fortement accusé. Il y a ici et là quelques touffes d'un vert glauque, dont nos chameaux tondent en passant la largeur de leur langue. Nous avons vu deux mimosas au feuillage gris, perdus au milieu de l'étendue. Quelques perdrix, qui se nourrissent *exclusivement* de pierres, — dit Antonio, — quelques petits lézards, une grosse sauterelle noire, deux troupeaux de chèvres qui sont évidemment au régime des perdrix, passent devant nous.

La chaleur est suffoquante; le vent vient tantôt de l'orient, tantôt du midi. Nous nous arrêtons deux heures à l'ombre étroite d'une station. C'est une des stations où dînent messieurs les Anglais. La basse-cour est complète : poules et dindons se précipitent vers un mauvais chaudron plein d'eau sale; les oies y enfoncent leur bec avec une sorte de désespoir; l'une d'elles parvient à y entrer, elle s'y plonge, elle s'y retourne, elle s'y trempe, pendant que les autres, courant et criant autour du chaudron, cherchent à recevoir quelques-unes des gouttes qu'elle fait jaillir. Il y a de la cruauté à mettre des oies au désert.

Voilà nos événements. J'oublie celui d'hier soir : la caravane de deux cents chameaux qui porte les bagages des Anglais, passant au grand trot, éclairée par la lune.

Ah! si ceux que nous aimons étaient là!

Près du fort de Hajloum, jeudi 16 *mars* 1848. — Nous savons aujourd'hui ce qu'est le désert.

Le kamsin, qui régnait hier, redouble cette nuit. Jusqu'à midi c'était tolérable. Nous arrivons vers une heure à la station, brûlants, desséchés, aspirant après l'ombre et l'eau. Les rares Bédouins que nous rencontrons ont le visage soigneusement enveloppé. — Nous nous étendons le long de la muraille; à peine y sommes-nous, que le kamsin enlève des tourbillons de sable; il nous le jette dans les yeux, dans les poumons. Notre peau se crispe : on dirait un étui de parchemin; nous n'osons nous toucher nous-mêmes ou toucher quoi que ce soit; nous respirons du feu. Pour comble de détresse, il n'y a presque pas d'eau. Outre notre provision, — quatre barils — Antonio avait fait remplir deux gourdes pour les Bédouins; ces malheureux les ont vidées au sortir du Caire! Ils n'en boivent pas une goutte de moins; tout le jour ils ont le gosier sous le goulot. La provision baisse, et nous ne retrouverons de l'eau potable qu'au Sinaï. Chacun, eux exceptés, s'impose des privations. On affirme qu'on n'a pas soif, on fait semblant de boire et l'on ne mouille que ses lèvres, tandis qu'on voudrait sentir un fleuve descendre au fond de sa poitrine.

Pauvre Agar! sous cette atmosphère embrasée,

épaissie, les lèvres déchirées par le soleil, voyant ce que j'aime souffrir une soif ardente et refuser de l'étancher pour me laisser quelques gouttes d'eau, j'ai compris ton angoisse. Elle mit son enfant sous un arbrisseau, elle s'éloigna de lui à la distance d'un trait d'arc et s'assit vis-à-vis, car elle dit : « Que je ne voie point mourir cet enfant !... » Puis elle éleva la voix et pleura. — « Qu'as-tu, Agar ? *ne crains point !* » — Mon Dieu, tu es de toute éternité un Dieu de compassion !

Et nous voici sous la garde des fils d'Agar.

Il y a d'autres paroles, qui ne prennent leur sens complet que par un jour de kamsin. « *Être altéré de la justice !* » et celles-ci : « Pour ce qui est des affligés et des misérables, qui cherchent des eaux et qui n'en ont point, et dont la langue périt de soif, moi, l'Éternel, je les exaucerai... je changerai le désert en étangs d'eaux et la terre sèche en sources d'eaux [1]. »
— Nos pauvres âmes, altérées de paix, tu les inonderas, Seigneur. Tout croule ; le monde tremble sur sa base : rien ne nous ébranlera ; non qu'il y ait aucune force en nous, mais Christ est notre force, avec lui nous pouvons traverser les fournaises.

Vers cinq heures, un de nos Bédouins va chercher de l'eau, elle est blanche comme de l'orgeat ; mais elle n'a pas le goût de sel, elle n'a que le goût

[1] Ésaïe, XLI.

de terre : c'est délicieux. — La citadelle non loin de laquelle nous voici campés renferme une abondante source salée. Nous y avons mené boire nos chameaux; c'était la première fois depuis quinze jours. Ils mangeaient l'herbe verte au Caire, et l'ont quitté sans tremper leur museau dans un liquide quelconque; ils boivent, mais avec une parfaite indifférence. Le mien se fait même tirer.

Les stations ne possèdent que l'eau nécessaire pour les besoins du transit; elles n'en vendent pas. A dater de ce soir, nous trouverons tous les jours de l'eau plus ou moins saumâtre; nous ne nous servirons que de celle-là pour la cuisine, et s'il plaît à Dieu, nous arriverons au Sinaï sans trop souffrir.

Après ces journées suffoquantes, imprégnés de sable que nous sommes, nous voudrions pouvoir, sinon nous baigner, au moins laver nos membres. Eh bien, non, il faut se contenter d'un verre d'eau pour faire ses ablutions, et encore regarde-t-on de mauvais œil ceux qui le prennent trop plein.

Sauf l'article *eau,* nos Bédouins sont les meilleures gens du monde : sobres, actifs, marchant neuf à dix heures par jour sans manger autre chose qu'un biscuit, quelque portion de notre pitance à midi, et le soir des lentilles que nous leur donnons, ou de la bouillie de farine, lorsque Habib, pressé par la nuit, n'a pas le temps de faire cuire les lentilles. Ils se montrent serviables, attentifs : bonnes et simples natures que nous aimons de tout notre cœur. Ils font partie de la tribu générale des *Taouarahs*, qui couvre la péninsule; ils s'intitulent : *enfants de Séid*, et membres de la famille du scheik Hussein [1].

Le costume des Bédouins se compose d'une chemise à manches pointues qui traînent jusqu'à terre, et qu'ils lient derrière leur dos pour faciliter la marche; une large ceinture de cuir brodé serre cette chemise à la taille; ils y passent un poignard recourbé. Le scheik y a fixé sa paire de pistolets. Un seul de nos Bédouins porte un fusil *à mèche*, soigneusement enveloppé dans son étui de peau. Pardessus la chemise, quelques-uns jettent la couverture de laine à raies brunes et blanches; ils posent sur leur tête, couverte du tarbousch et du turban, une pièce d'étoffe souple, foncée, qu'ils replient avec grâce pour se garantir des ardeurs du soleil. — Tous sont bronzés, presque noirs; tous ont de nobles figures. La plupart portent au pouce un anneau de cuivre.

Voici l'ordre de nos journées : à quatre heures du matin, le bras de Louis ou d'Antonio passe armé de la lanterne au travers de l'ouverture de notre tente. Gémissements, protestations. On se lève; à peine levés, nous accommodons l'intérieur de notre tente de

---

[1] Le scheik Hussein est un des scheiks protecteurs du couvent du Sinaï. Il applique son cachet sur tous les contrats passés entre les voyageurs et les Bédouins : c'est sur le vu de ce cachet, que le couvent du Caire remet aux voyageurs une lettre d'introduction pour le couvent du Sinaï.

manière à ce qu'il n'y ait plus qu'à jeter matelas, couvertures et draps dans le sac. Nous déjeunons : un plat de haricots secs ou de riz, avec du café blanchi par la décoction d'amandes qui s'efforce de remplacer le lait. Pendant que notre monde déjeune à son tour, nous prenons notre Bible, nous allons nous asseoir à quelques pas, en face du soleil qui sort du désert comme un boulet embrasé, en face de notre campement dont les tentes s'affaissent l'une après l'autre; nous lisons et nous prions. C'est un moment solennel et doux, qui nous laisse profondément heureux. — Hamad le conducteur de mon dromadaire, vient gravement alors nous baiser la main. Mon mari, Jeannette et moi, nous partons à pied les premiers, nos dromadaires nous suivent, la caravane vient après. Au bout d'une heure ou deux, Hamad fait agenouiller nos chameaux. La selle arabe est placée sur la bosse même de l'animal; des coussins, des tapis, une peau de mouton l'exhaussent encore : nous nous asseyons là; en trois mouvements le dromadaire se relève, et nous voilà partis. Nous pouvons lire sur nos bêtes, c'est beaucoup. — La fatigue vient moins du mouvement que de l'impossibilité de s'appuyer. On sent bientôt entre les deux épaules une douleur que la chaleur et la faiblesse rendent vite pénible. Le dromadaire comporte trois ou quatre positions dont la variété soulage, dit-on; je trouve plus simple de garder la même tout le jour ; la voici : s'asseoir en face de la tête de son chameau, les pieds croisés l'un sur l'autre ou passés dans deux étriers qui pendent à droite et à gauche du cou de l'animal. — Tout va bien tant qu'on échappe au parasol, mais lorsqu'il faut le maintenir contre le vent, la fatigue devient intolérable.

Chacun de nos dromadaires porte du côté de l'ombre, une gourde en cuir — *zinzamia* — qui était pleine hier, qui aujourd'hui contient le quart de ce qu'il faut pour étancher notre soif. Il y a peu de jouissances matérielles comparables à celle de tenir cette outre à deux mains, et de laisser couler tout au fond de son gosier un ruisseau d'eau fraîche.

A midi, nous passons deux heures étendus contre quelque station ; notre bagage nous devance avec Antonio qui va planter les tentes, et le soir, après trois ou quatre heures de marche, nous trouvons le campement établi.

Qu'on dort bien sur la terre, sous cette toile qui vibre au souffle du vent, qui tamise la lumière des étoiles, près de ces noires figures de Bédouins groupés vers les feux, entouré des seize chameaux qui broient leurs fèves ! — Le soir, nous soupons en plein air, éclairés par la lune... et par une lanterne de toile suspendue à un pieu. Le kamsin souffle encore, modifié par la nuit. Dans ce moment il tourne du sud à l'ouest.

Nous rencontrons aujourd'hui deux caravanes de

hadgis[1] retardataires. Ils viennent de la Mecque. La grande caravane est rentrée depuis un mois. Ceux-ci profitent du pèlerinage pour faire le commerce. Chaque *hadgi* porte un costume différent : il y a des soldats turcs, il y a des nègres, il y a des Arabes ; tout cela tanné par le soleil, coloré de tons dignes de Van-Dick ou de Rembrandt.

Le désert a perdu sa monotonie. Le beau groupe des monts *Ataka* se dresse à notre droite ; il a des formes hardies, il s'étage en deux plans ; le premier noir, le second bleu. Nous voyons briller dans le lointain une ligne d'argent : c'est la mer Rouge. — La coloquinte avec ses pommes jaunes et ses tiges rampantes couvre le terrain.

Deux ou trois fois aujourd'hui, le mirage nous a montré des lacs et des rivières au milieu des sables.

[1] *Hadgi*, — pèlerins, saints.

SOURCES DE MOÏSE.

Vendredi, 17 mars 1848. — Beau jour ! l'anniversaire de notre mariage ; le passage de la mer Rouge : les plus doux et les plus grands souvenirs.

Ce matin, à quatre heures, nous échangeons nos petits cadeaux ; nous les avions bien cachés ; ils apparaissent à la lueur vacillante de notre lanterne qui se balance ainsi que la tente comme en pleine mer. Le vent a redoublé. Pas moyen de fermer l'œil avec ce tremblement général. Nous en sommes plus vite réveillés. Nous rendons grâce au Seigneur avec émotion, de ces années d'idéal bonheur.

Le soleil se lève dans la splendeur de son ciel bleu, le vent est frais. Nous avons au midi la chaîne du mont Ataka taillée à pic ; ses formes sont nettes, ses couleurs d'un ton sévère ; la plaine de sable, dorée, égale, s'étend de la base des montagnes aux lointains horizons du nord. Devant nous à l'orient, la mer, qui va bleuissant et s'élargissant, arrête le désert dans toute sa largeur ; quelques vaisseaux noirs se dessinent sur ses eaux qu'on dirait d'un niveau plus élevé que celui des sables. Au delà, une bande jaune : le désert d'*Etham*; et derrière, des chaînes de montagnes violettes qui baignent dans la lumière colorée de l'Orient.

Voilà, c'est ici, bien ici que se pressait *Israël* · les hommes de guerre, les femmes, les petits enfants, le bétail ; multitude troublée, hésitante, qui fuyait ses persécuteurs et qui avait peur aussi de son Dieu. — Moïse conduisait la troupe éperdue ; lui-même, le fort, le croyant, s'effrayait parfois de son œuvre. — Les cohortes arrivent au bord de cette mer, entre Pihahiroth et Migdol, devant ces vagues qui les arrêtent d'un côté, tandis que les murailles de l'Ataka les arrêtent de l'autre, quand voici une sourde rumeur : Pharaon ! Pharaon et ses chariots ! Alors ces deux millions de voix poussent une grande clameur ; clameur d'effroi, clameur de révolte : « Est-ce qu'il n'y avait point de sépulcres en Égypte, que tu nous aies emmenés, pour nous faire mourir au désert ?... N'est-ce pas ce que nous te disions en Égypte, disant : laisse-nous, et que nous servions les Égyptiens... il vaut mieux que nous les servions que si nous mourions au désert. »

« — Étends ta verge sur les eaux ! »

Le vent d'orient souffle, l'ange de Dieu dresse la

colonne de nuée, la nuit descend : splendeur sur la multitude qui s'avance entre les abîmes suspendus, ténèbres sur l'armée qui la poursuit.

Au matin, le gouffre s'était refermé, les vagues se gonflaient puissantes : tout était solennel, calme, comme au matin de tous les jours; seulement, on voyait sur l'autre plage un peuple entier à genoux; seulement, on entendait une forte voix chanter ce cantique : « L'Éternel est un grand guerrier, son nom est l'Éternel !... L'ennemi disait : je poursuivrai, j'atteindrai, je partagerai le butin, mon âme en sera assouvie, je tirerai mon épée, ma main les détruira ! Tu as soufflé de ton vent, la mer les a couverts : ils ont été enfoncés comme du plomb au plus profond des eaux !... Qui es comme toi, magnifique en sainteté, redoutable, digne de louange et qui fais des merveilles ? » et Marie, la prophétesse, un tambour dans les mains; et les femmes avec des tambours et des flûtes, répondaient : « Chantez à l'Éternel ! »

Nos chameliers, sous prétexte que l'air de la mer envenime les plaies de leurs bêtes, enfoncent un morceau de salpêtre dans le nez de chaque dromadaire. — Nous arrivons à Suez.

La position est frappante. Suez noire, silencieuse, entourée de murailles, longe la plage; il n'y a autour d'elle que le désert, que les rudes montagnes, que la mer, et le ciel éclatant par-dessus. Pas un arbre, pas une herbe : la terre, le soleil, flamboyants tous deux. Dans le port stationnent les barques de la mer Rouge, larges et hautes de l'arrière, pointues et basses de l'avant; lourdes masses noires, qui semblent destinées plutôt à rouler sur l'un et l'autre flanc qu'à fendre les ondes. — Quatre places arides, ouvertes du côté de la mer, bordées de *Bristish post, Bristish hôtel, Bristish transit*, composent Suez. Deux ou trois Arabes se promènent sur le quai, vêtus d'une chemise de coton blanc, d'une robe de soie de Damas, coiffés d'un mouchoir de soie rouge ou jaune, négligemment jeté sur la tête.

Nous prenons une barque, on déplie la voile, et notre nef quitte le rivage, glisse sur la mer, bondissant, tremblant parfois, mais prompte comme la pensée.

D'un côté l'Afrique, l'Afrique d'ébène, l'Afrique avec son antiquité qui compte par dizaines de siècles; de l'autre l'Asie, l'Asie plus pâle et plus somptueuse, avec ses héros qui ressemblent à des *Dgins*, avec ses conquêtes qui ressemblent à des contes de fées, endormie entre ses déserts de feu et ses déserts de glace.

Suez disparaît, nous dépassons le paquebot à vapeur qui fait le service des Indes ; nous cinglons le long des monts Ataka, ils descendent abruptes dans la mer; arrivés à la hauteur du cap nous virons de bord et nous gouvernons sur la côte d'Asie en traversant des bancs de graines flottantes. Après deux heures de navigation notre barque s'arrête, elle a trouvé le sable ; les matelots nous transportent sur la plage toute hérissée de corail : nous touchons l'Asie !

On dit que les marées basses permettent parfois de guéer le golfe vis-à-vis de Suez ; les rationalistes s'efforcent d'expliquer ainsi le miracle. Mais le passage ne reste libre qu'un nombre d'heures insuffisant à la traversée de deux millions d'individus[1]. Qu'on fasse rentrer le passage des Israélites dans l'ordre naturel des choses, on n'y fera pas rentrer l'engloutissement des Égyptiens.

— Le flux !

— Pharaon, ses capitaines, ses sages, ignoraient-ils le mouvement régulier des marées ? N'y avait-il pas là une ville, Pihahiroth, dont les habitants assistaient tous les jours au phénomène ? Trouverait-on sur nos côtes de l'Océan, quatre individus assez sots pour s'aventurer à l'heure de la marée montante sur les sables qu'elle inonde ?

Mais ce n'est pas tout. La mer Rouge, lorsque Moïse et le peuple la traversèrent, s'étendait jusqu'aux *lacs amers* ; ses profondeurs, incommensurables alors, ont depuis été comblées par les montagnes de sable qu'y a versées le désert d'Étham.

---

[1] Les hommes de guerre étaient au nombre de six cent mille, ce qui fait monter à dix-huit cent mille celui des enfants et des femmes.

Là où se trouve maintenant un banc que le reflux laisse à sec, là s'ouvraient autrefois des abîmes.

Que de peine on se donne pour être incrédule ! Que d'invraisemblances on forge pour écarter le vrai ! — Les croyants eux-mêmes s'efforcent d'amoindrir le miracle, et voici comment : le vent d'orient souffle, les eaux s'écoulent naturellement vers le midi ; il cesse, elles reviennent. De la sorte, le miracle est obligé de se réfugier dans le fait de la force du vent, dans celui de la coïncidence de l'événement avec le phénomène. Les expressions de la Bible renversent toutes ces théories. La Bible parle du vent d'orient, mais elle parle aussi des eaux *amoncelées*, servant de *mur à droite et à gauche* [1].

Nous avons passé deux heures sur le rivage, à ramasser des coquilles, à marcher pieds nus dans l'eau tiède. A mesure que la mer se retirait, elle laissait sur la plage des plantes marines vibrantes au toucher, des éponges, des branches de corail, des sépias, masses brillantes et limpides, des trésors de coquillages, ceux-ci tournés en spirales, ceux-là ouverts en valves polies, les uns peints de vives couleurs, les autres blancs comme la perle. Il y avait des oursins, il y avait des lames de nacre ; nous cheminions à quatre pattes sur le sable, grattant, ramassant ; chaque instant nous amenait devant une forme

---

[1] Exode, XIV, XV.

plus étrange. — Oh! richesse de la création de Dieu! La mer n'est pas seulement profonde par ses abîmes, elle l'est surtout par ces œuvres, par ces milliers de créatures et de plantes qui ne sont ni créatures ni plantes, qui sont peut-être tous les deux. Toute l'intelligence de l'homme le plus intelligent, toute la science de l'homme le plus savant, viennent échouer devant ce petit morceau gélatineux, qui frémit et se contracte au contact du doigt.

Mais il faut s'arracher au bord de la mer, pour traverser une plage zébrée de lits de coquilles. Nous montons un plateau de sable, calciné par le soleil de midi. Trois bosquets se groupent à l'horizon; nous allons nous étendre sous le plus proche. — Ce sont les sources de Moïse. *De Moïse!* je ne sais pourquoi; il n'y est pas fait une seule allusion dans l'Exode ou dans les Nombres.

La source jaillit au fond d'une mare; elle est blanche, terreuse, couverte de débris de cent espèces... on ne se dégoûte pas pour si peu au désert; nous la buvons avec délices, couchés sous les tamarisques, dans ce jardin primitif que cultivent deux Arabes. Ils vont nous arracher des oignons, des radis; nous croquons tout et la feuille par-dessus. Les oiseaux chantent, les insectes bourdonnent; je me suis assise au pied d'une haie de paille de douhra, vis-à-vis d'un carré de poireaux; j'ai à ma gauche une plante en fleur; devant moi, à la portée de la main, sautille un petit oiseau en gilet jaune. Mon mari lit étendu sur le bord de la mare; un agneau noir mange dans sa main : il n'a pas fini sa bouchée qu'il donne un coup de corne. Nos chameaux, qui ont fait le tour du golfe, arrivent en longue file. On dresse les tentes entre deux bouquets de palmiers, au milieu de notre paradis. Bonsoir ; mieux vaut jouir que décrire [1].

[1] Ces jardins sont des propriétés particulières.

OUADI OUARDAN.

―――

Samedi, 18 mars 1848. — Arrivés les premiers, nous faisons agenouiller nos dromadaires non loin de la mer, au milieu de quelques monticules de sable où poussent des plantes épineuses et une espèce de jonc que dédaignent les chameaux. Bientôt notre bagage rejoint; on décharge. Les chameaux courent dans le désert à la recherche d'une maigre pâture; Antonio, Louis et nos Arabes enfoncent les piquets des tentes. Habib, toujours élégant, avec ses bas bien tirés, ses souliers fins, ses larges pantalons bleus attachés au-dessous du genou, sa veste brune et son mouchoir de damas à glands flottants prépare à la hâte son foyer, qu'il garantit contre le vent au moyen d'un entassement de pierres. Il s'agit de bâtir solidement, nous passons ici le dimanche.

Nous ne sommes pas fatigués : neuf heures et demie de marche avec une halte de demi-heure au fond de *Ouadi Sûdr;* et nous aurions sans regret poussé plus loin. — Le vent du nord souffle. Dans le désert, le vent est une question de vie ou de mort. Vient-il du sud, il tue; vient-il du nord, il vivifie.

Dès aujourd'hui, plus de *stations,* plus de route; à peine deux ou trois sentiers parallèles, tracés par le pied des chameaux qui marchent à la file. — A l'orient, nous avons le massif des montagnes de la Péninsule, que domine la pyramide du mont Hassey. Quelques ouadis en descendent et vont, dans le temps des pluies, porter leurs eaux à la mer Rouge. Ces ouadis, torrents en hiver, n'offrent plus maintenant que de légères dépressions de terrain, où croît de loin en loin un buisson sablonneux. — A l'occident se dessine une bande de deux bleus différents; l'un métallique, l'autre indigo : c'est la mer Rouge. La grande chaîne des monts Ataka lui sert de rempart et borne notre horizon. — Devant nous, au sud, se succèdent les monticules et les ouadis. C'est sur ce plan méridional que se produisent ce matin d'étonnants effets de mirage. — Nous voyons s'étendre une ligne d'arbres régulièrement plantés, à tronc droit, à tête arrondie; un coup de vent les efface, un instant de calme les fait repousser; ils fuient à notre approche; nous ne trouvons sur l'emplacement de cette avenue de château que quelques plantes rabougries. — Autre scène. Une jetée prodigieuse, détruite par places, plonge ses pieds dans la mer et traverse le golfe tout entier. C'est magique! Nous supposons que ce quai géant doit son existence à la réflexion dans l'air, d'une des murailles de sable qui bordent les ouadis.

Le sol est quelquefois sablonneux, beaucoup plus souvent solide et mêlé de cailloux. Dans le désert de Suez nous trouvions des agates; ici nous traversons des zônes de pierres polies. Le côté par lequel elles posent sur la terre a perdu son éclat, mais le reste conserve des couleurs brillantes et semble verni. Il y a des morceaux qu'on dirait de gueuse, il y en a qu'on dirait de marbre noir, d'autres de rouge antique, d'autres d'albâtre : ce sont les fleurs du désert.

Nous causons tout le jour; nous lisons aussi; la Bible d'abord, avec faim et soif, comme on la lit quand on entend l'orage gronder; et puis de la Borde, et *Robinson*, — voyageur américain, — et bien d'autres encore.

Les Israélites suivaient ce chemin. Ils firent trois haltes entre le passage de la mer Rouge et les fontaines d'*Élim*; ils ne pouvaient guère tenir d'autre route que la nôtre. C'est donc ici qu'ils marchaient! La colonne de feu s'est certainement posée sur des contre-forts de sable pareils à ceux que je vois de ma place.

On s'est, je ne sais pourquoi, habitué à ne considérer le Dieu de l'Ancien Testament que comme un Dieu terrible : Jéhovah! l'Éternel des armées!... et l'on tremble. Oui, l'on fait bien de trembler; mais lorsqu'au désert on rencontre à chaque pas les marques de la sollicitude de ce Dieu, père aussi bien que vengeur et que juge; lorsqu'on le voit envelopper de ses bras le peuple à *cou raide*; écouter ses murmures, faire jaillir les sources, rassasier de chair les enfants gâtés ennuyés de manne, on s'écrie du fond du cœur : abondant en gratuité!

Ce soir, comme nous arrivions, les bons yeux de la caravane ont vu bondir une gazelle dans le désert. En deux secondes elle a franchi la plaine et s'est perdue au milieu des montagnes, à l'Orient.

Dimanche, 17 mars 1848. — Nous venons de célébrer notre culte. Nous avons chanté le beau cantique : « Gloire soit au Saint-Esprit! » Nos cœurs sont pénétrés de confiance. Le calme règne autour de nous. A part un gros scarabée noir qui travaille dans le sable, et les mouches, presque aussi fâcheuses au désert que sur le Nil, pas un être qui interrompe le silence. Nos seize chameaux broûtent les épines dans quelque ouadi lointaine; nos treize Bédouins dorment en rond derrière les bâts de leurs bêtes; nous nous abritons sous la tente contre le soleil et contre le vent, qui, malgré la toile, nous couvre de sable. — D'immenses horizons se déroulent devant nous; notre paix, notre bonheur sont immenses aussi, d'autant plus doux que nous sentons que des tribulations nous attendent.

La République! je n'en veux plus parler... mais, avant de me taire, il faut que j'en dise tout ce que j'ai sur le cœur.

J'ai peur de cette République; non du mot abstrait, non de la chose en elle-même, bien que le siècle dernier ait souillé mot et chose; mais j'ai peur du fait actuel. — Voici pourquoi. Ce fait n'est pas né d'un principe; il n'est pas né d'un besoin; il est né d'une surprise; il ne me semble pas viable.

La République!... et moi aussi je suis républicaine! enfant d'une vieille République. — Celles-là sont les bonnes. — J'aime l'indépendance... hélas! je l'aime avec idolâtrie... et c'est justement pour cela que j'ai peur.

La France est républicaine! — Peut-être. Ce que je sais bien, c'est qu'elle ne l'était pas hier. Les gens qui le 24 février installaient la République, le 20 en auraient frissonné.

Où sont les racines? encore une fois, où est le principe? — Navire à voiles disproportionnées, encombré de matelots novices, lancé sur une mer furieuse, nous voilà.

Si le fait m'épouvante, *il modo m'offende!* Oui, la manière me révolte. — Autant que personne je vois, je reconnais les torts de l'ancien gouvernement. Il usait de corruption..... pas plus que n'avaient fait ses adversaires. Il reculait devant des mesures vraiment libérales... pas plus que ne reculaient ses adversaires devant la liberté du commerce et tant d'autres. Il maintenait la paix, il la maintenait avec honneur; ceux qui, comme nous, entendent parler de la France dans les pays étrangers le savent bien. Sous ses soins, la prospérité nationale s'était prodigieusement accrue. — A part, voler, tuer, et autres crimes que prévoit le Code pénal, on faisait à peu près tout ce qu'on voulait. Il était possible, il était facile de conquérir les vrais progrès par des moyens légaux; il ne fallait pour cela que de la force de volonté. Avec notre organisation, ce que *voulait* la France, elle était certaine de l'obtenir. — C'est ce gouvernement-là, c'est ce roi courageux, éclairé, c'est cette charte libérale, intacte, que nous avons brisés tous trois du même coup.

Un tel renversement politique, au moment où la politique est morte dans les âmes, où les intérêts matériels ont tout envahi, un tel renversement n'est-il pas une anomalie?

Oui, je suis bien moins effrayée de la République, que de l'absence des républicains; bien moins du fait, que de la discordance de ce fait avec l'état réel des esprits; bien moins de l'expression du mal, que du mal lui-même.

Donnez à notre France un roi constitutionnel, donnez-lui une tyrannie militaire, donnez-lui une désorganisation socialiste, elle ne s'en portera au fond, ni beaucoup mieux, ni beaucoup moins bien. C'est le fond qu'il faudrait changer : c'est le cœur et c'est l'âme. Dans l'un, mettre des sentiments au lieu de fièvre; dans l'autre, mettre des principes au lieu d'impressions.

Liberté, Égalité, Fraternité! Belles choses!

Fraternité! Dieu nous garde de celle de Caïn et d'Abel... il y a des embrassements qui étouffent.

— Pourquoi ces défiances?

Pourquoi? — Parce que l'homme est de sa nature une méchante bête; la plus méchante de toutes les bêtes. Je ne regarde jamais dans mon propre cœur, je n'ouvre jamais un livre d'histoire, sans que cela me saute aux yeux. — En temps de calme, cette méchanceté de l'homme reste latente; quelques individualités, sous ce rapport plus richement dotées que d'autres, l'exercent dans le royaume de la famille; elle n'en passe guère les bornes. En temps de troubles, ce que l'Écriture appelle : *les lies du cœur*, monte à la surface, et verse par-dessus les bords.

— Alors on a ces décrets insensés, ces épouvantables massacres dont la seule lecture dépasse les forces nerveuses.

Hélas! valons-nous mieux que ne valaient les hommes de 89? — Avons-nous plus de foi, plus de désintéressement, sommes-nous plus à l'abri de l'ivresse du sang? Une pensée les gouvernait; de justes griefs avaient déterminés leurs premiers actes : où est la pensée, je dis la pensée consistante, vivace, qui nous mène ? où sont les griefs qui puissent expliquer l'anéantissement de la charte de 1830 ?

Quoi qu'il arrive — et autant je suis persuadée que Dieu tirera le bien du mal, autant je crois qu'il laissera le mal porter ses fruits ; autant je suis persuadée que le triomphe glorieux de l'Évangile est au bout de ces événements, autant je crois qu'entre le point ou nous voici et ce bout, il y a des ténèbres, de grandes douleurs : quoi qu'il arrive, puissions-nous marcher droit !

Je me défie de moi, de mon cœur idolâtre ; mais j'ai foi en Dieu. Mon Dieu, déchire-le, ce cœur, avec sa tendresse, plutôt qu'il donne un conseil de faiblesse à celui que tu lui as permis d'aimer.

OUADI USSEIT.

—

Lundi, 10 mars 1848. — Ce matin, nous partons à pied comme à l'ordinaire. Il est cinq heures et demie. Nous marchons légèrement à la fraîcheur. Depuis que nous avons traversé la mer Rouge, le vent du nord souffle régulièrement; les nuits et les matinées sont froides.

Des coulées de pierres colorées, vernies par le feu, descendent toujours des montagnes du *Tih*. Nous voyons ici le calcaire à toutes les formations : chaux, porcelaine, albâtre, marbre et cristal.

La route immense des Israélites s'étend sous nos pas. Le grand mont *Humam,* à pic du côté de la mer, semble la fermer devant nous. Il est impossible d'imaginer un emplacement plus grandiose à une telle scène. Là, dans cette vallée bordée d'un côté par le Tih, de l'autre par la mer qui apparaît derrière les monticules de sable, avec les bleues montagnes d'Égypte dans le lointain; là s'avançaient l'une après l'autre, les larges ondes du peuple juif. Il n'y a pas jusqu'à ces cailloux, qu'on dirait avoir senti l'ardeur de la colonne de feu.

Rien qui détourne la pensée de Dieu. Tout est beau, mais tout est sévère. Le sol éclatant de blancheur ou doré, n'alimente pas une touffe d'herbe. La montagne est éblouissante. L'œil, presque effrayé de tant de grandeur, se réfugie dans le ciel; la teinte du ciel seule est profonde, pleine de douceur. — L'Éternel parlait seul à seul à son peuple. — Et dans la vie, ne faut-il pas le désert, la sévérité des aspects, pour nous faire tourner de toute notre âme vers le Seigneur ?

Nous traversons *Ouadi Amara*, que nous aurions bien envie de prendre pour le *Mara* de l'Écriture, à cause de la ressemblance du nom; mais en Arabe, *Amara* veut dire *bâtiment*, au lieu d'*amer* que signifie *Mara* en hébreu. Et puis *Amara* n'a plus d'eau. Cependant la vallée est si large, si désolée, elle porte si bien empreints sur elle les caractères de la majesté, que nous trouvons à répondre à toutes les objections, jusqu'au moment où nous arrivons à *Ouadi Aouara* : un bassin circulaire, sur un plateau très élevé, couronné par deux palmiers nains, qui forment avec quelques pieds de *Gùrkùb*, toute la végétation ! Nous goûtons l'eau, elle est de l'amertume la plus prononcée. Plus de doute; nous nous réunissons à l'opinion de *Robinson* : ici est le véritable *Mara*.

Debout, derrière ce bassin arrondi, sur ce large plateau qui domine l'étendue et la mer, Moïse voyait le peuple se précipiter vers les eaux, il faisait front à leurs murmures, il élevait pour eux ses bras à l'Éternel. — Pauvre peuple! après trois jours de marche, de soif, être forcé de détourner ses lèvres!

L'Éternel enseigne à Moïse un bois qui adoucit les eaux. Il lui propose dans ces mêmes lieux des ordonnances et des statuts, et Il *l'éprouve!* Il semble que les plaintes, que les souffrances, que les regrets de ce peuple étaient une assez grande épreuve; eh bien non, Dieu ne la juge pas suffisante. Il *éprouve* plus particulièrement encore son prophète [1].

Après une halte de demi-heure, nous remontons sur nos dromadaires. Ce qui m'en plaît, c'est l'allure toujours la même, c'est la sagesse parfaite. Ils vont de leur pas ballonné sans qu'on ait à s'occuper d'eux; ils iraient mille ans comme cela; point de bride à tirer, point de trot à exciter, point de galop à modérer, point d'idées saugrenues à prévoir; on est à soi, non à sa bête; on peut penser et lire, on n'a pas forcément les yeux sur les oreilles de sa monture. Nos Bédouins ne les frappent jamais, ils ne les flattent pas davantage; la voix, quelques paroles suffisent. Si le Bédouin ne caresse pas le dromadaire, le dromadaire caresse le Bédouin. *Vorace,*

---

[1] Exode, XV.

le dromadaire de mon mari, égoïste, grognon pour tous, baise tendrement son maître. Il n'a que cela de bon... Je ne lui tiens pas compte des vertus communes à sa race : sobriété, intelligence, patience, égalité d'humeur — chez lui, c'est de mauvaise humeur qu'il faudrait dire. — Son premier, son second, son troisième mouvement le portent à hurler contre quiconque s'approche; mais que son maître, après s'être un instant écarté, passe à sa portée, Vorace allonge son grand cou, sa longue tête, et va doucement mordre le tarbousch ou la joue de *Hamad*. Vorace ferait un circuit de deux lieues, plutôt que de laisser échapper une touffe d'épines sans la tondre; il faut voir avec quelle béatitude il la mâche et la remâche, et puis une fois avalée, la reprend en sous-œuvre et s'en goberge à nouveaux frais.

Mon dromadaire est particulièrement sensible à la musique; quand je chante des airs fortement rhythmés, il dresse les oreilles; à certaines modulations il retourne la tête vers moi. — La marche de Félicien David retentit du matin au soir dans notre caravane. — Hamad chante aussi; ce ne sont plus les airs du Nil, ce sont des jets de voix, des notes éclatantes bien faites pour se répandre de solitudes en solitudes : avec ce cadre, avec cette masse d'air, avec cette désolation, c'est beau; cela ne serait qu'étrange ailleurs. Hamad termine ses phrases musicales par une espèce de gémissement que j'ai entendu pousser au fellah qui nous conduisait au travers des trèfles et des fèves d'Abydos.

Nous rencontrons une caravane de Bédouins. — « *Salam aleikùm!* » — « *Aleikùm Salam!* » — On se prend la main, on se dit le nom de son Scheik, et l'on passe.

Quelques autres se joignent à nous, ils ont, avec plus de noblesse et de fierté, ce fond de caractère enfantin, qui est frappant chez les Berbères. — « *Behi tembal!* » me dit un de nos Bédouins; *Behi*, ou plutôt *Bachit* — chanceux — est un brave homme quelque peu quêteur, très babillard, qui fait le bonheur d'Hamad. On tombe à tout propos sur *Behi*, on rit de *Behi*, on cite les balourdises de *Behi*, et *Behi* en est bien aise.

— *Behi tembal!* — Paresseux.

— *Lah! Behi tayb!* — Non, Behi, bon.

— *Lah!* interrompt l'un des nouveaux venus, *Behi, tembal! Hamad, tembal!* — Non, Behi paresseux, Hamad paresseux.

— *Enti, tembal!* — Toi, paresseux.

Et, à ce trait admirable, les quatre Bédouins de rire, de se le redire et de rire encore; ils en ont eu pour une heure.

Ce matin, nous avions décidé que nous camperions dans *Ouadi Gūrùndel*, l'Élim de l'Écriture. Il s'ouvre devant nous, large, profond, abondamment planté de tamarisques. — Où sont les palmes, les *soixante et dix palmes?* Comme nous en distinguons deux bouquets là-bas, nos Bédouins prennent à gauche et se disposent à passer dans une autre vallée. Les bagages sont en avant, Antonio est en avant.

— *Ouadi Gürundel!* crions-nous à Behi, à Hamad; Behi et Hamad nous font entendre que la caravane, qui nous a dépassés depuis longtemps, nous attend à une lieue d'ici. — Pour le coup, c'est trop fort. Nous envoyons à la caravane ordre de rebrousser chemin; Antonio arrive, nous donne des raisons tant bonnes que mauvaises. Allons, nous camperons à *Ouadi Usseït,* mais nous verrons *Élim;* et, de suite, à pied, nous nous acheminons vers les palmes. Les eaux en ont déraciné plusieurs, les hommes en ont coupé d'autres, cependant il en reste bien plus de soixante et dix.

« Puis ils vinrent à *Élim,* où il y avait douze fontaines d'eau et soixante et dix palmes, et ils campèrent là auprès des eaux [1]. »

Cette vallée est la seule boisée que nous ayons vue jusqu'ici, la seule qui contienne des palmiers en nombre. — Nous avons les dattiers, reste à trouver les eaux.

— *Moyè, moyè?* — Crions-nous à Hamad qui est

---

[1] Exode, XV.

resté de l'autre côté de la *Ouadi*. Il accourt, il nous guide au travers des tamarisques, nous suivons durant trois quarts d'heure le fond de la *Ouadi*, et nous arrivons à la source. Un ruisseau s'en échappe, le terrain est humide, des arbres renversés indiquent la puissance des eaux en temps de pluie, quelques têtes de palmiers nains apparaissent au milieu des tamarisques; évidemment, c'est l'*Élim* de l'Écriture. Cette position fixe les autres : « *Ils campèrent près des eaux.* » Probablement dans cette plaine, profondément crevassée de lits de torrents, qui s'étend sur les bords de *Ouadi Gürùndel*.

Quelques Bédouins qui font brouter à leurs chameaux les tamarisques de la *Ouadi*, nous offrent du lait de chamelle. On le trait dans un chaudron de fer, l'écume monte par-dessus les bords; il est délicieux, chacun s'en régale, et Béhi, pour n'en rien perdre, y plonge ses deux mains et le mange à poignée.

Nous occupons, pour gagner *Ouadi Usseit*, les lits des torrents, les plateaux bizarrement encadrés de contre-forts; nous suivons la trace des gazelles, nous nous lançons au trot, et nous voici vers nos tentes, plantées près de trois palmiers. Les chameaux de bagage ont déjà pris leur place au foyer, les plantes épineuses pétillent, la lune se lève. Saisissante journée! — Douze heures de marche à pied ou à dromadaire.

OUADI MURKAH.

Mardi, 21 mars 1848. — Rien n'égale la douceur de notre promenade du matin. Nous cheminons pendant deux heures à côté l'un de l'autre. L'aube blanchit l'horizon, le soleil se lève, la caravane est loin derrière nous, la fraîcheur règne encore — à cinq heures, nous n'avions que 6 degrés. — *Ouadi Usseit* que nous suivons est tout en fleurs : arbustes blancs, jaune doré, petites plantes délicates qui s'épanouissent dans le sable. Sur la branche la plus haute et la plus sèche d'un mimosa dont les feuilles n'ont pas encore poussé, chante un oiseau, il se tourne vers le soleil, il laisse tomber de son bec une pluie de diamants. Ce vert, bien qu'il ne soit pas très vert, ces fleurs, ce gazouillement, semblent un paradis au milieu du désert. Et que le désert lui-même est beau ! l'âme s'y dilate. Comme sur les grandes montagnes, elle se met en contact immédiat avec son Dieu ; les difficultés de la vie n'existent plus, il semble que le voile est relevé, que l'éternité est là.

Des montagnes crayeuses, éclatantes de blancheur, d'autres redressées en pain de sucre et comme noircies par l'action du feu, encadrent la plaine. Au sortir de la *Ouadi*, nous entendons la chanson d'un autre oiseau : celui-là se tient solitaire, perché sur un rocher; son chant ressemble au sifflement printanier du merle.

Nous prenons *Ouadi-Tayebi* qui conduit au passage du *Mokatteb* par lequel nous entrerons dans le massif du Sinaï. Il y a là quelques palmiers sous lesquels nous faisons halte ; ils sont en fleur. Le régime rassemblé en un faisceau de tiges blanches comme la cire, garni de perles, — les boutons des fleurs, — sort d'un épais étui vert; quelques-uns se répandent en panaches ; c'est au cœur du palmier, au milieu des robustes feuilles recourbées que s'élève ce cierge parfumé. Nous trouvons plus loin un *orchis* monstre, de l'épaisseur du bras, chargé de fleurs violettes. — Un peu d'eau croupit dans quelques creux. « *Battal*, » disent nos Arabes « elle ne vaut rien ; » je le crois sans peine, le sol est couvert d'une efflorescence de salpêtre et de sel.

Quelques vallées, ou plutôt quelques crevasses désolées nous amènent en présence de la mer. Elle se présente tout à coup, d'un bleu vif, encadrée par deux grandes roches blanches.

Au sortir d'*Élim*, le peuple campa sur cette plage [1]. « Étant partis d'*Élim*, ils campèrent près de la mer Rouge. » Or, à partir d'*Élim*, il n'y a que ce débouché sur la mer Rouge; il n'y a que cette large Ouadi, où aient pu s'étendre les milliers d'Israël. — La journée était longue, pour une caravane de deux millions d'individus; mais elle était faisable. Ils se répandaient là, sur ce rivage fermé au nord par le mont *Umàm*, que nous venons de dépasser. Ils avaient à l'orient ces golfes limpides, ces roches calcaires hardiment projetées dans les eaux, cette chaîne de montagnes blanches, et cette autre violette, qui arrêtent les flots. Derrière, ils voyaient le gigantesque *Serbal*, passer sa tête bleue par-dessus les épaulements de granit. Cette mer, solitaire comme le désert, venait baigner leurs tentes avancées; tandis que de l'autre côté, les monts de l'Égypte, d'un bleu plus pâle que la mer, leur rappelaient *ces potées de chair* qu'ils vont pleurer devant l'Éternel.

Nous faisons agenouiller nos dromadaires, nous regardons l'étendue, ces eaux, ces cieux. Une bande de dauphins vient fendre les vagues le long du rivage; ils s'élancent et montrent leur tête plate et ronde; ils s'enfoncent et leur queue trace un sillon d'écume. Nous ramassons des coquilles, couchés

[1] Nombres, XXXIII.

sur le sable, nous avançant à mesure que recule la marée, heureux de la trouvaille d'une porcelaine, d'un oursin, d'une branche de corail. Chacun de nous en a plein ses vêtements ; nous y passons deux heures, nous y passerions trois jours !

Hamad nous apporte un rocher de madrépores. Behi, excité par cet exemple, cueille une fleur à ses pieds et me l'offre pour montrer son activité jointe à sa politesse. Behi ! le dernier de la caravane, sale, laid, traînant l'unique semelle qui chausse l'un de ses pieds, se couchant à plat ventre dans toutes les taches d'ombre, et n'ayant guère qu'un beau côté : son amour pour sa chamelle. Sa chamelle, montée par Jeannette, est bien la plus mignonne bête du monde : petite, élégante, légère comme une gazelle, le poil fauve, le cou entouré d'une tresse noire ; aussi la passion de Behi l'emporte-t-elle jusqu'à lui faire faire trois pas à l'orient et trois pas à l'occident, pour arracher et rapporter une touffe d'épines à sa chamelle.

Nous arrivons à quatre heures et demie au campement. Les chameaux déchargés broutent déjà les plantes savoureuses de la *Ouadi*. Le soir est paisible, pas un être vivant, excepté nous et nos bêtes.

Nous sommes arrivés ici le long d'une montagne de calcaire ; elle plonge à pic dans la mer. C'était l'heure du reflux. Les dromadaires ont passé dans l'eau qui battait leurs genoux ; ils la faisaient jaillir sous leurs larges pieds, et n'y marchaient qu'avec une sorte de répugnance. Après avoir eu tant de sable sous les yeux, nous sommes heureux de les reposer sur ce bleu de saphir.

OUADI FEYRAN.

Mercredi, 22 mars 1848. — Douze heures de marche! Elles m'ont paru longues. Il fait une chaleur étouffante, le vent du midi souffle, nos pauvres chameaux ont des plaies qui exhalent une odeur infecte, la cérémonie de la salaison des nez, répétée hier en arrivant à la mer Rouge, n'a pas réussi.

Ce matin, après avoir traversé la plaine d'*el Kaha*, nous entrons dans le massif des montagnes du Sinaï par *Ouadi Halal*. *Ouadi* désolée s'il en fut, ravine de sable, parsemée comme la plaine d'*el Kaha*, de blocs de granit tombés d'un grand pic qui se redresse à notre gauche derrière les entassements de grès. En voyant cet aspect, en relisant les paroles de la Bible, « Étant partis de la mer Rouge, ils campèrent dans le désert de Sin [1], » je me sens invinciblement poussée à laisser l'opinion de *Robin-*

---

[1] Nombres, XXXIII.

son, qui fait de la plaine d'*el Kaha* située au bord de la mer, le désert de *Sin*.

Ces mots : « *Étant partis de la mer Rouge* » disent clairement que les Juifs, pour s'enfoncer dans le désert de *Sin*, quittèrent le bord de la mer. Le désert ne longeait donc pas le golfe; d'après l'Exode[1], il était situé entre *Élim* et le Sinaï ; selon toute probabilité, dans l'intérieur du massif.

M. de Laborde le voit dans *Ouadi Mokatteb*, que nous trouvons beaucoup plus haut. Si j'osais avoir un avis en cette matière, je dirais que la gorge aride d'*Ouadi Halal*, encaissée dans des grès de couleurs sombres, terminée par une masse de granit rouge foncé, doit être ce désert de *Sin* qui arracha du cœur d'Israël un cri de désespoir et de reproche. Je le comprends ici, ce cri; et que de fois déjà je l'ai compris! Que de fois j'ai sympathisé, tout en reconnaissant qu'ils étaient coupables, avec ces découragements et ces douleurs! Il faudrait ne pas sentir battre en soi le cœur naturel, ce cœur exigeant, incrédule, attaché de tout près au bonheur dans ce monde et par ce monde, pour accabler d'un blâme orgueilleux Israël qui se lamente au désert.

Après les deux heures de marche qui font le début de notre journée, nous gravissons à pied le pas d'*el Bùdrà*, petit sentier qui nous amène sur les

---

[1] Exode XVI, 1.

grands plateaux supérieurs. Nous nous retournons un instant, et nous avons devant nous un océan de pics de toutes les teintes, avec un lambeau de mer bleue au bout.

Maintenant, nous voici au milieu des résidus de l'enfer. Le feu n'a pas seulement passé là, il y a résidé, il y a opéré en grand. Là fonctionnaient les hauts fourneaux qui ont soulevé ces masses de grès, qui ont projeté dans la Péninsule ces gigantesques piles de granit. Jamais son action ne nous est apparue si étonnante ; les montagnes de grès, tantôt couronnent les granits qui les ont enlevées et qui les portent encore sur leurs épaules ; tantôt restent amoncelées autour des larges fusées de granit qui les ont entr'ouvertes. Ces grès offrent toutes les couleurs qu'imprime le feu : ici, noirs et couverts d'une croûte de gueuse ; là, verts d'un vert métallique et livide comme une moisissure ; veinés plus loin d'un rouge pourpre qui dépose sur les doigts une teinte indélébile ; jaune ocre, jaune soufre, orangés, blancs, violets. De temps en temps, un mimosa soigneusement taillé par les Bédouins[1], étend dans cette scène lugubre ses branches noires et son feuillage gris. Il n'y a pas d'autre horizon que ces tours de granit, que ces trois ou quatre plans de grès irizés. Point de dé-

[1] Cette opération n'est pas réglée ; le premier venu coupe le bois mort, l'entasse au pied de l'arbre, l'y laisse sécher, et vient le reprendre sans que personne en ait emporté une *épine*.

tails : un sol sablonneux, parsemé de blocs ou de parcelles de granit, marqué çà et là par les pas des hyènes ou des gazelles; de loin en loin une touffe épineuse à moitié sèche, sur laquelle nos dromadaires se jettent en affamés. Je n'ai vu de ma vie une pareille puissance de couleur, une si terrible harmonie.

Parfois une croûte de grès de blanc, prise au fond d'une vallée, nous donne l'idée de la neige éternelle. En effet, les régions les plus sévères des Alpes, celles où les mélèzes disparaissent, où l'on n'aperçoit que les rudes morènes des glaciers, que les aiguilles de pierre, que les zones de schistes écailleux et glissants, présentent de ces aspects-là ; elles ont de moins l'éclat, la chaleur des teintes; elles ont de plus les eaux qui se précipitent hors de la grotte de glace, les gazons aux fleurs étincelantes, la genciane bleue, les saxifrages aux clochettes déliées, épanouies à côté des pentes neigeuses.—Oh mon pays, mon pays bien aimé! bonne odeur des sapins, pelouses immenses, torrents alpestres, forêts qui étendez vos branches séculaires sur les longues mousses !...

C'est donc ici *Ouadi Halal*; le désert *de Sin*. Nous avons sous les yeux le théâtre d'une des plus déterminées révoltes d'Israël, d'un des plus grands miracles de Dieu.

« Ah! que ne sommes-nous morts par la main de l'Éternel au pays d'Égypte, quand nous étions assis près des potées de chair, quand nous mangions notre soûl de pain ; car vous nous avez amenés dans ce désert, pour faire mourir de faim toute cette assemblée ! »

Y a-t-il jamais eu au monde un homme accablé sous un fardeau pareil à celui que portait Moïse ? Deux millions d'âmes rebelles à mener par le désert !

La gloire de l'Éternel paraît dans la nuée : « Entre les deux vêpres, vous mangerez de la chair... Au matin, vous serez rassasiés de pain, et vous saurez que je suis l'Éternel votre Dieu. — Le soir donc il monta des cailles qui couvrirent tout le camp, et le matin il y eut une couche de rosée à l'entour du camp, et cette couche de rosée étant évanouie, voici sur le désert une petite chose ronde, menue, comme de la blanche gelée sur la terre[1]. »

On a voulu retrouver cette manne dans la gomme d'une espèce de tamarisque ; c'est encore là un des efforts par lesquels le rationalisme tente de rapetisser le miracle, et ne témoigne, hélas ! que de la petitesse de l'esprit humain. Il faudrait des millions de tamarisques produisant de la gomme dans toutes les saisons, pour nourrir durant quarante ans deux millions d'hommes ; si le désert contenait ces millions de tamarisques, il ne serait plus le désert. — La manne se décomposait chaque jour, celui du sabbat excepté. Où est la gomme qui se décompose en vingt-

---

[1] Exode, XVI.

quatre heures, et qui une fois par semaine en dure quarante-huit? D'ailleurs les paroles de la Bible sont claires : La *rosée* couvrait la terre, et la *rosée* une fois *disparue* laissait à sa place des grains ronds comme la semence de coriandre [1].

Ici commencent sur les parois de grès quelques inscriptions sinaïtiques, caractères inconnus, qu'on attribue tantôt à des Arabes chrétiens des premiers siècles parlant la langue Araméenne et l'écrivant avec un alphabet particulier, tantôt aux Israélites, qui les auraient tracées en lettres étrangères à l'alphabet hébreu. Dès le cinquième siècle, on ne comprenait plus rien aux inscriptions sinaïtiques. Quelques croix gravées ici et là, ont fait penser qu'elles étaient dues aux Arabes Nabatéens; mais ces inscriptions ne se trouvent que sur les routes qui mènent de l'Égypte au Sinaï; il n'en existe qu'une à Pétra, capitale de ces Arabes. Un instant, on a cru qu'elles venaient des chrétiens d'Égypte faisant le pèlerinage du Sinaï. L'hypothèse échoue encore devant ce fait, qu'il n'existe pas sur les monuments d'Égypte une seule inscription portant des caractères pareils. On

---

[1] Quand on lit attentivement ce chapitre, on y trouve l'institution du sabbat en pleine vigueur. Dieu ne l'établit pas, elle existe; il ne donne pas une ordonnance nouvelle, mais, comme il le dit lui-même, « *il éprouve son peuple, afin de voir s'il marchera oui ou non dans sa loi.* » (Exode XVI, 4). Et lorsque quelques-uns sortent le septième jour pour recueillir la manne : « Jusques à quand, » s'écrie l'Éternel, « refuserez-vous de *garder* mes commandements et mes lois!... » Considérez que l'Éternel *a établi* parmi vous le sabbat.

parle de quelques mots trouvés à Babylone, de quelques autres, aux carrières d'Assouan ; il nous reste en effet le vague souvenir d'avoir vu des traits semblables, sur un bloc de granit situé à gauche de la route des carrières.

Nous nous détournons pour aller chercher deux ou trois cartouches égyptiens dans *Ouadi Mahaka*. Pendant qu'Antonio et Louis se livrent aux délices de l'immobilité, nous grimpons avec Hamad à deux cents mètres parmi les grès, et nous découvrons nos cartouches sur la muraille. Les uns contiennent des hiéroglyphes, d'autres des scènes d'offrandes et de sacrifice : le conquérant tenant par les cheveux un prisonnier — évidemment un oriental — et se préparant à lui asséner sur la tête un coup de massue. Ceci n'est pas gravé en courant, comme les inscriptions sinaïtiques, c'est l'œuvre patiente de l'artiste qui a ciselé les *Pylônes*, les *Aréa* et les *Dromos* des bords du Nil.

Quelle conquête, quel événement ces cartouches étaient-ils chargés de redire aux âges futurs? Mystère! au moins pour nous.

Nous entrons, en revenant sur nos pas, dans *Ouadi Mokatteb* — vallée écrite. — Les inscriptions se multiplient; elles sont grossièrement exécutées, ornées de chameaux, de chevaux, même de petits bons hommes, tels qu'en pourraient produire les sculpteurs d'une armée en marche.

Ces inscriptions s'arrêtent, dit-on, au mont Serbal et aux abords du Sinaï. Quelques-unes sont en langue grecque. Dans celles écrites en caractères inconnus, mon mari trouve six lettres pareilles aux lettres grecques : *t, s, i, r, p, o*. — Mystère encore, et pour de plus savants que nous.

Voici un spécimen des inscriptions de *Ouadi Mokatteb*.

Ouadi-Feyran vient se fondre dans *Ouadi-Mokatteb* et lui donner son nom. Le soleil se couche : nous campons, après onze heures de marche, au pied d'une chaîne de granit vert sombre. Le granit gagne à mesure que nous nous rapprochons du Sinaï ; nous avons devant nous le Serbâl ; sa base s'est élargie, son sommet s'est divisé, il est toujours bleu, il commande toujours le plateau.

J'ai bien envie, en arrivant si tard, de gronder un peu, mais le moyen ! Antonio, qui a dressé les tentes, nous attend avec de la limonade fraîche ; un troupeau de brebis qui passe vers nous, nous promet du lait pour demain, les misères d'aujourd'hui sont oubliées. Du lait ! du vrai lait ! qui n'est ni de poule ni d'amande ! Il faut être dans ce volcan à peine éteint, au milieu de ce grès, de ce granit, de ce gravier, de ces trois épines brûlées, pour sentir la valeur du mot : *lait*.

OUADI SOLAF.

※

Jeudi, 23 *mars* 1848. — Nous marchons deux heures parmi les mêmes scènes de désolation. La *Ouadi* sablonneuse est enfermée dans deux murs de granit bleu, qui semblaient hier au soir monter jusqu'aux cieux pour y border une route étoilée. Le granit revêt ici des teintes pareilles à celles que le grès affectait hier ; il y a des massifs blanchâtres, bleus, violacés, rose tendre et ponceau. Devant nous chemine sur le sable un gros insecte dont la forme ressemble à celle d'une abeille sans ailes ; il est peint lui aussi des couleurs du granit, couvert de dessins bleu et rouge-foncé, sur un fond chair.

Au plus profond de la solitude, une volée de tourterelles s'élève du sol et se pose dans les trous du rocher. Elles ont artistement tressé les tiges fines de quelques plantes, et formé des arceaux devant leurs nids : « Ma colombe, qui te tiens dans les fentes du
« rocher, dans les cachettes des lieux escarpés, fais-

« moi voir ton regard, et fais-moi entendre ta voix,
« car ta voix est douce et ton regard est gracieux. »

Tout à coup, quelques grands mimosas paraissent le long de la paroi de granit, puis un bouquet de palmiers, puis des *Nûgùbs* ou *Nabals*[1], chargés de fruits, puis des palmiers encore, et toute la vallée, avec ses tournants, se déroule comme un long bosquet. Les montagnes de granit encadrent de leurs puissantes formes, de leurs tons chauds cette oasis enchantée, et les gigantesques contre-forts du Serbal se dressent au fond de chaque gorge[2].

Les ruines de *Feyran*, ville chrétienne des premiers siècles, couvrent les montagnes. Pauvres ruines, petites masures de pierres sèches, qui indiquent plutôt un village qu'une cité! Des restes de tours carrées, reliées entre elles par un mur, suivent les contours des crêtes environnantes, ce sont les fortifications de *Feyran*.

Il nous semble que la station de *Luṣç* doit se trouver ici, sous ces beaux dattiers qui laissent retomber leurs longues palmes à côté des blocs de granit ponceau; sous ces Nùgùbs qui étendent sur le sable une ombre large; près de ce ruisseau transparent qui court sous les tamarisques.

Nous faisons une longue halte dans l'oasis, nous

[1] Les feuilles du *nabal* ressemblent à celles du cormier, et ses fruits aux jujubes.
[2] La plupart de ces jardins appartiennent au couvent du Sinaï, qui possède en outre des propriétés en Chypre, dans la Péninsule et ailleurs.

nous étendons au pied des palmiers, nous trempons nos mains dans l'eau, nous ne nous lassons pas de regarder les pics désolés au travers des feuilles.

Quelques familles de Bédouins ont ici des cases composées d'un mur circulaire couvert de branches sèches; ces demeures sont presque toutes désertes maintenant, la tribu n'y vient guère que pour la récolte des dattes. Plus loin cependant, deux femmes voilées gardent leurs chevreaux noirs parmi les rochers; quelques Arabes saluent nos hommes, et les emmènent boire du lait dans leurs cabanes.

Nous sommes frappés des manières affectueuses qui règnent entre les Bédouins : ils se prennent la main, la quittent à plusieurs reprises en répétant *salamàta*; lorsqu'ils sont plus intimes, ils se baisent solennellement trois fois sur la joue droite; après, seulement après, ils causent. Ils causent avec une grande douceur et quelque chose de grave; ils tirent de leur sein des fruits, de l'orge, ce qu'ils ont à manger; ils se le donnent, et nous l'offrent sans aucune arrière-pensée de *bakschich*, bien que le *bakschich* s'en suive toujours. Je ne me suis jamais sentie plus en sûreté, entourée de gens meilleurs.

Après midi, nous quittons *Ouadi Feyran* et ses berceaux de tamarisques, et ses groupes de *Nùgùbs*, et l'enchantement de ses eaux courantes pour nous enfoncer dans *Ouadi Solaf*. Nous y retrouvons les belles horreurs. J'écris assise sur le sable, devant une paroi de grès jaunâtre, avec l'admirable Serbal à ma gauche, et tout autour une couronne de montagnes grises qui laissent passer derrière elles quelques aiguilles granitiques.

Notre scheik Embarrak, dont nous venons d'apercevoir les tentes noires au fond d'une *Ouadi* à droite, part à chameau, suivi de *Behi* et de deux autres Bédouins ; il va passer la nuit dans sa tribu.

Nous rencontrons des inscriptions sinaïtiques, non-seulement dans la direction du Serbal, où l'on a prétendu qu'elles se trouvaient toutes, ce qui a fait croire que les premiers pèlerins voyaient dans le *Serbal* le Sinaï ; mais dans la direction d'Horeb, où l'on a prétendu qu'il n'y en avait point : au milieu de *Ouadi Solaf*, qui tourne le dos au Serbal, et se dirige franchement vers le massif du Sinaï.

A dater de *Ouadi Feyran*, plus d'eau, le désert inexorable ! De nouveau, les enfants d'Israël devaient regarder à Dieu pour tout, pour apaiser leur faim, pour étancher leur soif. Je ne puis me lasser d'admirer les leçons de dépendance que leur donnait l'Éternel, et en même temps la tendresse ineffable qu'il déploie envers eux. Ce Dieu qui, après le terrible passage de la mer Rouge, les fait reposer sous les palmiers des sources de Moïse ; ce Dieu qui, après le désert de *Sin*, qui avant l'aride *Réphidim*, les fait asseoir sous les palmiers et les tamarisques de *Ouadi Feyran*; ce Dieu, n'est-il pas un Dieu d'amour? n'est-ce pas le même Dieu qui nous met à l'étroit, pour nous forcer, ingrats que nous sommes, de regarder à lui; puis, qui nous voyant accablés, qui nous voyant près d'entrer dans la lice, nous envoie aussi de l'ombre, des sources fraîches, les joies de la famille, un moment de liberté?

Le désert, à l'époque du voyage des Israélites, devait contenir bien plus d'eau qu'il ne nous en montre à cette heure. Le peuple ne crie que deux fois au sujet de l'eau; l'Éternel ne transforme que deux fois les rochers en fontaines : l'une en *Horeb*, l'autre près du mont *Hor*.

Lorsque Moïse, berger de Jéthro son beau-père, quitte Horeb après en avoir reçu l'ordre de Dieu, il met sa femme, ses deux enfants sur un âne, et s'apprête à traverser ainsi le désert; il n'aurait pu le faire s'il n'eût été certain d'y trouver de l'eau chaque soir. Maintenant, les chameaux seuls franchissent le grand désert. L'on ne s'y hazarde avec un âne ou avec un cheval, qu'en faisant porter leur provision d'eau par un dromadaire; encore l'âne et le cheval meurent-ils assez ordinairement.

Nos Arabes nous disent que le désert est inondé dans le temps des pluies. Nous le voyons bien; les *Ouadis* ne sont que des lits de torrents, qui portent partout les traces de l'abondance et de l'impétuosité des eaux. — Ils nous disent en outre, qu'en cas de pluies extraordinaires, les sources se déversent en ruisseaux et qu'on rencontre de l'eau dans tous les creux.

Il n'était pas plus difficile à Dieu de faire pleuvoir, qu'il ne lui est difficile de préparer chaque jour les événements *naturels* qui amènent la chute des Royautés et la naissance des Républiques ; ce fait rentre dans la catégorie des miracles latents, plus merveilleux peut-être que les autres.

Le Serbal apparaît si glorieux dans l'auréole d'or du soleil couchant, ses lignes sont si hardies, il commande de si haut toutes les vallées, que je me demande parfois si le Sinaï aura cette grandeur, si le Sinaï ne serait point ce roi des montagnes que je vois siéger là, dans sa majesté ! J'envoie promener mon doute, mais il revient toujours.

Puisque Dieu permet que les lieux les plus chers au cœur chrétien soient enveloppés d'un brouillard, de telle sorte qu'on ne peut dire de telle ou telle place : « C'est ici ! ou, c'est là ! » n'est-ce pas que le temps est venu où l'on ne doit plus adorer le Père, *ni sur cette montagne, ni à Jérusalem*, mais où les vrais adorateurs l'adorent *en esprit et en vérité?*

Aujourd'hui, pour la première fois, nous buvons à notre soif. — Boire à sa soif, dormir à son sommeil, manger à sa faim ; trois problèmes qu'on résout rarement au désert.

LE SINAÏ.

Au couvent, vendredi 24 mars 1848. — Mon Dieu, tu nous permets de contempler la montagne de ta sainteté; nous voici tout près du lieu où tu dictas ta loi, cette loi dont il ne passera ni un *iota* ni un *trait de lettre!* — N'est-ce pas une grâce immense que de suivre ainsi une à une tes dispensations? D'abord la justice, après, l'amour! ta loi, inaccessible à l'homme, ce joug qui le terrasse à tes pieds; et puis la grâce qui le relève, la nouvelle alliance qui l'unit à toi; le Sinaï, foudre et flamme! le Golgotha avec sa croix et cette parole sereine: *Tout est accompli!*

Ce matin le ciel était par places coupé de longues bandes de nuages pourpres, le Serbal frappé le premier des rayons du soleil, ressortait violet derrière les mornes entassements de grès. — Nous partons à pied, nous deux, tantôt précédés, tantôt suivis de notre fidèle Jeannette. Chemin faisant nous prenons notre leçon de géologie, sans préméditation, sans préoccupations de systèmes : les faits nous la donnent. Nous apprenons, ou nous croyons apprendre que les grès sont proches parents des granits; le granit ne nous paraît, à vrai dire, que du grès travaillé par le feu. Nous détachons plusieurs morceaux, moitié sablonneux, moitié cristallisés, la transition s'y montre clairement. Il y a des montagnes à tous les degrés de fusion. On retrouve dans le granit, le grain du grès, ses couleurs, et parfois, lorsqu'il n'est qu'à moitié cuit, jusqu'à ses formes.

Une femme bédouine nous rejoint : « *Salamat !* » elle est voilée; ses cheveux ramassés et tressés sur le front sont attachés par une grosse boule de corail; des anneaux d'argent entourent ses jambes nues, des bracelets formés d'écailles d'argent et de perles de corail ornent ses bras. Elle porte une robe noire, et par-dessus son voile blanc, une pièce d'étoffe noire rejetée en arrière; elle est âgée, mais elle marche avec légèreté. Nous causons, cela va bien sans dire; sans nous comprendre, cela va sans dire aussi. Je devine cependant qu'elle est mère de notre scheik Embarrak, et que c'est elle qui nous a vendu l'excellent lait de ce matin.

Embarrak arrive, presse le pas, nous invite à le suivre; nous quittons la *Ouadi*, nous prenons au travers des blocs de granit; au bout d'une heure, nous voici sur un col, devant trois ou quatre maisons bâties de pierres et de terre, sans fenêtres, avec un trou que ferme une plaque de bois en guise de porte. Embarrak nous fait asseoir, sa mère court vers un rocher, tire de quelque cachette une clef de bois, ouvre à grande peine la porte, entre en rampant, et ressort traînant après elle une peau de chevreau bourrée de je ne sais quoi, qu'elle dépose à nos pieds. Bravo femme, elle fait son cadeau avec une grâce charmante. Comment répondre, comment s'entendre? Heureusement, Antonio apparaît dans le lointain, juché sur son chameau. « — Ohé! venez un peu par ici! » — Pendant ce temps je pénètre à mon tour dans la maisonnette, il y fait noir, mais elle est spacieuse et propre.

— Dormez-vous ici?...

— Non. — Elle me fait signe que c'est pour manger, et me montre les provisions entassées; c'est en effet le magasin aux vivres, aux vêtements, on n'y vient que pour déposer et pour prendre du blé, des dattes, des habits. Il y a là dix maisons pareilles fermées avec la clef primitive, et jamais il ne manque un grain de blé ou un pouce de toile. La mère d'Embarrak tire de son trésor une belle robe rouge en soie de Damas; elle la remet à son fils qui se drappe avec une sauvage noblesse dans cet éclatant tissu.

Antonio arrive: la peau de chevreau contient des dattes, c'est un don d'Embarrak. On coupe la peau, ou mieux le saucisson ; on goûte aux dattes qui sont excellentes. Nous prions Embarrak d'accepter un *talari* pour sa petite fille, et nous offrons à sa mère trois mouchoirs d'indienne. La mère d'Embarrak m'embrasse tendrement : « — Dieu te bénisse ! Kater-herak enti ! » Je n'ai vu que ses deux grands yeux, mais son accueil restera fixé dans notre mémoire.

Quand je regarde vers les horizons embrasés de l'Europe, le désert me semble bien beau, les palmiers d'*Ouadi Feyran* bien verts, ses sources bien pures, et les Bédouins les créatures les meilleures et les plus sympathiques du monde. Alors je bâtis aussi ma masure sous ce dattier, je conduis l'eau dans ce carré de sable, j'y plante des concombres, des radis, des fleurs, je me lève à l'aube, je travaille de mes mains, je rattache les pampres de la vigne, j'arrose, et le soir, assis devant notre maison, pendant que nos chevreaux s'ébattent devant nous, nous rendons grâce à Dieu... Oui, mais à quoi servons-nous?... Ah! Dieu ne veut ni de ces stériles contemplations, ni de ces prières qui trompent la conscience! Dieu ne veut pas qu'on tourne visage à ce *train de guerre* qui fortifie nos âmes : Pas d'égoïsme chrétien.

Robinson affirme qu'une mission évangélique serait ici possible; qu'elle serait facile. Nous le pensons. Les Bédouins ne sont pas fanatiques, ils croient en Dieu, mais ils ne pratiquent pas; ils n'ont point de préjugés contre les chrétiens; un homme qui ferait la vie nomade avec eux, trouverait le chemin de leur cœur. Ils sont la fidélité même pour celui qui a rompu le pain dans leurs tentes. A part le divorce, leurs mœurs sont pures. — Embarrak en est à sa troisième femme; Behi en possède deux; Hamad une seule. En général, les Bédouins n'en ont qu'une.

Nos chameaux nous rattrappent. Antonio a jugé bon de me percher — en qualité de *Sittih* — sur un dromadaire gigantesque. C'est une espèce de bête Apocalyptique, efflanquée, pelée, qui sent de plus en plus mauvais. — Jeannette et moi nous nous faisons braves; nous conduisons nos dromadaires, nous trottons, elle travaille, et je lis dessus; choses qui le premier jour nous auraient semblé tout autant d'arrêts de mort.

Ce qui distingue le chameau du dromadaire, ce n'est ni l'espèce, ni la bosse; il n'y a qu'une espèce, et il n'y a qu'une bosse : c'est l'allure. Le chameau est le cheval de carrosse, le dromadaire est le cheval de selle. Le chameau porte les lourds fardeaux et marche au pas; le dromadaire porte l'homme et trotte. Quant aux nôtres, je les déclare chameaux au premier chef; c'est une affaire que de les ébranler, une autre affaire que de les soutenir au trot; nous usons poumons, lèvres et langue, à exécuter les cris étranges par lesquels nos Bédouins les excitent. — Chaque dromadaire a sa physionomie; les uns joviale, les autres rébarbative. Louis, monte un vieux rauffeur coiffé d'une perruque couleur *prune monsieur*; Antonio, un long maigre animal *gris de souris*, à cou de serpent, qui dévore le désert. Quant à *Vorace*, c'est le philosophe de la troupe. Il a du premier coup sondé son maître, trouvé le point où finit le support, où commencent les corrections; il s'y tient aussi juste que se tient en deçà de la pénalité du Code, le vaurien qui en a fait son étude particulière.

Ouadi-Solaf s'étend toujours devant nous; large, long, desséché. — Nous sommes frappés de l'ampleur des *Ouadi*; ce sont bien là des routes pour deux millions d'hommes. Les grandes vallées suisses exceptées, celles d'Interlaken, de Brienz, du Valais par exemple; je ne connais pas dans les Alpes, d'espaces libres, qui aient le quart de l'étendue des *Ouadi*. C'est surtout au campement du soir qu'on en juge; nos seize chameaux, nos trois tentes, notre famille de vingt personnes, y forment à peine un point perceptible. D'autres voyageurs ont reçu du désert une impression contraire; je le conçois. L'élévation des montagnes de granit peut faire de loin illusion sur la dimension des vallées, mais quand on les traverse à pied ou à dromadaire, on en mesure bien les vastes proportions.

Nous voici parvenus à l'extrémité de *Ouadi-Solaf*; en face se dresse un imposant massif de montagnes granitiques, ce massif précède celui du Sinaï. Comme *Robinson* l'a justement dit : *Horeb* est le nom que l'Écriture donne aux montagnes sinaïtiques prises en bloc; *Sinaï*, est celui qu'elle applique à la montagne de Dieu prise en particulier.

Ouadi-Solaf, aride, sans eau, s'élargissant de manière à former une plaine immense devant les monts de l'*Horeb*, nous semble devoir être le *Réphidim* de la Bible. Nous nous élevons par *Ouadi Seheb* sur les flancs du massif; cette impression devient plus forte. Nous entrons dans le passage d'*El Nukb el Haouy*, échelle rapide qui va franchir le col qui nous sépare du Sinaï; et ce qui n'était qu'une impression, devient presque une certitude.

Ce passage commande le plateau circulaire de *Ouadi Solaf*; d'ici nous croyons voir les tentes des millions d'Israël couvrir cette plaine, à peine coupée par quelques basses collines. Cet amphithéâtre entouré de montagnes est gigantesque. On comprend bien que les Hamalécites aient là défendu les portes de leurs vallées. Israël touchait à leurs frontières; le passage d'*el Nukb el Haouy* franchi, Israël entrait dans le cœur de leur contrée.

Il y a devant Horeb quelques mamelons de granit qui tiennent à la montagne et dominent la plaine; sur l'un d'eux peut-être, Moïse, debout, priait. Ses mains lassées deviennent pesantes; Josué recule devant Hamalec : alors Aaron et Hur mettent une pierre sous le prophète, ils le font asseoir, ils tiennent ses bras élevés. Du soleil levant jusqu'au soleil couchant, la prière est ainsi portée devant l'Éternel; ni Moïse, ni Hur, ni Aaron ne faiblissent, et Josué renverse Hamalec. — L'Éternel a tout fait, mais l'Éternel a voulu que l'homme fît tout aussi!

Et puis le peuple murmure faute d'eau. « Que ferai-je à ce peuple? » et les eaux jaillissent.

A côté de ces grandes images, une scène émouvante. Jéthro, beau-père de Moïse, a *entendu toutes les choses que l'Éternel avait faites*; il prend Séphora, les deux fils du prophète,... il les lui amène au désert. Moïse sort de sa tente, il se prosterne, il le baise; tous deux s'enquièrent l'un de l'autre touchant leur prospérité. Moïse raconte les merveilles de Dieu. Alors Jéthro, sacrificateur de Madian : « Je connais que l'Éternel est grand par-dessus tous les dieux[1]! »

Que ces lieux sont éloquents, qu'ils nous sont chers, et pour ainsi dire connus; il nous semble retrouver une patrie bien plus ancienne que le pays où nous sommes nés; c'est que, depuis la plus tendre enfance, notre âme habita parmi ces rochers, dans ces déserts. Que sera-ce, mon Dieu, quand

---

[1] Exode, XVIII.

nous entrerons dans ton ciel, quand nous te verrons, quand nous verrons Abraham et Moïse, et ces saints qui n'ont point estimé leurs vies, et ces parents bien aimés qui sont expirés ton nom dans le cœur!

Tout le long de l'étroit passage qui mène au Sinaï, nous trouvons des inscriptions sinaïtiques; elles sont exactement pareilles à celles de la vallée de *Mokatteb*; il n'y a que fort peu de croix, ces croix ne terminent pas les lignes, mais sont gravées ici et là. Pourquoi n'auraient-elles pas été ajoutées après coup par les pèlerins chrétiens qui ont suivi cette route, et qui, dans *Ouadi Mokatteb*, ont tracé les inscriptions grecques?

Le pas est franchi, nous entrons dans la *Ouadi* qui précède la plaine d'*el Raha*.

Robinson place le véritable Sinaï au fond du plateau d'*el Raha*. Il le voit là, parce que le pic qui le termine, le *Sufsafeh* — l'*Horeb* de la tradition — se dresse en masse compacte, imposante au bout de la plaine; parce qu'il domine entièrement cette plaine ainsi que *Ouadi Scheik*, et que deux millions d'hommes peuvent aisément camper sur le plateau; parce que de ce plateau, comme de la *Ouadi*, ils peuvent embrasser du regard toute la montagne.

Je n'aime pas que l'on me fasse — ou pour employer une expression plus énergique bien que vulgaire, — que l'on me *mâche* mes opinions. Aussi, avec mon esprit quelque peu rebelle, n'ai-je pas manqué de m'insurger contre la version de *Robinson*.

Or, voici ce que nous avons vu. Le défilé d'*el Nakb el Haouy*, est celui qu'ont dû prendre les Israélites pour passer de *Réphidim* dans le désert du Sinaï ; cela nous paraît certain. Ce passage se trouve au bout de *Ouadi Solaf* ; il monte plus directement que tout autre au massif du Sinaï ; c'est la route naturelle, qui se présente la première au regard et au choix.

Si les Israélites, comme nous le croyons, l'ont suivie, nul doute que le *Sufsafeh* ne soit le Sinaï.

Je prends le texte : « Étant donc partis de *Réphidim*, ils vinrent au désert de Sinaï, et ils campèrent au désert. Israël dis-je *campa vis-à-vis de la montagne*[1]. » Devant nous s'ouvre la grande plaine d'*el Raha* ; au fond, s'élève droit, majestueux, clair à saisir, net dans toute sa forme, abordable par tous les points, le grand pic du *Sufsafeh*. En le voyant, seul entre tous dégagé de la base au sommet, solitaire au bout du plateau, on comprend cet ordre de l'Éternel. « Donnez-vous de garde de monter sur la montagne, et d'en toucher aucune extrémité..... mets des bornes à la montagne[2]. » En effet, sans les bornes, sans la gloire de l'Éternel surtout qui couvrait le sommet du pic, sans ces tonnerres, et ce son

[1] Exode XIX, 2. — [2] *Ibid.* 12, 23.

du cornet, et ces brandons qui faisaient crier au peuple : « Parle avec nous et nous t'écouterons ; mais que Dieu ne parle point avec nous de peur que nous ne mourions[1] ! » le peuple eût pu toucher et gravir la montagne.

Peut-être l'ascension de *Gebel Mussa* — Sinaï — détruira-t-elle chez nous cette première impression, mais elle est forte, et semble s'appuyer sur la conformité des lieux avec le texte. En tout cas, il faut trouver devant le Sinaï une plaine où le peuple ait pu camper, ait pu saisir du regard la montagne embrasée.

Nous traversons le plateau d'*el Raha* ; nous prenons la gorge située entre le *Sufsafeh* et une montagne à gauche que les Arabes appellent à tort *Horeb* ; le couvent est situé au fond de ce défilé.

Les jardins apparaissent, tache verte entre les monts de granit.

Gebel Mussa dont on nous montre les premiers contre-forts, ne fait qu'un avec le *Sufsafeh*. Massif puissant, unique, duquel sortent quelques pics : le premier, le *Sufsafeh*, faisant front à la plaine d'*el Raha* ; les autres se dressant derrière, tous composant une masse compacte, absolument distincte et séparée des montagnes environnantes.

Voici le couvent. Les amandiers éclatants de verdure, les sombres cyprès, les oliviers glauques s'é-

---

[1] Exode XX, 19.

tagent derrière les murailles ; nos yeux restent éblouis de ce vert admirable, qu'embrassent les flancs rouges du granit. — On nous introduit par le jardin, tandis que nos effets montent suspendus à une corde. Nous nous émerveillons encore devant le jeune blé, nous passons sous la voûte, un frère convers nous précède, et nous voilà dans le monastère; véritable petite ville, avec des corps de logis, des galeries, des terrasses de toutes les formes, l'église, le clocher au milieu, de beaux pots de giroflées, des treilles de vigne ici et là, partout un air de comfort. — On nous donne des chambres très propres... j'aime encore mieux la tente.

Au grand scandale du frère cuisinier, nous refusons l'eau-de-vie qu'on nous offre, mais nous prenons le café, et nous buvons l'eau fraîche comme la glace.

Pendant que j'écris, mon mari reçoit la visite du supérieur ; le jour baisse, mon encre aussi, c'est heureux, j'étais capable d'aller jusqu'à demain.

Samedi, 28 *mars* 1848. — Grande journée ! nous sortons à huit heures par les jardins du monastère; un frère convers et un guide en titre nous accompagnent. A peine la porte du jardin est-elle ouverte, que dix ou douze *Jebeleyehs*, serfs du couvent, se précipitent vers nous en nous étourdissant du cri oublié depuis que nous sommes chez les Bédouins :

Bakschich! Bakschich! — Tous ont la prétention de nous diriger; en attendant, ils obstruent le sentier, devant, derrière : importuns et tenaces. Deux fois Antonio fait front, tire son sabre : peine inutile! il en va comme des Nubiens le jour de la cataracte. Nous nous soumettons, seulement qu'ils passent avant ou après, mais qu'ils nous laissent marcher et respirer.

Le sentier est un escalier formé de roches; il en résulte une ascension monotone qui lasse plus que les incidents d'un chemin de montagne.

Hors sa tradition, saint Épistème, sainte Catherine, *saint Élisée, saint Élie* et Moïse après eux tous, notre excellent frère ne sait rien. Il ne connaît ni les noms des *Ouadis*, ni ceux des pics voisins; pas même la position supposée des Israélites.

Je n'ai pour ma part aucun parti pris contre la tradition, mais je fais passer la Bible avant. Quand la tradition contredit le texte sacré, je la rejette; quand elle s'y conforme, je l'accepte. Ce n'est pas de l'orgueil, c'est l'exercice de ce simple bon sens qui nous dirige dans les moindres opérations. Nous avons des yeux pour voir, les Écritures pour nous guider; nous pouvons respecter beaucoup l'opinion d'autrui, mais nous ne pouvons l'adopter sans savoir si elle est bonne ou mauvaise. Ni la science ni la foi n'ont rien à voir dans cette affaire; le plus ignorant, s'il étudie la Bible, s'il la compare avec les localités, en saura tout autant que le plus savant. Mettez une pierre de touche dans la main du premier venu, il vous dira tout aussi bien qu'un joaillier, si votre anneau est de cuivre ou s'il est d'or.

La tradition!... Comment ne pas s'en méfier quelque peu ? Que d'absurdités n'a-t-elle pas accréditées ! N'est-ce pas elle qui a fait de l'humble Marie, la *Reine des cieux* ? du prophète Élie, le *fondateur de l'ordre des Carmes* ? N'est-ce pas elle qui a créé le culte des saints, et le purgatoire, et le reste?... Et, si elle a osé toucher à la Parole écrite pour la défigurer, aura-t-elle mieux respecté les lieux saints?...

Le quatrième siècle, ce père des pieux mensonges, n'a-t-il pas tout étiqueté, tout numéroté ? n'a-t-il pas trouvé l'emplacement des événements réels, et celui des imaginaires? — La *pierre* sur laquelle saint Pierre a pleuré, la *pierre qui a crié* sur le passage du Christ triomphant? Et pas plus loin que le Sinaï, n'a-t-il pas marqué au penchant du mont Sainte-Catherine, l'endroit où furent précipités Dathan et Abiram, engloutis à *Kadès Barné*.

Non, les fausses traditions ne sont pas innocentes, la fable ne l'est jamais, elle dégoûte du vrai, elle en prend la place; elle prétend compléter la révélation, elle la détrône; voilà pourquoi, sans preuves, je ne croirai jamais la tradition. — Saint Paul qui voyait se former les premiers anneaux de ce filet, n'a pas dit pour rien : « Examinez toutes choses, retenez ce qui est bon. »

Nous arrivons au petit plateau sur lequel croissent deux cyprès. Nous buvons à la source glacée. Un peu au-dessus, dans une chapelle à demi détruite, dépouillée d'images comme toutes celles du Sinaï, on nous montre la grotte d'Élie. C'est un enfoncement naturel, creusé dans le granit. Il n'y a de cavernes que celle-ci, il est donc possible que nous nous trouvions réellement en présence du réduit solitaire, où Élie, poursuivi par la haine de Jésabel, le cœur pénétré de tristesse, se réfugia et dormit, après quarante jours et quarante nuits de marche au travers du désert.

« — Que fais-tu ici Élie?... »

Parole pleine de tendresse et de paternel reproche.

« — Sors, et tiens-toi sur la montagne devant l'Éternel! »

Un vent impétueux passe, il fend les montagnes et brise les rochers. — L'Éternel n'est point dans ce vent. — Le Sinaï tremble. — L'Éternel n'est point dans ce tremblement. — Vient un feu. — L'Éternel n'est point dans ce feu. — Après le feu, un son doux et *subtil*. — Et il arriva qu'aussitôt qu'Élie l'eut entendu, il *enveloppa son visage de son manteau et sortit.*

« — Que fais-tu ici, Élie? »

Et le prophète ouvre tout son cœur, et l'Éternel

l'envoie, lui, pauvre créature traquée comme une bête fauve, sacrer un roi sur Israël, sacrer un roi sur la Syrie, oindre un prophète qui sera son serviteur et son ami[1] !

Quelques pas nous amènent devant l'ouverture du rocher où Moïse, couvert par la main de son Dieu, vit passer la gloire de l'Éternel[2].

Nous sommes écrasés par la solennité de ces lieux, nous pressons le pas, le sommet du Sinaï nous apparaît, nous y touchons..... nous voudrions n'y toucher qu'à genoux.

A nos pieds la grande *Ouadi-Sebayeh*, faisant le tour de cette face de la montagne. Un peu au-dessus, une plaine immense, à peine coupée par quelques boursoufflures du sol. De toutes les *Ouadis*, de tous les plateaux on peut saisir l'ensemble du pic ; du haut du pic on domine la vaste étendue. Trois ou quatre plans de montagnes se redressent ; le désert qu'on aperçoit entre les gorges lointaines, coupe l'horizon de ses plates et blanches lignes ; tout au fond, une tache bleu pâle marque le golfe d'Akabah. — Le Sinaï, entassement de granit, est seul d'un rouge foncé ; le mont Sainte-Catherine séparé de lui par une vallée profonde : le val d'*el Arbaïn*, a d'autres couleurs. La sainte montagne, bloc immense d'où ressortent les cimes du *Gebel Mùssà* et du *Sufsafeh*,

---

[1] I Rois, XIX. — [2] Exode, XXXIII.

dressé comme un écueil au milieu de l'océan des *Ouadis* et des plateaux, reste unique par sa position, par sa teinte, par sa coupe. Je n'ai vu que là, ces piles prodigieuses, ces vagues, ces coulées de granit, dures, polies, brillantes au soleil. — Ah!... c'est vraiment ici le siége de la majesté de Dieu!

Il y a deux choses que je ne m'explique pas : la déception de *Robinson* en présence d'un tel spectacle, le plus grand qu'il nous ait été donné de contempler; l'impossibilité que trouve M. de la Borde à ce que les deux millions d'Israël aient campé en vue de *Gebel Müssà*.

M. de la Borde pense qu'il a fallu un miracle : l'élargissement des *Ouadis* ou le rétrécissement des milliers d'Israël, pour qu'un tel fait se soit accompli. Les miracles dont la Bible ne dit rien me semblent un peu suspects; et s'il m'était prouvé qu'Israël n'a pu tenir dans l'espace que domine *Gebel Müssà*, je chercherais ailleurs le Sinaï. — Mais l'ampleur des lignes nous saisit; *Ouadi Sebayeh* n'est pas une fente serrée entre deux murailles; c'est, je ne saurais assez le redire, un espace large, ouvert, propre à un campement prodigieux. D'ailleurs, il n'y a pas que *Ouadi Sebayeh* devant *Gebel Müssà*; il y a ce vaste plateau dont je parlais tout à l'heure, plateau situé au-dessus de *Sebayeh*, et où deux millions d'âmes seraient à l'aise. On campe sur les inégalités du terrain aussi bien que sur la plaine, sur une colline aussi bien que dans un bas-fond; une tente se plante partout où il y a quelques pieds de surface. Et puis la vallée d'*el Arbaïn* à droite, celle du couvent à gauche, ne relient-elles pas la plaine d'*el Raha* à celle de *Sebayeh*? — A Dieu ne plaise que j'ose critiquer une opinion de M. de la Borde; encore moins son livre, œuvre de science et d'esprit que nous consultons à chaque pas. Seulement, je ne puis m'empêcher de dire ce que je vois.

Le Sinaï est-il *Gebel Mûssà*? est-il *Sufsafeh*? Je crois qu'il est tous les deux. Je n'ai certes pas la ridicule prétention de faire un système ou de découvrir quoi que ce soit; je me mets en face de mon ignorance, je me déclare âne, je sais que je le suis; mais encore est-il permis à l'âne, quand il croque son chardon, de le considérer un tantinet, et de faire à part soi quelques réflexions sur sa pitance. Qui sait même s'il n'étend pas son regard avec sa pensée sur les chardons d'alentour, sur ce pré, sur les autres ânes, voire sur ce paysan, son maître, qui bêche là un coin de champ?

C'est donc en ma qualité d'âne que je raisonne.

Eh bien! après avoir vu le *Gebel Mûssà*, vu le *Sufsafeh*, je suis, ou plutôt nous sommes — car il y a toujours du *nous* en toutes choses — nous sommes frappés de cette vérité, que *Gebel Mûssà*, que le *Sufsafeh*, ne forment que les deux cimes d'un même corps; que ce corps tout entier, distinct des autres par la configuration, par la couleur, par la situation, est *la montagne de Dieu, le Sinaï*. — Oui, tout entier, avec ses deux pics, il tremblait sous les tonnerres; tout entier il était enveloppé de fumée et de flammes, le son terrible du cor faisait vibrer ses flancs de granit, et le peuple campé dans la plaine du *Raha*, dans *Ouadi Scheik*, dans *Ouadi Sebayeh*, sur le plateau supérieur, embrassait toute la montagne, voyait de partout le feu, l'obscurité, entendait de partout la voix de l'Éternel. Il n'est dit nulle part qu'Israël ait été témoin des entrevues de Moïse avec Dieu. Moïse montait, et le peuple ne savait plus rien, si ce n'est que Jéhovah se tenait dans la montagne, que Jéhovah parlait, que le prophète était avec Jéhovah. Moïse a gravi le Sinaï plusieurs fois; Moïse a passé quarante jours et quarante nuits en la présence de Dieu. L'Éternel lui avait-il assigné un lieu fixe de rendez-vous? L'Éternel n'a-t-il pas pu converser avec lui, et sur le pic de *Gebel Mussa*, en face du campement de *Ouadi Sebayeh*; et sur le *Sufsafeh*, en face du campement d'*el Raha*?

La montagne[1], dit le texte. — Or *la montagne*, c'est le bloc granitique qui se redresse entre le couvent, et le mont Sainte-Catherine. — Deux fois il est parlé d'un point particulier : cette exception confirme le

---

[1] Exode, XIX.

fait général. « L'Éternel donc était descendu sur la montagne du Sinaï, sur le *sommet* de la montagne. Il appela Moïse au *sommet*, et Moïse y monta [1]. »
« Sois prêt au matin, et monte ce matin sur la montagne de Sinaï, et présente-toi là devant moi *en haut* de la montagne [2]. »

Ce *haut*, ce *sommet* de la *montagne*, toujours considérée comme *une* dans l'Écriture, c'est évidemment *Gebel Mûssà*, le pic le plus élevé. — La tradition ici nous appuie : en même temps qu'elle range les Israélites dans *Ouadi Sebayeh*, elle place en face de la plaine d'*el Raha* le lieu où Moïse brisa les tables de la loi; elle marque dans la plaine même, celui où Aaron éleva le veau d'or. Ainsi, sans le savoir, la tradition, qui distingue entre *Gebel Mûssà* et le *Sufsafeh*, qui appelle celui-ci *Horeb*, celui-là *Sinaï*, la tradition considère le massif comme *un*, la tradition l'entoure tout entier du campement, la tradition établit sur tous ses pics les grandes scènes de la Révélation mosaïque.

Mon mari nous lit ici, comme il nous avait lu devant la grotte d'Élie, les portions de la Bible qui parlent de ces lieux sacrés. Certainement nous sentons quelque chose de la solennité d'une pareille lecture, faite là; mais que nos cœurs sont faciles à distraire, quelle humiliation que de ne pas nous

---

[1] Exode XIX, 20. — [2] *Ibid.* XXXIV, 2.

trouver plus émus! L'Éternel n'a-t-il pourtant pas le droit de dire de nous ce qu'il disait de son peuple : « Je vous ai portés comme sur des ailes d'aigle[1]! »

Nous redescendons le pic de *Gebel Mùssà,* pour gravir celui du *Sufsafeh.* L'intérieur de la montagne est imposant : tours, forteresses de granit, étonnant caractère de puissance.

La vue du haut du pic est telle que nous la supposions, en voyant hier le *Sufsafeh* d'en bas : nette, majestueuse; moins grandiose cependant que la vue de *Gebel Mùssà.*

On trouve quelques inscriptions grecques et arabes sur le chemin qui conduit au sommet du Sinaï : pas une sinaïtique; pas davantage, sur le pic du *Sufsafeh,* — l'Horeb chrétien. — L'Horeb arabe, nous disent les serfs du couvent, est la montagne qui s'élève à l'orient du monastère. Impossible de se montrer plus ignorant que ces braves gens-là; ils ne savent que ce que savent les moines : c'est tout dire. Leur demande-t-on où est *Gebel* un tel, *Ouadi* une telle, ils répètent le nom, regardent à droite, à gauche, font claquer leur langue, et répondent : *Ma fisch!* — « Il n'y en a pas! » — Leur demande-t-on, en leur désignant *ce* pic, *cette* vallée, « *n'est-ce pas Gebel* un tel? *Ouadi* une telle? » — sans hésiter ils répondent : *Ayoua!* — Oui.

[1] Exode XIX, 4.

Halte devant la gorge qui sépare *Gebel Mùssà* du *Sufsafeh*. Nous pressons le frère convers de s'asseoir avec nous et de manger; après quelques façons, il cède. C'est un homme jeune, aussi maigre, aussi pâle que ses supérieurs les prêtres sont gras et frais. Celui-ci ne boit pas d'eau-de-vie; il a l'air doux et triste; nous mettons devant lui des œufs, il les refuse, soumis au jeûne sévère des cinquante-deux jours qui précèdent la Pâque; il ne touche aux olives qu'à la considération du samedi, jour où la règle permet de manger un corps gras; il prend une orange, quelques dattes et une mince tranche de pain.

Là-dessus, nous entamons un petit brin de controverse; controverse très amicale mais très incomplète, parce qu'il n'y a rien de difficile comme de faire parler son cœur et sa foi par la bouche d'un drogman qui a ses opinions aussi, lesquelles se mêlent de la partie. — Le frère est convaincu qu'il a raison; il pense que nous n'avons pas tout à fait tort[1]. — Non, le Seigneur n'a ordonné ni de faire maigre, ni de s'assujettir à une autre règle que la règle de l'Évangile; cependant on ne risque rien en allant

---

[1] Si donc vous êtes morts avec Christ quant aux éléments du monde, pourquoi vous charge-t-on d'ordonnances comme si vous viviez au monde? Savoir: ne mange, ne goûte, ne touche point, qui sont toutes choses périssables, établies suivant les commandements et les doctrines des hommes, et qui ont pourtant quelque apparence de sagesse, en dévotion volontaire, et en humilité d'esprit, et en ce qu'elles n'épargnent nullement le corps, et n'ont aucun égard au rassasiement de la chair. (Colossiens, II, 20-23.)

au delà de ses ordres. — Toujours ce perfide : *mieux que Dieu!*

Notre *frère* vient de la Servie.

— Servo? siete Servo? — C'était *Serbo* qu'il fallait dire.

Le frère croit que nous lui demandons s'il est *serviteur?* Il répond avec un humble sourire : « *Sì, servo, servo!* » — Oui, serviteur, serviteur. — Il habite depuis trois ans le monastère. Il n'a pas l'air heureux. Oh! Seigneur! mets ta paix dans ce cœur.

Depuis notre controverse, nous nous regardons avec sympathie, nos âmes se sont touchées.

L'ascension du *Sufsafeh*, surtout la descente sont pénibles; nous effectuons cette dernière en ligne droite sur la plaine d'*el Raha*; il n'y a pas l'apparence de danger, il n'y a que de la fatigue. Arrivés au couvent, nous nous dirigeons bravement vers le fauteuil pour nous faire hisser, mais il n'y a point de fauteuil, il n'y a qu'une grosse corde sur laquelle une fois assis, on se balance en tapotant tout le long du mur pendant que les frères tournent en haut la poulie. Par quelque bout qu'on la prenne, la pendaison n'est pas de mon goût; Antonio passe le premier pour me prouver que cela n'est rien, je trouve au contraire que cela est beaucoup; Louis renouvelle l'expérience, mon mari après, je ne suis pas convaincue, et nous rentrons, Jeannette, le frère convers et moi, par les jardins en fleurs.

Dimanche, 26 *mars* 1848. — Notre culte de ce matin avait une gravité particulière. Du fond de notre cœur nous répétions avec Israël : « Nous ferons toutes les choses que l'Éternel a dites[1]. » Oui, et quarante jours après, Israël fondait le veau d'or ! La montagne fumait encore, mais les yeux d'Israël s'y étaient vite accoutumés ; son cœur retournait à l'Égypte.

Nous visitons l'église, très ornée, peinte à neuf ; les chapiteaux des colonnes, différents les uns des autres, sont d'un ancien style. Les *frères* nous montrent dans une chapelle reculée, la place où Moïse s'arrêta devant le buisson ardent. « Tu diras ainsi aux enfants d'Israël, Celui qui s'appelle *Je suis*, m'a envoyé vers vous !... » Encore notre nature prise sur le vif. — « Ils ne me croiront point, ils n'obéiront point à ma parole !... » Et quand Dieu lui a manifesté sa puissance par deux miracles : — « Hélas, Seigneur, ni d'hier, ni d'avant-hier, je ne suis point un homme qui aie la parole aisée, *même depuis que tu as parlé à ton serviteur*, car j'ai la bouche et la langue pesantes !... » — « Qui a fait la bouche de l'homme ?... va donc maintenant, je serai avec ta bouche... » — « Hélas ! Seigneur, envoie, je te prie, celui que tu dois envoyer !...[2] »

Fausses excuses, faux prétextes ! et puis, que l'É-

---

[1] Exode XXIV, 3. — [2] *Ibid.* III, 4.

ternel nous pousse dans nos derniers retranchements : refus naïf, « *Envoie je te prie celui que tu dois envoyer.* — Oui Seigneur, que ton œuvre s'accomplisse, je ne demande pas mieux, je prie même tous les jours pour cela ; que ton Évangile soit annoncé au près et au loin, qu'il y ait des chrétiens qui t'offrent leur corps en vivant sacrifice, que ton règne vienne Seigneur, et que ta volonté se fasse... mais qu'elle ne se fasse pas par moi ; laisse-moi jouir tranquillement de la piété que je me suis accommodée ; ne me demande rien d'extraordinaire ; *Envoie Seigneur, celui que tu dois envoyer.* — Pourtant, Moïse est devenu l'un des plus grands serviteurs de Dieu. S'il faut que nous soyons poussés par les épaules dans le droit chemin, pousse-nous y Seigneur, sans écouter nos sophismes.

Nous nous promenons longtemps dans les jardins du monastère. Cette jeune verdure m'a par enchantement transportée dans le jardin de la maison paternelle ; j'en aurais pleuré ; être si éloignée, et bien plus peut-être que je ne le pense ! — Laissons cela, Dieu fera ce qu'il jugera bon.

Les grenadiers se couvrent de leurs bourgeons rouges, les figuiers de leurs premières feuilles et de leurs petites figues ; quelques pommiers sont en fleurs... il y a une année, ceux de *Valleyres* l'étaient aussi ; et lorsqu'en revenant du village, j'ouvrais la porte du verger, que cette gloire du printemps m'apparaissait, je restais saisie, le cœur débordant de joie, les yeux fixés sur ces branches rosées des pommiers qui jonchaient le sentier de leurs pétales, sur ces poiriers qui semblaient des pyramides d'argent, sur cette herbe nouvelle, sur la roue du moulin en bas vers le ruisseau, sur le grand Jura dont les hêtres qui verdissaient aussi — car la sève *remontait*, mot expressif du village — mêlaient leur vif éclat au vert noir des sapins.

La vigne pleure, le feuillage tendre des amandiers se détache sur le fond rouge du Sinaï, sur l'espace de ciel bleu qu'enferment les deux montagnes.

Les moines font cultiver leur jardin par les *Jebeleyehs*; ils y mettent parfois la main eux-mêmes. On sent qu'avec ce coin de verdure, il peut y avoir du bonheur.

Ces bons moines sont tous Grecs, ils ne parlent que le grec, pas moyen d'évangéliser ni les Bédouins, ni les *Jebeleyehs*; aussi, se bornent-ils à vivre dans leur creux de roc, à dire les offices, à jeûner en certains temps. — Qu'une conscience éclairée, qu'une conscience placée en face de la Parole de Dieu, se croie ici dans le vrai, c'est un étrange mystère.

Le jeûne actuel est sévère, il n'empêche pourtant personne de boire de l'eau-de-vie; pendant le reste de l'année, les moines mangent du poisson sec, du pain, des légumes, des œufs, des olives, du laitage et des fruits. L'un deux, à notre demande, nous conduit dans sa petite cellule; elle est comme le jardin, simple et propre; il y a des livres sur la table, les Évangiles entre autres, qu'il lit souvent, dit-il, et que les frères possèdent presque tous. — Ceci est un couvent plus sérieux que *Mégaspilion*.

Quant à l'hospitalité, elle s'exerce moyennant *moneta*. Les *pères* ne demandent rien, mais ils seraient fort surpris de ne rien recevoir. Le couvent fournit *gratis* aux voyageurs le logement et le pain, il vend tout le reste. En partant, le voyageur laisse au Supérieur une somme égale à celle qu'on lui demande dans un hôtel de premier ordre; sans compter les étrennes.

Le couvent nourrit ses serfs, les *Jebeleyehs*. En retour, ceux-ci travaillent pour lui et mendient avec un zèle tout monastique. Rien n'engendre la paresse comme cette aveugle libéralité des couvents; l'homme qui sent une moitié de sa nourriture assurée, ne se donne pas la peine de gagner l'autre; ses mains tombent inutiles à son côté; elles ne savent que se tendre mollement vers le prochain; l'énergie, la noble ambition de se suffire à soi-même s'éteignent chez lui. Je n'en veux pour preuve que les populations robustes et déguenillées, qui s'étendent du matin au soir en Italie, le long des murs des monastères.

Justinien, qui bâtit le couvent du Sinaï, dit Robinson, envoya pour le défendre et le servir deux cents Égyptiens, et deux cents prisonniers Valaques. Les *Jebeleyehs* actuels sont leurs descendants. Le couvent les gouverne à sa guise, les paye comme il l'entend; il a sur eux droit de vie et de mort. Les *Jebeleyehs* n'entrent dans le couvent que suivant les besoins, et en petit nombre.

On nous montre dans le jardin le seul arbuste qui ait été trouvé dans la localité par les moines, le seul qu'on rencontre quelquefois sur les arides montagnes d'alentour; on en a conclu avec quelque raison que la verge de Moïse était de ce bois là.

Les *Caloyers* nous conduisent à leur cimetière; souterrain où sont entassés, dans une salle les têtes et les ossements des *frères*; dans l'autre les têtes et les ossements des *papas* ou prêtres.

Nous achetons des moines quelques coquillages de la mer Rouge, quelques minéraux, une branche de l'arbuste dont je viens de parler, une petite boîte de manne fondue, et nous rentrons chez nous.

C'est une souffrance que d'en être réduit à ne prononcer que des phrases banales, quand on voudrait parler à cœur ouvert. Nous le pourrions si les moines savaient le français ou si nous savions le grec; le ferions nous?

Lundi, 27 mars 1848. — Nous revenons du mont Sainte-Catherine. Je ne me souciais guère d'y aller; c'est encore ici l'histoire du caniche.

Les bons vieux *pères* m'effrayent à qui mieux mieux : « Les chemins sont détestables, plus mauvais que la descente du *Sufsafeh*; impossible qu'une dame fasse cette course; une Anglaise seule l'a essayée, elle n'est parvenue au sommet que soutenue par *huit Arabes !* » Là-dessus, je déclare que je n'y vais pas... et j'y vais. J'en étais sûre !

Enfin nous partons; je supplie Dieu d'avoir pitié de moi : le Seigneur m'exauce. La terre entière serait incrédule, qu'il ne me serait pas permis de douter; Jésus a trop souvent déployé sa puissance dans ma misère.

Au pied du *Sufsafeh,* en face de la plaine d'*el Raha*, on nous montre un grand trou dans le rocher : c'est l'empreinte de la tête du veau d'or. Plus loin, dans *Ouadi Ledja*, qui sépare le mont Sinaï du mont Sainte-Catherine; non loin du couvent d'*el Arbaïn*, voici, d'après la tradition, le rocher d'où l'eau jaillit sous la verge de Moïse. — La tradition, ne lui en déplaise, est ici contraire à la Bible. La Bible distingue entre l'Horeb, nom général du massif, et le Sinaï, montagne de Dieu. La preuve, c'est que les Israélites partirent de *Réphidim, où le miracle avait eu lieu,* pour se rendre *au désert de Sinaï*[1]. Donc, le *désert de Sinaï,* la *montagne de Sinaï* vis-à-vis de laquelle ils campèrent, sont autre chose que *Réphidim* et qu'*Horeb*.

[1] Exode, XVII. — XIX.

Mais il y a une autre objection : la vallée de *Ledjâ*, où la tradition place le miracle, est, comme la vallée du couvent, abondamment fournie de sources.

Plus nous grimpons, plus nous tournons autour du Sinaï et plus nous le voyons distinct des montagnes environnantes; plus aussi nous nous enfonçons dans notre idée, que le Sinaï tout entier était le siége des grandes scènes de l'Exode. Je cite encore ces mots : « tu mettras des bornes pour le peuple tout à l'entour [1]; » ces mots qui, indiquant un massif, ne peuvent s'appliquer à une pointe dont on ne saurait s'approcher sans gravir préalablement la montagne... et je m'arrête, car j'en ai déjà trop dit là-dessus.

Le couvent d'*el Arbaïn* a des jardins aussi verts, moins soignés que ceux du monastère. Il est inhabité. Notre frère convers, toujours doux, sobre, silencieux, vêtu d'une méchante robe rapiécée, nous apprend que les *frères* suivent la règle de Sainte-Catherine. Ils peuvent sortir du couvent, retourner chez eux à leur gré, mais non se marier. Il y a trente ans, ils étaient cloîtrés; le couvent menaçait de se fermer faute de moines; on a levé la clôture, et les frères reviennent. Ils atteignent à peine, toutefois, au nombre de vingt-deux.

---

[1] Exode XIX, 12.

L'ascension n'est pas plus fatigante que celle du Sinaï. L'histoire de la dame anglaise et de ses huit Arabes me paraît un conte à dormir debout. — Près du sommet, le vent se fait impétueux et froid; nos petits porteurs de besace en sont contrits; quant à nous autres d'Europe, cet air piquant nous ranime. Un peu plus haut, la neige nous prend, elle se transforme en grésil; nous arrivons ainsi, rampant le long des pentes lisses de granit. Au-dessous de nous, un archipel de cimes décharnées à teintes noires et rudes; d'un côté, le large bras de mer Rouge qui va jusqu'à Suez; de l'autre, plus encaissé, le golfe d'*Akabah :* tous deux d'un bleu vif. Nous dominons le Sinaï. Les montagnes blanches du *Tih* s'étendent au delà; par delà le *Tih*, le désert immense, éclatant comme la neige.

C'est plus vaste que la vue du Sinaï; c'est moins imposant. La vue de Sainte-Catherine rentre dans le genre panorama; celle de *Gebel Mùssà*, avec la plaine de *Sebeyeh*, ses plateaux, son gigantesque amphithéâtre de montagnes, garde le noble caractère de tableau, sans parler des souvenirs.

Un vol de cigognes part d'un pic inférieur et va se perdre dans les nuages. Le vent est violent, le froid intense, nous redescendons. Nous nous blottissons, pour déjeuner, sous un rocher au bas de la pyramide granitique qui forme le pic même de Sainte-Catherine. Le grésil nous blanchit; un bon feu de plantes odorantes pétille près de nous; nous buvons à la glace. Antonio, qui a trouvé de la neige dans un recoin de la montagne, en fait une provision qu'il rapporte presque intacte au couvent.

La pente est couverte de touffes sèches; à mesure que nous descendons, nous incendions : c'est une échelle de flammes et de fumée. Antonio calme sa conscience et la nôtre, en déclarant cette opération éminemment salutaire à la végétation : dans six mois, un buisson de verdure poussera partout où nous calcinous le terrain. Il court ses brandons à la main; des *hourrahs* s'élèvent toutes les fois que les flammes tournoient et que les tiges étincellent. Les petits Arabes cabriolent de joie; le *frère* sourit, il s'enhardit jusqu'à jeter quelques branches dans les brasiers. Encore un arrêt près de la fontaine *de la perdrix*, source limpide qui sort au fond creux d'un rocher; encore un arrêt au couvent du désert d'*el Arbaïn*, et, après neuf heures d'absence, nous rentrons au monastère. Nous y retrouvons nos vieux *pères*, émerveillés de me voir avec mes quatre membres. Nous y retrouvons nos trois *minets*, dodus et gourmands comme tous les chats monastiques : *Chakal*; son trisaïeul, jadis noir, à cette heure blanc de vieillesse, il a dix-sept ans bien comptés; et puis je ne sais quel autre jaunâtre et fade.

Il est tombé quelques grains de grésil au couvent. Nous y avons plus froid que sous la tente.

Embarrak qui a pris dimanche pour lundi, et qui est ici depuis hier au soir, accourt au-devant de nous. « *Tai bii?* » — Tu es bien? —

— « *Tai ye bii, el Ham do Lilla. Katerherak enti!* » — Je suis bien, gloire au Puissant; merci à toi. — Hamad nous baise la main, Behi nous congratule. — Nos Bédouins n'entrent pas au couvent; ils campent hors des murs, et, en qualité de *protecteurs du monastère*, reçoivent d'abondantes rations de pain.

Les inscriptions sinaïtiques couvrent le flanc du mont Sinaï jusqu'à *el Arbaïn*. A deux pas d'*el Arbaïn*, sur le chemin du mont Sainte-Catherine, on en voit deux encore, les dernières.

Nous sommes un peu las, mais cela fait du bien; il y a un certain plaisir à se fatiguer, *à se brigander*, suivant l'énergique expression de nos campagnes.

PLAINE D'EL HALU.

Mardi, 28 mars 1848. — Nous quittons à neuf heures le couvent et les *pères.* Une autre caravane est arrivée hier, il faut ce matin monter ses effets, descendre les nôtres un à un par la corde, cela n'en finit pas.

Les *Jebeleyehs* nous attendent sous les murs *bakschich!* pas une main qui ne soit tendue, pas un gosier qui ne crie à se rompre.

Une demi-douzaine de scheiks des environs, vrais scheiks d'opéra, en robes rouges, jaunes, violettes, en turbans blancs, en manteaux noirs, en longues barbes, accompagnent Embarrak.

De plus, une troupe de Bédouins nous suit obstinément avec ses chameaux, espérant que mécontents des nôtres, nous prendrons les siens.

Le vent est impétueux, froid, nous ne marchons pas, nous *paissons*; on prétend qu'à partir du monastère, il ne faut plus se séparer du corps de la caravane. Adieu les promenades du matin, adieu le trot. *Ouadi Scheik, Ouadi el Jermieh* que nous mettons la journée entière à traverser, sont plantées de mauvaises touffes épineuses et sèches; nos dromadaires n'en laissent pas une sans y fourrer le museau. Je fais conduire ma monture par un des enfants de la caravane, espérant que les mains une fois libres je pourrai lire à l'aise; c'est encore pis, l'enfant tire d'un côté, le chameau tire de l'autre, à chaque secousse je pense donner du nez en terre. Allons, reprenons la corde, laissons-nous arracher le bras, broutons, lambinons, pendant que notre cœur brûle d'arriver, de trouver enfin des nouvelles de tout ce que nous aimons. — Il y a des moments où la vue claire de la distance qui me sépare de mon père me ferait fondre en eau, si je ne regardais au Dieu fidèle qui nous réunira.

Ouadi Scheik ne contient pas d'inscriptions sinaïtiques, du moins nous n'avons pas su en voir.

Quant au chameau, je le définis ainsi : la plus patiente, et la plus impatientante bête qui soit au monde.

Nous nous retrouvons avec un parfait bonheur sous la tente. Notre campement se perd au milieu d'un plateau qu'enferment les tours granitiques du massif du Sinaï et du Serbal. Ici nous quittons les Israélites; quelque mystère qui plane sur la route qu'ils tinrent, on sait qu'elle s'appuyait vers l'orient :

nous au contraire, nous remontons au nord vers *Nückle.* — Ils suivirent probablement le chemin d'*A-kabah* et de *Pétra*. On nous le montre à droite, dans *Ouadi Scheik*. Cinq jours de plus, et... Aurions-nous bien le courage de les y mettre?

OUADI BARRAK.

Mercredi, 29 mars 1848. — Jamais le temps ne nous a semblé si long. Depuis que les souvenirs d'Israël ne sont plus là, les événements d'aujourd'hui nous oppressent. Le vent est plus violent et plus froid qu'hier, nous gelons pendant onze heures, nous marchons autant que nous pouvons; mais dès que nous remontons à chameau nos membres se raidissent.

Ce matin à quatre heures et demie nous sommes levés. Pendant que nous nous chauffons au feu du bivouac, nos Arabes se disputent de toute la force de leurs poumons avec les nouveaux venus. Ceux-ci nous ont suivis, et s'efforcent d'arracher, qui un bahut, qui une malle, pour en charger leurs bêtes. Un des beaux scheiks en robe rouge nous reste, bien malgré nous; il possède quelques chameaux de bagage, et nous accompagne jusqu'à *Nückle*, d'où il retournera au Caire avec Embarrak.

Tahem, jeune garçon plein d'intelligence, noir comme un ramoneur, aux dents étincelantes, et qui porte déjà en travers du corps un sabre droit à trancher les montagnes, est entré dans la caravane depuis hier ; il prend soin de mon dromadaire, il va lui chercher sur les plus hautes cimes des paquets de plantes appétissantes. Tous les réservoirs d'eau, toutes les oasis, toutes les gorges de montagnes sont connues de nos Arabes.

Les sites me paraissent aujourd'hui d'une désolante monotonie. Dix heures et demie durant, nous passons de *Ouadi* désolée en *Ouadi* désolée : les unes comme les autres, entourées de soulèvement granitiques, bas, arrondis, sans hardiesse et sans originalité. Une vue s'ouvre sur les pics du grand massif qui entoure le Sinaï ; mais nous lui tournons le dos ; pour la regarder, il faut un effort de vertu dont nous sommes incapables.

Quelques pauvres cimetières de Bédouins : tas de pierres et de sable, au milieu des grands tas de rochers et des grandes étendues de sables, viennent couper l'uniformité des aspects. Les tombes sont couvertes de plantes sèches ; nos Arabes en passant, ajoutent quelques touffes vertes aux touffes jaunes.

Dans *Ouadi Barrak*, nous trouvons trois rochers couverts d'inscriptions sinaïtiques. Tandis que nous prenons les devants à pied, un serpent jaunâtre, mince, long, traverse le sentier. Lorsqu'il voit que nous le suivons, il se réfugie dans une plante épineuse, redresse la tête, fixe sur nous son mauvais regard, et darde sa langue pointue : nous ne poussons pas la reconnaissance plus avant.

Nos chameaux paissent comme un troupeau d'oies. Chaque Bédouin s'entortille dans son manteau, grimpe sur sa bête en se faisant un marche-pied de son long cou, s'assied derrière les bagages et chante à grande volée. Les chameaux se répandent dans les *Ouadi*, s'arrêtent devant chaque épine, de préférence sur les cols où le vent souffle avec le plus d'impétuosité ; nous faisons un huitième de lieue à l'heure : c'est trop fort ; nos Bédouins nous prennent décidément pour des *cornichons*.

— Scheik Embarrak ! je vous ai engagé, vous et vos gens, pour marcher, non pour brouter. Avançons !

A peine le mot lâché, les Bédouins sautent à terre, poussent les chameaux : en trois heures, nous faisons plus de chemin qu'en sept.

La caravane entrera demain sur le territoire des *Tihas* — gens de la montagne du *Tih*, — ennemis naturels des *Taouarahs*, — gens de la montagne de *Tor*. — Voilà pourquoi nous ne nous séparons plus du gros de l'armée. Nos bons moments sont ceux où nous lisons notre Bible, bien à notre aise, sans que rien nous distraye, *pas même les souvenirs bibliques*. Comment ne pas sentir, à l'époque où nous sommes, l'impérieux besoin de sonder cette Parole :

notre force, notre espérance? Ah! le temps est venu de se préparer à la fidélité positive, de se déprendre des joies d'ici-bas, pour s'attacher à cette réunion avec Christ qui *nous est beaucoup meilleure*.

L'heure du campement est douce aussi; la tente étend ses ailes, nous avons le *Home* pour un soir.

Nous venons de construire une pyramide de tronçons, de racines, de morceaux de bois retirés du sable; à peine le soleil couché, nous y mettrons le feu et nous dégourdirons nos membres.

Le thermomètre marque six degrés.

SARABUT EL KADIM.

Jeudi, 30 mars 1848, au pied du Tih. — Encore six degrés; mais quel beau feu nous avions hier au soir!

Il était établi tout contre le rocher de granit, bien encaissé, bien abrité; la flamme montait dans les tiges menues, qui pétillaient et se changeaient en une dentelle écarlate. *Tahem*, qu'*Hamad* a dressé à la cérémonie du baise-main, se régalait de notre belle flambée; il ne se serait pas baissé pour ramasser un fétu; mais quand nous revenions, Jeannette et moi, chargées de bonnes racines craquantes, lorsque nous les jetions dans le brasier : — « *Tayb, Tayb!* » et le petit drôle nous tapait sur l'épaule.

Le gros de la caravane chemine lentement, pendant que nous partons au trot pour voir le temple égyptien de *Sarabut el Kadim.*

Au moment où le granit cède la place au grès, à ce moment de grande bataille, de grande confusion, où les pics de granit portent des bonnets de grès, où le grès porte des bottes de granit, où les soulèvements contredisent et abattent nos hypothèses à mesure qu'elles naissent, nous avons d'étranges effets de sables jaunes, de montagnes rouges, violettes et noires. On dirait des lacs d'une eau limoneuse, avec des îlots de basalte ou de porphyre. Toutes les couleurs y sont, excepté celles dont la nature se sert habituellement. On se croirait dans quelque monde détruit, où il n'y a plus de vie, plus de vert, plus d'eau, où il ne reste que du soufre et des pierres brûlées à tous les degrés.

C'est sur une de ces montagnes de grès imprégné de fer, que nous tentons l'ascension de *Sarabut el Kadim*. Nous mettons pied à terre, un de nos Arabes nous guide; il ne sait pas le chemin. Il attaque de front les âpres murailles; la montagne nous présente une face raide, transversalement coupée par des bandes de roches à pic et par des bandes de débris ferrugineux. Ceux-ci craquent, glissent et se dérobent sous les pas. — Je ne m'effraye guère en montagnes, mais ici, quand nous avons grimpé comme des araignées le long de deux ou trois de ces parois vives, passé comme des chats sur quatre ou cinq de ces gouttières mobiles, je commence à trouver que nous faisons une folie, et que tous les temples, tous les *Sarabut*, tous les *Kadim* du monde, ne valent pas la tête sur les épaules et les quatre membres à leur place. — Jeannette a tourné bride dès le premier mur; je voudrais bien en faire autant, mais oser?..... et puis il faudrait plus de courage pour descendre que pour monter. Montons! — Voici la cime, le temple sera là. Nous arrivons en nous traînant : point de temple!

— Où est-il?

L'Arabe nous montre vis-à-vis, séparé de nous par une profonde *Ouadi*, perché sur une autre montagne à pic, je ne sais quel point imperceptible!

Pour le coup, le caniche tire la révérence à son bon maître.

Voici ses réflexions : « — Que m'importe à moi, ce temple? il y est, tant mieux! on ne sait qui l'a bâti, tant pis! il y a des hiéroglyphes, je n'en serai ni plus gras ni plus maigre! J'en ai vu, des temples, et des colonnes, et des arcs, et des dromos; de celui-ci je ne tournerai pas la patte. »

Mais ton bon maître, caniche, ton bon maître!

Ici, le caniche qui est un peu vexé de ce que son bon maître lui a fait franchir trois murailles à se rompre le cou, se permet une foule de réflexions fort impertinentes, et que pour cette cause je ne rapporterai pas ; seulement, quand revenu dans des régions plus sûres, il se couche sur le sable, et que le museau bien allongé au soleil, il se met à penser ; il a des remords affreux. Il se représente son bon maître en péril ; il se déteste! Deux heures après, le bon maître revient, excédé de fatigue, ayant chaud, ayant faim, ayant soif, s'étant *brigandé;* mais enchanté d'avoir trouvé tout au fond d'un trou, quelques pilliers à tête d'*Athor,* un sanctuaire couvert d'hiéroglyphes, des pierres arrondies par le haut, profondément gravées, debout dans le temple et hors du temple ; il n'a pas éclairci le mystère, qu'importe? il est au troisième ciel !... Le caniche à l'audace de supposer que cette superlative satisfaction est chez son bon maître, plus affaire de conscience qu'affaire de nature. — Mais laissons-là pour n'y plus revenir, ce caniche trop émancipé.

Un nègre réfugié chez les *Taouarahs* fait du charbon au pied de la montagne; il en fait avec de mauvaises petites plantes dont la tige mère n'a pas un pouce d'épaisseur. Il gagne cinq *parahs* par jour à ce métier. Les *Taouarahs,* qui l'ont bien accueilli, le désignent cependant avec un air de supériorité, sous le nom d'*esclave.*

Ouadi Barrak où nous passions hier la nuit, fut, il y a trente ans, le théâtre d'une bataille entre les *Taouarahs* et les troupes de Méhemet-Ali. La caravane de la Mecque traverse le territoire des *Taouarahs;* ceux-ci, par conséquent, se croyaient le droit de l'escorter seuls. Le pacha qui en jugeait différemment, la fit accompagner par d'autres Bédouins; les *Taouarahs,* après de vaines réclamations, fondirent sur la caravane et la pillèrent. On se régala de café moka dans toutes les *Ouadi*. Mahomet en tira vengeance. Après sa victoire la paix fut jurée, à la condition pour les vaincus de rendre le café, pour le pacha de faire escorter la caravane par les *Taouarahs*. — La clause du café était d'une exécution difficile, on remplaça le moka par du charbon.

Nous courons de toute la vitesse de nos dromadaires, sur la plaine fantastique qui s'étend jusqu'au *Tih*.

Le *Tih* se dresse en travers de la péninsule, comme un bastion de géant; la règle semble en avoir nivelé le sommet. Des soulèvements de grès jaunes, noirs, coniques, isolés, sans racines, sans épaulements, sortent à droite et à gauche dans l'étendue; un ciel clair s'étend sur ce tableau bizarrement taché.

L'âme se sent effrayée, dans ces solitudes où la lumière, les teintes, les formes ont un caractère inconnu. Il nous semble marcher au milieu des débris de quelque planète brûlée, seuls vivants parmi ses décombres, enveloppés de toutes les splendeurs de la destruction. Les bagages nous attendent au campement. Nous dévorons l'espace, points noirs perdus dans cette immensité. Nous passons à côté des îlots orangés, des pics blancs; nous traversons les zones irrizées; nos yeux ne rencontrent que les couleurs éclatantes de l'horizon embrasé, de la terre incendiée. — Nous atteignons la muraille du

Th. Bonheur ! au fond d'un repli, les tentes déjà déployées !

Vite à l'ouvrage : le vent est froid ; ramassons, arrachons ; malheureusement il n'y a pas trois touffes d'épines. Jeannette fait des prodiges de travail : nous aurons une flambée.

OUADI ABUM TEGANI.

Vendredi, 31 mars 1848. — Voici la plus terrible journée du voyage.

Hier, le vent qui d'ordinaire se calme vers le soir, redouble de violence. La tente semble au moment d'être emportée ; on l'assure par de nouvelles cordes, on replante les pieux qui la fixent, on entasse des pierres sur le rebord de la toile qui adhère au sol. Pas moyen d'allumer du feu, le vent se dévale avec furie par la gorge de montagne où nous nous sommes réfugiés.

Nos Bédouins grelottent le long des rochers ; nous les réchauffons avec de la soupe, cela ne les empêche pas de se morfondre ; il fait un froid glacial, nous passons une nuit blanche. Les tentes se tordent sous les rafales qu'on entend descendre en mugissant du haut du *Tih*.

A quatre heures nous nous levons congelés ; pas un brin de feu ; les Arabes sont pâles sous leur teint noir : le thermomètre marque deux degrés.

Nous nous plions dans nos couvertures de laine, et nous commençons à gravir. Cette lutte est effrayante, la tempête fond sur nous de partout, glacée, frénétique, d'en haut, d'en bas, d'orient, d'occident. Elle oppose un mur à notre respiration, elle nous lance à la figure des poignées de gravier, elle nous enlève de vive force et nous brise à terre; six fois j'ai été soulevée comme une plume et jetée sur le sol; trois fois mon mari a été terrassé; sans lui j'étais perdue.

Nous suivons au hasard deux de nos Bédouins, nouveaux venus, qui se séparent avec leurs chameaux du reste de la caravane. Il y a tel passage où, si nous ne courons pas avec impétuosité contre la tempête, nous sommes précipités dans le ravin.

Nos Bédouins découragés se tapissent derrière les roches et laissent les chameaux aller à l'aventure. Nous supplions Dieu de calmer l'ouragan; c'est en vain: alors sentant mon cœur se gonfler, le doute s'y glisser comme un serpent, je ne demande plus qu'une chose : « Empêche-moi de murmurer, empêche-moi de murmurer !... Cela seulement ! »

Dans un instant de répit, nous nous couchons contre terre; nous regardons la plaine en bas. Elle est balayée par le vent; une vapeur jaune y tournoie, enveloppe ou découvre les pics bariolés qui sortent de cet océan.

Après deux heures et demie de combat, nous approchons du sommet. Nos Arabes nous font signe de nous baisser, de nous tenir ferme; nous cherchons à franchir la ligne, nous sommes foudroyés, les Arabes comme nous. L'un d'eux nous rejoint, s'accroche au bras de mon mari, tous trois nous rampons sur le sentier... la redoute est enlevée!

Ici, nouvelle guerre; il faut avancer sur le plateau où se déchaîne toute la rage de la tourmente.

Enfin, épuisés, plus morts que vifs, nous atteignons un abri.

Nos Bédouins font du feu, une flambée qu'ils laissent éteindre, quittes à s'accroupir sur les cendres chaudes en grelottant. Mon mari, brisé comme il l'est, va chercher des plantes sèches et renouvelle la flamme : nos hommes en profitent; mais la dernière tige une fois consumée, ils n'ont pas l'idée d'allonger la main pour alimenter le brasier : bizarre mélange d'énergie et de faiblesse, de paresse et d'activité.

— Où est Antonio ? où est la caravane ? Viendront-ils ? Sommes-nous égarés ? — Tout ce que nous comprenons au baragouin de nos hommes, c'est qu'Antonio, et les chameaux, et Louis, et *Zanette* passeront par ici, qu'ils ne peuvent passer ailleurs. Nous les avons vus prendre une autre route: c'est égal, confiance!

Une heure; rien. Une autre heure; rien.

Sur notre prière, un de nos Bédouins se détache

pour aller à la recherche de nos compagnons. Au bout de la troisième heure d'attente, il revient avec le chameau d'Habib.

—*Chùff Antonio, chùff Embarrak, chùff Louis, chùff Zanette!* — Vu, vu, vu! C'est bien.

Les voici. Tous ont souffert, souffert plus que nous. Les chameaux sont tombés; ils se sont sauvés, les cantines et les caisses ont roulé dans le ravin. Il a fallu, contre la bourrasque, les porter à bras d'homme, les remettre sur les chameaux. Jeannette et Louis ont passé vingt minutes accrochés aux matelas que le vent emportait, pendant que le malheureux Behi essayait en vain de replacer le bât de sa chamelle. Antonio et Habib ont dû, seuls, conduire, ramener, recharger huit ou dix bêtes. Les Arabes éperdus se couchaient derrière les pierres, abandonnant bagages, chameaux et gens. L'un d'eux, malgré les injonctions de ses camarades, reste étendu sur le sol. Antonio le relève au moyen de six coups de courbache et de deux coups de poing; sans ce secours énergique, il était mort.

Habib, déjà souffrant d'un mal de gorge, n'a plus de voix; nous sommes tous exténués, je puis à peine ouvrir les yeux. Antonio, qui voyage depuis seize ans, n'a jamais fait un pareil passage; il va de pair avec celui de l'Olonos. L'Érymanthe était plus froid, mais l'ouragan n'atteignait pas à la moitié de la violence de celui-ci.

Impossible de poursuivre. Nous cherchons un lieu de refuge. Au bout d'une heure de marche pénible, nous trouvons cette *Ouadi,* un peu moins tourmentée que les autres.

Que sera demain, avec un froid pareil, une tempête semblable, des corps brisés! Seigneur, aye pitié de nous!

Le pas que nous avons franchi se nomme *el Nâkb el Rakineh.*

L'Érymanthe et le *Tih* nous ont fait comprendre les tourments du froid : puissions-nous ne pas les oublier en Décembre, quand le pauvre grelotte sous les tuiles.

OUADI EL ARISCH.

Samedi, 1ᵉʳ avril 1848. — Ce matin, une couche de glace couvre l'eau dans nos tentes. Le vent est moins fort qu'hier; il l'est assez cependant pour nous contraindre à faire à pied la moitié du chemin.

Nous trouvons au bas d'*Abùm Tégani* une source qui s'étend en nappe devant le rocher; quelques tamarisques y baignent leurs branches, quelques palmiers nains poussent çà et là.

Dès lors, plus rien qu'un plateau tantôt couvert de cailloux noircis qui miroitent au soleil, tantôt sillonné par le lit desséché d'un torrent où végètent des tamarisques ensablés, tantôt couvert par places de plantes ligneuses, dont les rameaux blanchis se tordent sur le sol. C'est l'horrible végétation d'un cercle du Dante. — A l'orient, nous avons un éblouissant mur de craie; à l'occident, une muraille de craie aussi, mais sombre; au nord, des cônes blancs et noirs dans la plaine sans borne. — Depuis quelques jours, le soleil a perdu son éclat; le vent lui emporte sa lumière avec son calorique. Il n'y a pas un nuage, mais sa clarté s'est faite si morne que nos yeux le fixent sans en être éblouis.

Pas moyen de lire. Nos chameaux trouvent, eux, toujours moyen de brouter. Les Bédouins vont leur cueillir quelques tiges fraîches sous les tamarisques; ils daignent à peine en tordre deux brins, et se hâtent vers ces bonnes épines coriaces qui feraient horreur, même aux ânes.

Nous passerons ici le dimanche. Nos tentes sont plantées dans un lit de torrent; elles s'abritent derrière l'espèce de genêt qui couvre les *Ouadis* et sous lequel Élie s'étendit, criant à l'Éternel : « C'est assez, retire mon âme, car je ne suis pas meilleur que mes pères. »

Cette Ouadi, pierreuse et désolée, se prolonge jusqu'à *el Arisch*.

Dimanche, 2 avril 1848. — On trouve ce matin un gros glaçon dans la bouilloire. Voici quatre nuits et plus que le froid nous empêche de dormir. Ah! c'est bien ici *le grand et affreux* désert de Paran[1].

L'on peut, dans une vie très tranquille, très

---

[1] Deutéronome I, 1 à 19.

exempte de contrariétés, se croire doux, charitable au prochain, soumis à Dieu... encore est-ce difficile :... dans le désert, dans le désert de Paran, c'est impossible. Pour ma part, je suis effrayée de l'égoïsme que ces quelques jours de souffrance m'ont révélé. — *Moi, toujours moi ! j'ai froid, je suis exténuée; quand arriverai-je?* — Et si je pense aux autres, ce n'est que par contre-coup.

Et puis, ces sourdes querelles contre Dieu, ces prières rebelles, ce doute lorsque Dieu n'exauce pas !... Il n'y a que l'action du Saint-Esprit qui puisse me rendre capable, un jour, de supporter quoi que ce soit pour l'amour du Seigneur. Cette action s'exercera. Dieu abandonnerait-il une seule des âmes qui regardent à lui ?... la pire n'a-t-elle pas droit à son meilleur amour ?...

Hier au soir, nous nous sommes réjouis longtemps au feu du bivouac. Mon mari, Louis, Jeannette, avaient arraché toutes les vieilles racines des environs. Voilà le beau moment! Faire, le samedi soir, un feu clair; geler d'un côté, griller de l'autre, et se dire : demain on ne me réveillera pas; demain je ne suivrai pas d'un œil endormi l'arc aminci de la lune, qui traverse le ciel et m'avertit que quatre heures approchent, que la fatale lanterne va se glisser dans la tente, qu'il faudra, par un froid pénétrant, m'habiller. *S'habiller !* pièce à pièce ! manger un déjeuner qui se glace de l'assiette à la bouche, partir à pied, disputer le terrain contre le vent, monter sur son chameau, y rester transis, ratatiné, hébété!

Avec une chaleur modérée, il n'y aurait plus que du plaisir. — Enfin, Seigneur, que ta volonté soit faite. Et pendant que nous tenons ce dimanche, jouissons-en.

Il faut le dire pourtant, le désert a ses avantages; il simplifie l'existence : quelques pieds carrés, un mince matelas sur la terre ou sur les pierres, une planche : voilà le salon, les siéges, la table, tout ce qu'on voudra. On ne perd plus de temps à sa toilette; on ne se regarde plus au miroir qu'une fois par semaine, — le dimanche, pour constater les ravages; — on se passe de ce qu'on croyait indispensable; on mange peu et mal; on souffre, et cela fait du bien.

Le Scheik des *Tiahs* est venu nous voir hier au soir. Nous devons à *Nukle*, passer des mains des *Taouarahs* dans les siennes. Antonio arrange en un tour de main notre affaire. — Le Scheik des *Tiahs* fume, dîne, prend du café; il en résulte que nous garderons jusqu'au bout notre Scheik Embarrak, plus trois dromadaires : celui de mon mari, celui de Jeannette, le mien; et qu'au lieu d'attendre vingt-quatre heures à *Nukle*, nous en repartirons mardi.

Le Scheik des *Tiahs* nous envoie un mouton. La

pauvre bête a été tuée et partagée avant que nous en sussions mot.

Les conserves de Marseille fournissent à notre nourriture : un potage fait avec des tablettes de bouillon, une boîte de bouilli ou de veau, une autre de légumes qu'on met sans les ouvrir dans une casserolle, le *mischmisch*[1], le café à l'eau quand il fait froid : voilà notre dîner. Le matin, du riz et du café noir ; maigre pitance. Le dimanche on ajoute des marrons rôtis.

Hélas, dans ce même désert, un peu à l'orient, Israël criait : « Qui nous fera manger de la chair[2]!... » Pauvres gens ! ils n'avaient pas de conserves de Marseille...... et nous, nous crions aussi et nous nous révoltons. — « Il nous souvient des poissons que nous mangions en Égypte sans qu'il nous en coûtât rien, des concombres, des melons, des oignons, des poireaux et des aulx[3] ! » — Viande ou manne, la nourriture que nous donne Dieu nous satisfait-elle jamais ?

L'Éternel s'irrite ; alors Moïse, pressé des deux côtés ; du côté des Israélites rencontrant les reproches, du côté de l'Éternel la colère : « Est-ce moi, qui ai conçu tout ce peuple, ou l'ai-je engendré, pour me dire : Porte-le dans ton sein, comme une nourrice[4]!... »

---

[1] Abricots secs. — [2] Nombres XI, 4. — [3] Ibid. 5. — [4] Ibid. 12.

Le regard de l'Éternel qui plonge dans les profondeurs de l'âme, ne voit dans celle de Moïse qu'une grande angoisse. Il le soulage, en répandant l'esprit de sagesse sur soixante et dix anciens qui prendront leur part du fardeau.

Heldad et Médad prophétisent au camp : « — Mon Seigneur, empêche-les ! s'écrie Josué. »

« — Es-tu jaloux pour moi ? Plût à Dieu que tout le peuple de l'Éternel fût prophète ! — » Merveilleux progrès de la foi ! Chez la fille de Pharaon, nous voyons Moïse, homme droit, mais homme naturel : il met la violence à la place de la justice, il tue l'Égyptien. En Horeb, au pied du buisson ardent, il recule devant la mission que Dieu lui impose. Dans le désert, plus de colère, plus d'hésitation, mais beaucoup de découragement, parfois l'ombre du doute qui passe entre ce cœur et Dieu. Ici, le renoncement est complet, l'œuvre s'achève. — Peut-être y avait-il des moments où la gloire de l'entreprise, où la grandeur de la position éblouissaient Moïse; il en voit la vanité : *Plût à Dieu que tout le peuple de l'Éternel fût prophète !...* et bientôt il intercédera pour Marie, qui avec Aaron s'élèvera contre lui. Dernière amertume, suprême victoire !

« Moïse, » dit la Bible, « Moïse était un homme fort doux, plus qu'aucun homme qu'il y eut sur la terre[1]. »

---

[1] Nombres XII, 3.

L'enfant de Dieu va donc laissant son péché à travers les épreuves.

Lundi, 3 avril 1848. — Comme nous faisions à midi notre modeste déjeuner, assis sur le bord d'un de ces torrents desséchés qui vont former à el Arisch le *grand torrent d'Égypte*, arrive notre Scheik des *Tiahs*. C'est un homme de cinquante ans, à la barbe pointue, à l'œil fin ; un rusé compère. Il nous laisse achever sans dire mot ; l'exquise politesse arabe ne permet pas d'entamer une affaire avec l'honnête homme qui dîne. Nous lui offrons des dattes. Lorsque tout est mangé, que la gibecière d'Antonio ne montre plus que des flancs aplatis, le Scheik nous propose de nous arrêter chez lui. — Chez lui, c'est ici : le désert, le lit du torrent, les plantes grillées, quatre brins d'herbe jaune qui poussent dans l'argile fine que les eaux laissent à la surface du sol. Si nous faisons halte maintenant, ce soir sans faute, nos chameaux seront prêts. Nous éviterons *Nukle*, son gouverneur, ses gardes coiffés de queues de lapin, les vexations de toute sorte qui nous attendent dans cette forteresse, établie au milieu du désert pour approvisionner la caravane de la Mecque. Si nous persistons à pousser jusqu'à *Nuklé* au contraire, nous y passerons la journée entière de demain, nous y subirons la protection du gouverneur, nous y boirons du café, et nous y serons gardés bon gré mal gré, par la force armée en queues de lapin. — Campons dans les domaines du grand Scheik des *Tiahs !*

Les montagnes de craie sont derrière nous, nous ne voyons plus qu'une de ces étonnantes boursouflures : pain de sucre dépouillé de son papier, debout au milieu de la plaine.

Il faudra ce soir nous séparer de la plupart de nos *Taouarahs.* Les propriétaires seuls des trois chameaux qui passent avec nous, pourront nous suivre jusqu'à *Darieh,* village situé à cinq lieues d'Hébron.

Nous pleurons nos *Taouarahs.* Levés à quatre heures du matin, ils marchaient jusqu'à quatre heures du soir sans avoir mangé autre chose qu'un peu de galette, et quelques reliefs de notre déjeûner. D'après la théorie d'Antonio, les Bédouins ne doivent pas manger en route. Nous avons prié, commandé, mon mari s'est fâché; le tout en vain : impossible d'obtenir d'Antonio qu'il prenne dans son bissac de quoi faire déjeuner, au moins Hamad et le piteux Behi qui nous escortent. Ces pauvres gens s'asseyent à distance, nous voient croquer en affamés que nous sommes une croûte de pain et des œufs durs. Le repas fini, Antonio remet solennellement portion double au Scheik; — car dans les principes d'Antonio, les scheiks mangent pour toute la tribu; — il s'avance avec majesté vers Hamad, vers Behi, verse devant eux les miettes restées au fond du sac : un œuf, deux dattes, et leur sourit en bon prince. Quand nous ne cachons pas quelque chose pour eux dans nos poches, ils vont ainsi jusqu'au soir. Avec cela, de belle humeur, prévenants, pleins de tact, parfaitement probes, ne jetant jamais un regard indiscret dans la tente, ne parlant jamais de *bakschich!* — Je ne me pique pas d'un courage héroïque, j'ai souvent peur à Paris, peur en Suisse, peur un peu partout. Eh bien, ici, en pleine *bédouinerie*, au milieu des *Taouarahs* et des *Tiahs*, nous passons la nuit sous la toile, nous avons auprès de nous notre bourse, les Arabes le savent ; et nous dormons dans le sentiment de la plus absolue confiance.

Comme le soleil disparaissait hier au soir derrière le mur occidental des montagnes, que les chameaux revenaient au campement, nous avons fait une belle flambée sur le plateau. — « *Tahale! Tahale!* — Viens. — » Les Bédouins sont venus; ils se sont accroupis autour du feu : mon mari entre le Scheik et le plus âgé de nos *Taouarahs*, Antonio debout, servant le café, Jeannette jetant des branches sèches dans le brasier, et moi assise un peu à l'écart. On prend le café, les figures s'épanouissent.

Je vais, dit mon mari, vous raconter une histoire, comme on fait le soir entre amis.

Signes d'approbation. Mon mari ouvre la Bible, il leur lit, en l'expliquant, la parabole de l'Enfant prodigue. Antonio interprète phrase par phrase. Les

Arabes attentifs saisissent tout; ils expriment leur intérêt en répétant aux plus beaux endroits les derniers mots d'Antonio; parfois ils s'écrient : *Allah, Allah!* — J'ai rarement vu de scène qui m'ait tant touchée. Le ciel avait une sérénité parfaite; de temps en temps un chameau passait derrière le cercle; le soleil, qui éclairait la montagne de craie à l'orient, la faisait ressembler à de l'albâtre; un oiseau de proie, ses larges ailes étendues, restait suspendu sur nos têtes; Antonio, dans son pittoresque costume, la tête entourée d'un riche mouchoir de Damas, la veste brodée d'or, se tenait dans une fière attitude auprès des Arabes absorbés par le récit. Et la Bible, la Bible lue, simplement, fraternellement à ces fils d'Ismaël!

La parabole achevée, le Scheik, les Bédouins se sont écriés que c'était *bon, très bon.* « — Le monde disparaîtra, a dit Embarrak, il ne restera plus rien, plus rien que Dieu et l'homme. » — De ces sujets sérieux, nous passons à notre affection réciproque : nous ne nous oublierons jamais, nous nous retrouverons devant Allah. *Behi* qui doit nous suivre jusqu'à *Darieh*, déclare en pleurnichant à moitié qu'il n'aura pas le courage de se séparer de nous. Antonio lui passe silencieusement sa pipe en guise de consolation, et Behi, toujours l'œil humide, tend la main pour avoir encore la blague à tabac.

Ce matin il n'y avait pas de glace, mais il s'en est

fait pendant que nous déjeunions. Le vent règne, moins froid qu'avant hier : l'absence de la souffrance est une jouissance vive.

Mardi, 4 avril 1848. — *Bakschich* et tendres adieux aux *Taouarahs!*

Hier au soir, le Scheik des *Tiahs : Hyde*, — singulier nom pour un scheik arabe, — régale nos hommes de deux moutons. On a causé jusqu'à minuit autour des feux.

Les chameaux *Tiahs* devaient être au campement après le coucher du soleil; ils n'y sont venus que ce matin.

La grande affaire des chargements commence. Les *Tiahs* soulèvent nos malles avec des contorsions; ils les laissent retomber épuisés; chacun refuse la charge pour son chameau. Scheik *Hyde* et Scheik Embarrak usent de toute leur éloquence. Scheik Hyde prend un à un ses subordonnés, les attire à l'écart, les pérore longtemps en leur rendant de petits services d'amitié, comme de leur ôter quelque insecte posté en vedette sur leur mouchoir, quelque autre tapi dans leur sein.

La question des chargements n'est pas la seule : le passage d'Embarrak avec trois dromadaires *Taouarahs* sur le territoire des *Tiahs*, a bien plus d'importance. On parvient à s'entendre; tout se passe avec dignité. Les paroles sont données, nous voilà en règle.

Les *Tiahs* m'ont l'air d'assez pauvres sires. Ils sont méchamment vêtus de la chemise blanche; peu y joignent la couverture de laine; le Scheik seul porte le turban, les autres fixent, au moyen d'une corde, quelque morceau d'étoffe sur leur tête. Cette coiffure est large et noble. Presque tous ont des fusils; une poire à poudre recouverte de cuir, ornée de cuivre, leur bat les hanches.

Vient le moment du départ. Scheik Hyde, sur lequel nous comptons, auquel nous avons déjà payé cent soixante piastres d'avance, nous fait la révérence et nous remet à Monsieur son fils, espèce de sapajou couleur de café, vêtu de la chemise traditionnelle, d'un vieux mousquet dans son étui de peau, et d'une espèce de guenille tricolore, fixée sur sa tête par une autre guenille blanche. Ce joli garçon, porteur d'un nez en trompette, nous servira de Scheik! Nous qui nous étions tant soit peu enflés, à l'idée de posséder en tête de notre caravane le *grand Scheik des Tiahs!* — Notre Sapajou, l'œil gauche planté un demi-pouce au-dessus du droit, marche fièrement devant nous; personne ne le respecte, personne ne lui obéit; en revanche, il obéit à tout le monde. Quoi de mieux?

A peine en route, le vent du nord recommence. La guerre, toujours la guerre! Nous regelons dans nos manteaux, la figure plus enveloppée que jamais dans nos foulards, et plus soufflée, plus *resoufflée* que jamais aussi. A la longue, cela devient un véritable supplice. Nous sommes transis, abrutis, perchés neuf heures sur nos bêtes, au beau milieu de la tempête, qui, neuf heures durant, nous siffle dans les oreilles, nous aveugle, nous jette ses froids courants tout le long du corps. Et ces chameaux, plus têtus qu'ânes et mules pétris ensemble! s'arrêtant, broutant, mettant le pied dans la corde, se laissant taper, tirer, plutôt que d'avancer d'un pas, et toujours au point le plus fouetté du vent!

Le soleil est éteint, le ciel est couvert d'une vapeur de sable; à tous les horizons, elle reste suspendue comme un morne rideau; parfois elle nous enveloppe, poussée par la rafale, et nous étouffe. Devant nous, derrière nous, l'immense plaine blanche, toujours blanche, coupée de lits de torrents, plantée de ces tristes arbustes à demi déracinés par le dernier effort des dernières eaux, blanchis, enterrés dans le sable, et qui tendent leurs moignons secs au bout desquels poussent quatre feuilles glauques.

Ce sont nos aspects d'aujourd'hui.

Vers midi, nous avons vu la forteresse de *Nukle*, large, solitaire, assise au milieu des tourbillons de sable.

Suez, serrée par le désert, sans une herbe, sans un tronc d'arbre, est une position prodigieuse de tristesse; mais Suez a la mer, les accidents du calme, de la tempête, les brises ; parfois un vaisseau qui vient étaler devant elle ses ailes blanches ; tous les jours des caravanes, et le chant des Arabes, et les cris des chameaux. — Mais *Nukle!* Le site n'est pas de ce monde. Je le connais pourtant, je ne l'ai pas rêvé, je l'ai vu ; j'ai déjà traversé, avec un frisson, cette étendue où il n'y a ni lumière ni ombre, plus de soleil et pourtant une clarté, plus de verdure et pourtant une végétation. J'ai vu cette citadelle sinistre, posée dans le désert. J'ai été emportée par ce tourbillon furieux ; il entraînait aussi deux figures aimées.

> E come igru van cantàndo lor lai,
> Traèndo in aère di sè lunga riga ;
> Così vid' lo venir, traèndo guai.
> Ombre portàte dàlla dètta briga.
> . . . .
> . . . . . . Poèta volentièri
> Parlerèi aque' dùo che insième vanno,
> E Pàion sì al vènto leggièri [1]!

Oui ; le peintre de cette nature contre nature, c'est Dante : lui seul en tient les couleurs dans son pinceau.

Comme nous passons à la gauche de *Nukle*, un Arabe accourt en franchissant les crevasses du sol ; il touche gravement la main de nos *Tiahs*, de nos trois *Taouarahs*, il les embrasse solennellement sur

[1] *L'Enfer* de Dante. (Chant V.)

le front; après quoi, sans transition, il éclate en un transport de colère. Le motif, c'est le passage des chameaux *Taouarahs*. Les *Ou Allah ! Il Allah ! Ham do Lilla !* volent de part et d'autre. On gesticule, on crie. Nous laissons les Arabes débattre entre eux leur affaire. Nos Bédouins tiennent bon. Le *Tlah*, outré, reprend sa course du côté de la citadelle. Nous redoublons de vitesse en sens contraire, et nous campons à trois lieues de *Nukle*. Nous sommes sauvés !...

Le soir. — Non, nous ne le sommes pas. Un grand coquin de *Tlah* vient d'arriver au campement. Le mouchoir rouge et jaune, fixé par une corde autour de sa sauvage figure, fait ressortir la rudesse de ses traits. Il est flanqué de trois chameaux qu'il prétend nous imposer : c'est clair. En attendant, pas un mot de la querelle : *salâm, salamâta*, et les baisements, et les congratulations, quitte à se couper la gorge ensuite. — Le voilà qui, après avoir fait agenouiller ses trois chameaux *tlahs* à côté des trois chameaux *taouarahs*, s'accroupit silencieusement auprès du feu.

OUADI EL FADIEH.

Mercredi, 5 avril 1848. — Nous nous sommes retirés, hier au soir, dans nos tentes, pendant que les *Tiahs*, assis en rond, fumaient avec le nouveau venu. — A peine sous nos tentes, la pluie commence. On pratique des rigoles d'écoulement. Bon, nous aurons, juste comme Sancho Pança chez la Duchesse, passé successivement au travers des régions du feu, de la glace, du vent et de l'eau : l'embrasement dans le désert de Suez, la neige au sommet de Sainte-Catherine, la tempête depuis neuf jours, et le déluge cette nuit. — Par la grâce de Dieu, il ne dure pas. Les tentes se trempent et se raidissent; le piquet du milieu se tend comme un arc : nous en sommes quittes pour un bain de vapeur.

L'épreuve produit la patience. Hélas! pas encore chez nous; et cependant le Seigneur miséricordieux nous épargne aujourd'hui. Il y a toujours du vent, il souffle toujours impétueux, mais il n'est plus froid, et le soleil se ranime.

Notre homme au mouchoir jaune est là, il y est même flanqué de l'individu en chemise blanche, qui a couru furieux à la citadelle. Il se tient sur l'arrière plan pendant que nous déjeunons. Nous nous levons; il s'approche de *Caavaja Antoùn*. La discussion commence.

Les trois chameaux *tiahs*, gardés par le grand *Tiah* blanc, sont agenouillés en face des trois chameaux *taouarahs*, gardés par Embarrak, Behi et Tahem. L'homme au mouchoir jaune est un gaillard tanné, à barbe noire et pointue, à nez d'aigle, avec un regard farouche qui ne se fixe nulle part. Son compagnon, bien découplé, a la mine plus franche, mais non moins rude. Nos chameliers *tiahs*, tous témoins du contrat passé avec leur scheik, tous consentant, se tiennent prudemment à l'écart, muets, immobiles comme des mannequins. Le sapajou que Hyde nous a donné pour scheik, va s'abriter derrière un chameau. Il y va plus armé que jamais de son mousquet, de son nez en trompette et de son large poignard. Je suis étonnée qu'il ne porte pas un canon en sautoir par-dessus le marché.

La contestation se renferme dans les bornes d'une politesse recherchée; mais elle est vive. Une demi-heure se passe à pérorer; petite voix, grosse voix, tout échoue. Enfin, le drôle en mouchoir jaune prend lentement la grande sacoche de mon mari, et se dirige vers les chameaux *tiahs*. Antonio la reprend gravement et la replace derrière lui. — On continue.

Pendant qu'Antonio, toujours froid et cérémonieux, tire à part le *Tiah* blanc; le jaune, sans qu'il s'en aperçoive, reprend la sacoche et va la poser sur son dromadaire. En un bond, mon mari, qui commence à perdre patience, est à ses côtés; il saisit fortement la sacoche et la vient mettre derrière Antonio. Cela se fait sans une parole : mon mari ne prononce pas un mot; le *Tiah* se tait, n'en regarde pas plus droit, et reste impassible. Le *crescendo* va son train. Habib, la douceur même, vient trois fois, les manches retroussées, sa casserole en main, lâcher aux *Tiahs* son argument en plein visage. Louis sent son sang bouillir. Le groupe se rapproche des chameaux *taouarahs*. Mon mari se tient prêt; Jeannette et moi, debout vers le brasier éteint, nous regardons un peu émues. Antonio va jeter à terre son tarbousch, il va paraître dans toute l'horreur de ses mèches noires : les yeux flamboyants, les dents étincelantes;... mais non, il est trop en colère pour se livrer à ce mouvement oratoire.

Tout à coup, le grand *Tiah* blanc montre les chameaux : — « Si nous ne pouvons les avoir par les paroles, nous les aurons par les armes! »

En un saut, Antonio est dans la tente; il saisit son sabre : — « Puisqu'il faut mourir, mourons!... » — Mais il faudrait bien un quart d'heure pour défaire les agrafes qui retiennent le beau sabre dans le bel étui de maroquin rouge.

Mon mari ramène Antonio; il le place entre les deux *Tiahs*.

— Demandez-leur s'ils ont un Scheik, oui ou non?

— Ils ont un Scheik, celui d'hier.

— Le reconnaissent-ils, oui ou non?

— Ils le reconnaissent; mais ils disent qu'ils ne sont pas faits pour lui obéir.

— C'est bien! Autrefois, on croyait à l'honneur des Bédouins; on disait : parole donnée, parole tenue; maintenant je sais, et d'autres sauront, ce que vaut la promesse d'un *Tiah*. Leur Scheik a juré, ils s'en moquent; c'est bien!

Les *Tiahs*, regardent la terre.

— Dites-leur, en outre, que s'ils parviennent à nous imposer leurs trois chameaux *tiahs*, à la place de nos trois chameaux *taouarahs*, ils n'auront, à *Darieh*, ni bakschich, ni paiement.

Les Bédouins froncent le sourcil sans répondre. Ils ont la ténacité impassible de leurs chameaux.

Depuis longtemps, Behi a ouvert l'avis de la retraite : « — Je m'en irai, tu t'en iras, nous nous en irons! — » Embarrak lui-même, qui craint une affaire pour sa tribu, tend à s'éclipser. Ce n'est pas notre compte. Si nous cédons à ces gens-là, ils croiront que nous avons peur; nous sommes dans notre droit, nous nous y défendrons comme dans une forteresse.

Pas moyen d'obtenir un mot d'un seul de nos *Tiahs* contractants.

— Où est donc ce fils de Scheik, ce Scheik postiche?

Habib, toujours armé de sa casserole, va le chercher derrière les chameaux. Il le traîne au milieu du groupe avec son mousquet et son sabre.

— Voyons, qu'es-tu? que fais-tu? qu'a promis ton père?

Le malheureux se rapetisse; il balbutie quelques paroles évasives.

— Si tu ne peux parler, fais charger tes chameaux!

Il se sauve.

A ce moment, le grand *Tiah* blanc s'élance sur la bride de mon dromadaire. Mon mari la lui arrache; d'un revers de main, il l'envoie pirouetter sur le sable. Une menace de cet homme, et nous sautions, Jeannette et moi, sur les pistolets... ils n'avaient pas de capsules... mais je crois bien que nous les aurions mises. Heureusement, le revers de main abat la querelle. Une fois que les *Tiahs* se sont heurtés contre une volonté de fer, ils se résignent. Le jaune et le blanc virent de bord; ils se rabattent sur leurs confrères. Péroraison éternelle, en conséquence de laquelle on fait filer un Bédouin *Haouad* qui s'est réfugié chez les *Tiahs*, à la suite de quelque querelle avec sa tribu. Il part, il emmène ses trois chameaux, et nos deux coquins le remplacent, après lui avoir payé sa journée.

Leur opiniâtreté a vaincu, notre droit n'a pas cédé. Nous nous mettons en route... — Mieux vaut effusion de paroles qu'effusion de sang... Je crois que celle-ci n'aurait pas eu lieu : ces gens-là se possèdent, calculent jusque dans la colère, et ne se mettraient jamais sur les bras une affaire à conséquences. De notre côté, nous n'aurions pas fléchi... mais nous n'aurions tué personne.

Dans les contrées sauvages, il faut que les voyageurs, par respect pour eux-mêmes, par respect pour la justice, par charité chrétienne bien entendue, créent une loi et la sanctionnent. Que deviendraient nos successeurs dans les mêmes déserts, si, par notre faiblesse, nous donnions une prime à la mauvaise foi ?

Antonio chante à plein gosier pour témoigner de son indifférence, peut-être pour donner un *sfogo* à l'impétuosité de ses sentiments. Les deux *Tiahs* jettent souvent un regard en dessous sur mon mari, afin de voir s'ils trouveront moyen de se rapatrier ; ils rencontrent ce visage impénétrable qui a déjà glacé le *Reiss* de la cataracte et tant d'autres.

Les voilà qui parlent bas entre eux ; je me figure qu'ils complotent ; nous mettrons ce soir des capsules aux pistolets... Cependant, comme nos deux hommes dévorent l'ample déjeuner que leur présente Antonio, il faut croire qu'en vertu du *sel mangé de concert*, nous sommes désormais sacrés à leurs yeux.

L'immensité du désert s'étend tout le jour devant nous. Nous n'avons qu'une montagne à l'occident. Le sol est tour à tour noir, miroitant, jaune, et blanc d'une blancheur mate, selon que le silex, que le sable, ou que la croûte desséchée du limon le recouvrent. De temps en temps les bras d'une *Ouadi* s'étendent en travers ; il s'y épanouit des touffes de fleurs jaunes, quelques camomilles blanches, une fleur lilas tendre dont les dromadaires sont friands. Quelques jeunes plantes montrent un vert moins glauque ; des tamarisques nains élèvent çà et là leurs têtes sablonneuses. Dans ces *Ouadis* volent, en rasant le sol, des hirondelles qui semblent de velours noir ; il s'y promène quelques jolis oiseaux à ventre jaune. Nous apercevons parfois des lièvres, et au pied de la montagne, dans l'éloignement, parmi les derniers tamarisques, trois gazelles qu'on reconnaît à leurs bonds. Le ciel s'appuie partout sur le désert ; aucun arbre, aucune cime n'en fait mesurer la profondeur. La surface éthérée s'unit étroitement à la surface pierreuse et le regard glisse entre elles, jusqu'au moment où il se perd à l'extrême horizon.

Les *Tiahs* sont plus armés que les *Taouarahs*. Chacun porte sur l'épaule un fusil à pierre ; l'un deux vient d'abattre un oiseau de proie devant nous. Ils n'ont pas la figure loyale de nos *Taouarahs*. Ils ne reconnaissent aucune autorité, ni au dehors, ni au dedans de la tribu. Leur Scheik n'est pour eux qu'un homme qui les rassemble lorsque arrive une caravane, et auquel ils demandent conseil dans l'occasion. — En passant à *Nukle* nous aurions peut-être évité la querelle de ce matin, encore ne sais-je pas bien? Mon frère et ma belle-sœur, qui avaient pris ce dernier parti, furent arrêtés près de Gaza par une tribu de *Tiahs* qui prétendait lever sur eux un impôt. Après deux heures de contestation, on les satisfit moyennant six piastres — trente sols — à se partager entre tous.

Quant au Scheik Hyde, c'est un maître fripon que nous aurions dû contraindre à nous accompagner lui-même, en dépit de ses trois moutons rôtis.

OUADI GHEROUR.

Jeudi, 6 avril 1848. — Je crois que j'ai hier un peu laissé parler le cœur naturel.

Les *Tiahs* font ce qu'ils peuvent pour rentrer dans nos bonnes grâces; ils aident à tendre les tentes; ils arrachent du bois :... tout cela ne leur ôte ni leurs physionomies, ni leurs manières farouches.

Le Sapajou est décidément une création grotesque. Il se livre aujourd'hui à des manifestations tantôt guerrières, tantôt courtoises. Il met flamberge au vent, court sus à Tahem, fait mine de le pourfendre, et quand il voit Tahem silencieux, dédaigneux, affecter de regarder ailleurs, il lui tire un pied de langue par derrière. Après le sabre, le mousquet. Il le bourre de poudre, de balles, met en joue le tiers et le quart, exécute quatre ou cinq cabrioles, et saute sur la croupe d'un chameau où il s'accroupit derrière les bagages, sur un espace grand comme la main. Un peu plus tard, il tue une misérable perdrix d'un coup de pierre, me la plume au nez, et me l'offre ; il m'offre aussi la main pour monter sur mon dromadaire, et s'étonne naïvement de ce que je préfère celle de mon mari : tout cela avec une assurance, une gaucherie, une satisfaction de soi, qui rendent plus baroques les regards de ses deux yeux inégaux.

Le ciel est splendide, le vent tourne au midi. Nous cheminons dans l'étendue, apercevant à notre droite des montagnes bleues qui deviennent rouges quand nous nous en approchons, qui redeviennent bleues quand nous nous en éloignons; les horizons du plateau se teignent parfois de violet. Ce soir nous campons dans le lit d'un torrent, sur un tapis de sable fin, entre deux haies de tamarisques. Les monts de craie ont reparu ; ils forment un cirque à distance. De bizarres contre-forts, élevés comme par la main des hommes, se dressent au milieu de la plaine.

Nous avons rencontré un petit campement d'Arabes : deux chameaux, deux hommes, une femme et quelques enfants. Sur le sable se promène un lézard, la tête noire, le corps gris, la queue mince comme un fil et cerclée de lignes brunes. Deux lièvres sont partis du gîte, presque sous les pieds de nos chameaux.

Nous voyons à deux reprises et de près, trois gazelles se dessiner en silhouette sur la crête d'un monticule.

Le *Tiah* jaune à nez d'aigle, s'en est allé. Sa conscience le point; il sent bien qu'il n'y a pas de *bakschich* à espérer du terrible *Franc*, et il va probablement vexer la caravane qui nous suit.

Hier au soir, le ciel était brillant d'étoiles; la nouvelle lune qui se couchait, a laissé quelques secondes son croissant se poser sur la croupe de la montagne; le feu des *Tiahs* jetait ses reflets sur leurs figures sauvages. Nous nous promenions en savourant cette belle soirée. « Les cieux racontent la gloire du Dieu fort, et l'étendue donne à connaître l'œuvre de ses mains. »

Antonio a veillé jusqu'à dix heures avec nos Arabes. Ils le prennent pour un Turc, et lui ont demandé *ce que ces chrétiens viennent faire dans le désert? pourquoi ils y dépensent leur argent? s'ils sont fous?*

— Ces chrétiens viennent visiter les lieux saints, la montagne de Moïse. — De là, toute l'histoire de Moïse et de ses miracles devant Pharaon. Les Arabes l'ont écoutée en répétant : « Loué soit Dieu !... »

Voilà donc un jour paisible, heureux; et ce jour, oserai-je dire que je l'ai passé presque tout entier à songer de prairies, de chants de grillets, de sapins en fleurs avec leurs petites pommes rouges attachées en grappes énormes au bout des branches à ces fleurs qui laissent, quand on les secoue, tomber une pluie de pollen doré sur les longues mousses ? Oui, je suis retournée à mon père, à mes parents, à mes amis ; au *Rivage*, à ses lilas bientôt en fleur, à son lac et à la gloire de son Mont-Blanc. Je suis retournée à *Valleyres*, sous la solitaire allée de frênes et de noyers qui suit le ruisseau : le long du *rêne*, comme on dit chez nous; et la vieille chanson des jeunes filles, chanson sans rime, mais que je trouve poétique, pour avoir été mêlée à mes premières années, la vieille chanson se murmurait d'elle-même à mon oreille.

> Le long du rêne,
> Tout en m'y promenant,
> Je rencontrai la fille
> A mon capitaine.

Voilà comment on rêve d'herbe, d'eau, de patrie au désert... Quant à rêver de désert, — quand on le connaît — dans les prés ou vers les ruisseaux,... j'ose bien promettre que cela ne m'arrivera pas.

Et pourtant nous l'aimons ! Mais pour en jouir, il faudrait mener la vie bédouine, camper huit jours ici, huit jours là. Le voyage suivi : dix heures de dromadaire chaque jour, par le froid, par le chaud, par la bise, par le *simoùn*, ce ne sera jamais la vie du désert.

Nous marchons angoissés, notre pensée reste fixée sur la France, sur la Suisse; nos yeux cherchent vainement à percer le brouillard qui nous cache les figures chéries de nos parents; il en résulte une tension douloureuse.

Mais nous serrons fortement la main de notre Dieu, nous savons que cette main couvre ceux que nous aimons. Nous prions aussi, — pas assez, — nous prions pour notre Église libre du canton de Vaud, pour notre Église de France. Nous demandons à Dieu d'arracher de notre cœur ces racines d'égoïsme qui retiennent le pied et qui font regarder en arrière; nous sentons que le temps de se dépenser soi-même est venu. Seigneur, qui nous l'enseignera si ce n'est toi?

OUADI ES SERAF.

Vendredi, 7 avril 1848. — Les *Tiahs* ne donnent pas de fèves à leurs chameaux; ils se contentent de les mener paître le matin à l'aube, et le soir encore. — Les *Taouarahs* marchaient tout le jour; ceux-ci, qui ne vont guère à pied, s'accroupissent derrière les bagages, et poussent d'autant leurs bêtes.

Le désert est plus mouvementé, plus vert, plus fleuri qu'à l'ordinaire. Les *Ouadis* étroites, couvertes d'un sable fin, sont émaillées de fleurs violettes, jaunes, rose pâle. De grandes ombellifères dont le feuillage est déjà desséché, s'élèvent dans les larges plateaux. Le rouge coquelicot s'épanouit çà et là parmi les brins d'une herbe à tuyau maigre, dont l'épi barbu ondoie sous le vent. Un gros orchis jaune, ou plutôt une orobanche monstre, sort de terre tout en fleur. Cela ne fait pas une végétation brillante; le sol reparait au travers de ces pauvres tiges; les buissons n'ont encore qu'un feuillage grisâtre, et cependant on sent que cette terre s'est émue au souffle du printemps; il y a des oiseaux, ils chantent en rasant la terre; il y a des lièvres; nous foulons aux pieds les sillons que tracèrent l'an dernier les Bédouins; la terre se repose cette année, mais le travail de l'homme y a laissé des traces. — Il est d'autres traces qu'on apprend à connaître au désert et qui accidentent la vie. La trace de la gazelle sur le sable : quatre petits creux ronds, distancés, qui révèlent la promptitude des pattes fines qui les formèrent; la trace du lièvre : pas rapides aussi, mais craintifs, pressés par la crainte; la trace des loups : plus ferme, et qui suit de près les autres; celle de la hyène : large, pesante, sinueuse et fourbe; celle des oiseaux : charmante broderie pleine de caprices, ici l'oiseau sautillait, là il fouillait avec son bec, plus loin ils étaient trois ou quatre, on le reconnaît aux dessins bigarrés qui se croisent sur le sable; et la trace de la grande fourmi noire à longues jambes : ligne déliée qui se dirige toujours vers un but; et celle des mille lézards qui couvrent la steppe! — Aujourd'hui nous en rencontrons un pareil à celui d'hier, sauf qu'il a la tête rouge.

A onze heures nous nous arrêtons vers deux grands trous remplis d'une eaux blanche, sur laquelle deux ou trois millions d'insectes se livrent à des jeux natatoires. Les chameaux boivent, nous buvons ; l'eau devient noire, on en remplit deux de nos tonneaux. Des touffes serrées d'un jonc brun et ligneux entourent ces sources, c'est *Ouadi abou Retemat.*

Le temps est doux, le ciel d'un bleu plein de lumière ; nous marchons silencieux, lisant, réfléchissant, retournant en arrière, ne nous hasardant guère en avant, nous élevant en haut toutes les fois que Dieu nous porte. — Les *Tiahs* envoient par le désert les grandes portées de leurs voix rudes ; ils babillent encore plus qu'ils ne chantent, ce sont d'intrépides causeurs. Les chameaux s'avancent en file dans les plateaux sablonneux, se répandent dans les *Ouadis*, boivent avec indifférence aux mares. — Nos neuf à dix heures s'écoulent ainsi ; on sent que le chrétien est fait pour autre chose que pour cela.

OUADI EL KULASA.

Samedi, 8 avril 1848. — Le ciel est sombre, l'air humide et doux, nos Arabes prévoient la pluie, on étend ce que nous possédons de toile cirée sur les matelas et sur les sacs de nuit. D'un moment à l'autre, tout peut être inondé. Triste perspective dans le désert! Arriver trempé, ne trouver qu'une terre mouillée, qu'un lit à l'état d'éponge. Une forte brise du nord se lève, elle fend la couche des nuages et les envoie par flocons légers aux quatre coins du ciel. Le bleu reparaît; un soleil splendide nous éclaire.

J'avais, ce matin, le cœur profondément triste, triste de mes prévisions, triste aussi de me trouver attachée de si près à des jouissances qui, pures en elles-mêmes, deviennent coupables dès qu'elles revêtent le caractère de l'idolâtrie. Je me tournais vers tous les horizons, tous étaient sombres; puis j'ai regardé le ciel. Il y a un instant, n'était-il pas orageux? Qu'a-t-il fallu pour l'éclairer? un souffle de la bouche de l'Éternel!... *Ah! ton bras n'est pas raccourci, pour ne pouvoir délivrer !* — Est-ce à moi, pour qui tu as eu des tendresses de mère, est-ce à moi de craindre? Tu sais de quoi nous sommes faits; tu ne nous chargeras pas au delà de nos forces. Tu sais que je n'ai rien à t'offrir, ni dévouement, ni courage, ni foi, ni amour; mais tu sais aussi que, du fond de ma misère, je désire te servir. Tu feras tes miracles dans ma pauvre âme.

Ce jeûne de lettres est une grande épreuve.

Le désert se couvre de fleurs; le géranium violet, un petit chardon rose vif, l'oseille aux grappes rouges, la mauve, le coquelicot, la marguerite, diaprent le sable de leurs nuances dont la vivacité me rappelle celle des fleurs des Alpes. Un vol de cigognes s'abat dans les buissons nains; elles laissent sur le sable l'empreinte de leurs larges pattes étoilées. Nous voyons deux gazelles sur une hauteur; c'est l'adieu du désert : non que le sol se fasse plus fertile, que la *population* augmente, mais l'aspect général change un peu. Ainsi, nous rencontrons quelques troupeaux de chèvres et de brebis; nous nous arrêtons près de l'un d'eux, nous envoyons acheter du lait; il est chaud, délicieux aux lèvres de gens qui n'en boivent que les jours de fête.

Un peu plus loin, un jeune taureau, deux génisses au front blanc nous regardent passer. C'est là que le cœur nous bat, à nous, Suisses. Des vaches ! je les aime du fond de l'âme ! je les aime pour leur figure innocente et réfléchie, je les aime pour leur doux regard, je les aime pour les avoir gardées; je leur dois mes meilleurs feux dans le *Grand Clos*, mes meilleures pommes de terre cuites sous la cendre, mes meilleures courses dans les brumeuses matinées de l'automne, et la crème de la montagne, et tant d'autres *et.....*

Nous laissons à l'orient les ruines d'*el Aujeh*; plus à l'occident encore, et à une certaine distance, celles d'*el Abdeh*, probablement l'ancienne *Eboda. Robinson* croit à tort qu'*el Aujeh* et *el Abdeh* ne font qu'un; il nomme à tort aussi *el Aujeh*, Eboda.

Un gros tas de pierres s'élève devant la caravane; nos Bédouins y jettent des cailloux et se livrent à des exécrations : c'est le tombeau du Scheik *Amri*. Ce Scheik, autrefois saint en renom, s'acquittait fort mal de son métier. Quiconque allait payer un tribut de prières à sa tombe, ne manquait pas, en revenant chez lui, de trouver sa maison brûlée, ses chameaux blessés, ses brebis mortes, ses chèvres volées. Les adorateurs, ainsi bernés, s'avisèrent d'un expédient : ils maudirent le saint; chacun, en passant, lui débite quelque sottise; dès lors, tout va bien.

Un horizon sans borne s'étend derrière nous ; on dirait une vue de haute mer. Nous n'avons guère descendu depuis le sommet du *Tih*. Le désert se présente à notre esprit comme divisé en trois plateaux immenses : l'un, bas, prenant du Caire et mourant aux racines du massif sinaïtique; l'autre commençant au massif et se terminant au pied de la montagne du *Tih*; le troisième s'étendant du sommet du *Tih* jusqu'aux montagnes de Juda.

Dans le lointain, au nord, Antonio nous montre une ligne bleue : c'est le mont d'Hébron.

Bientôt nous traversons des orges, pauvres orges fluettes, en épis déjà, quoiqu'elles ne s'élèvent qu'à un pied du sol. Des Bédouins en haillons les gardent; une vieille femme, à moitié couverte d'un lambeau qui n'a plus de couleur, se dresse à notre approche; ses deux bras décharnés levés contre nous, elle maudit les Arabes qui font passer la caravane dans son orge. Comment faire? L'orge est plantée en travers de la direction. Nos Arabes ne font que rire à l'apparition de cette lamentable figure. Je n'ai jamais vu de créatures si dignes de pitié que ces Bédouins. Maigres, affamés, obligés de défendre leur semence, depuis le moment où elle est en terre jusqu'au moment où on la récolte, contre la dent des troupeaux ou contre la main des voleurs.

Après une légère culture donnée à la terre, l'orge est semée dans le lit des torrents; les buissons restent parmi. Tout Arabe qui défriche un morceau du désert en acquiert par cela même la propriété;

personne ne viendra sur ses brisées : le sol cultivé passe à ses enfants[1].

Il n'existe guère de population plus destituée de culte que la population bédouine. Pas un lieu de prière, pas un acte d'adoration, pas un brin d'enseignement religieux. Veut-on se marier? on arrête l'article de la dot, on déclare devant témoins qu'on s'unit à un tel ou à une telle, et le mariage est consacré. Veut-on faire divorce? on renvoie sa femme avec la formule usitée en pareil cas, et tout est dit.

De grands troupeaux de chameaux broutent les buissons nains; les chamelets blancs ou gris tendre font bande à part. — Le Bédouin le plus riche possède rarement au delà de vingt à vingt-cinq chameaux. Ce n'est plus le temps d'Abraham et de Loth, que la même terre ne pouvait porter ensemble; du puissant Abraham, qui avait trois cent dix-huit serviteurs nés dans sa maison, et qui battait *Kédor Lahomer*, roi d'Hélam, *Tidhal*, roi des Nations, *Amraphel*, roi de Sinhar, et *Arjoc*, roi d'Ellasar[2]. Ce n'est plus le temps d'Isaac, qui possédait tant de gros et de menu bétail, un si grand nombre de ser-

---

[1] Antonio me raconte une coutume arabe. Il arrive souvent que les tribus faibles cherchent à se fortifier en faisant alliance avec d'autres tribus plus considérables. L'affaire négociée, on choisit un jour, on rassemble les principaux scheiks des tribus contractantes, on tue un chameau, on l'écorche en lui coupant la tête ; cela fait, tous les scheiks entrent dans la peau par l'ouverture du cou, et dès lors l'alliance est indestructible.

[2] Genèse, XIV.

viteurs, que le roi des Philistins, Abimélec, jaloux de ses richesses, lui disait : « Retire-toi d'avec nous, car tu es devenu beaucoup plus puissant que nous.¹ » Ce n'est plus le temps de Jacob, de Jacob qui prit *ce qui lui vint en main* pour en faire un présent à Ésaü son frère, savoir : deux cents chèvres, vingt boucs, deux cents brebis, vingt moutons, trente femelles de chameaux qui allaitaient et leurs petits, quarante jeunes vaches, dix jeunes taureaux, vingt ânesses et dix ânons². Ce n'est plus le temps de Job, qui possédait sept mille brebis, trois mille chameaux, et cinq cents paires de bœufs³.

Les chameaux d'Abraham ont dû venir paître ici, conduits par ses serviteurs, alors qu'il avait planté ses tentes en *Beer Scébah*.

Nous sommes campés au pied des ruines d'*Elusa*... ou de ce qu'on croit être *Elusa*. — Il y a là des restes de bâtiments, de canaux, de fondations, de tours en pierre de taille; le tout au milieu du désert, sans arbres, sans herbe, sur ce sol de fer. Étonnant mystère que l'existence de ces villes, assises dans la désolation ! Mais au temps où elles florissaient, le désert n'était pas le désert, la vie le refoulait ; et il n'y a pas longtemps de cela, puisqu'*Eboda*, puisqu'*Elusa* datent de la domination romaine. Ésaïe parle *des villes du désert :* « Que le désert et *ses villes* élè-

---

¹ Genèse, XXVI. — ² *Ibid.* XXXII. — ³ Job, I.

vent la voix, que les tentes où habitent ceux de Kédar, que ceux qui habitent dans le rocher, — *Petra* — éclatent en chants de triomphe[1]!... »

Les *Tiahs* retrouvent sur ces plateaux une jeune chamelle qui avait quitté *Nukle* depuis plus de trois mois; ils la reconnaissent à la marque de la tribu : une lettre sinaïtique (ITT)[2]. — Nos Bédouins nous prêchent ici la prudence : *nous ne devons pas nous éloigner des tentes; les bergers arabes sont des voleurs; ils nous sauteraient au gosier et nous étrangleraient; nous ne sommes plus dans le désert*, etc., etc.

Cent Arabes respecteront un Franc, s'ils le voient accompagné par un Bédouin de leur tribu ou d'une tribu amie; mais que le Franc marche seul, que plusieurs Francs cheminent ensemble sans une escorte arabe, qu'ils s'avancent escortés par des Arabes d'une tribu ennemie, on les attaquera. La nuit, on cherche à voler; cela se fait en douceur, aux dépens des protégés comme aux dépens des ennemis.

Dimanche, 9 avril 1848. — Le gazouillement des alouettes célèbre de grand matin la bonté du Dieu qui les nourrit au désert comme dans les campagnes fertiles, les grillets chantent de toutes leurs forces sous les buissons; les fleurs sortent brillantes

---

[1] Ésaïe XLII, 11.
[2] Chaque tribu imprime un certain signe sur ses chameaux; le mien, chameau *Tiah*, acheté par les *Taouarahs*, porte la même lettre.

de leurs boutons déjà secs, de leur feuillage jauni qui traîne sur le sable; un vent léger court d'un bout à l'autre de ces horizons infinis. Nous célébrons cette belle journée que l'Éternel a faite. — Oui, Seigneur, tu l'as faite pour que l'âme fatiguée se repose près de toi, tu l'as faite dans tes compassions, pour que l'homme ait de la joie. Celui dont les soucis ont travaillé le cœur, retrouve les longs entretiens avec toi; il retrouve sa femme, ses enfants, il fait des plans de bonheur; l'ouvrier met des habits propres, il va voir pousser la première herbe; le pot-au-feu répand sa restaurante fumée dans la mansarde... Faut-il qu'il y ait des êtres assez insensés pour s'ôter le dimanche?

Hier au soir, plus d'une voix s'écriait sous la tente: samedi! samedi! demain c'est dimanche, quel bonheur!

Pendant le déjeuner, quelques Arabes, un vieillard centenaire, passent dans notre voisinage avec un âne et une brebis; ils entrent, Antonio leur présente du café; ils s'asseyent et *mangent du pain*, sans façon, comme aux temps bibliques.

Ce désert, peut-être l'endroit où nous sommes, a vu passer deux figures, toutes deux tristes, angoissées, et deux fois il a entendu la voix de l'ange de l'Éternel les appeler et les consoler.

La première fois, c'était Agar. Elle s'en allait le cœur débordant d'amertume; d'une main, elle conduisait ce jeune enfant, son fils, qui s'était moqué le jour où Abraham et Sarah, sevrant Isaac, avaient célébré leur joie par un grand festin; de l'autre, elle soutenait cette bouteille d'eau, ce pain, qu'Abraham, le cœur brisé lui aussi, mais obéissant, avait mis sur son épaule. Elle marchait. Elle marcha jusqu'à ce que l'eau de la bouteille défaillit... elle coucha l'enfant dans un de ces pauvres buissons desséchés que je vois d'ici marquer le désert de taches grises. — « *Qu'as-tu Agar ?* » — Toujours cette question si tendre, qui provoque l'effusion, qui promet le secours. — « *Ne crains point.* » — Ah ! que tu l'as dit souvent, Seigneur ! « *Ne crains point !* » Ne crains point, pauvre Agar, ne crains point Moïse, ne crains point Marie, ne crains point vermisseau de Jacob, ne crains point Ézéchias, ne crains point, crois seulement Jaïrus; ne craignez point, vous tous qui criez à l'Éternel, vous que l'Éternel veut faire ses ouvriers, vous qui tremblez en regardant à votre cœur[1].

Dix siècles après, un homme passait dans ce même lieu; cet homme venait d'exécuter l'arrêt de l'Éternel, il avait fait égorger les prêtres de Bahal par un peuple idolâtre, sous les yeux d'un roi perverti; il venait de courir triomphant devant le char d'Achab, car l'Éternel, à sa prière, avait ouvert les

---

[1] Genèse, XXI.

bondes des cieux, sauvé les Juifs de la famine. Maintenant, une parole de Jésabel a fait fondre son âme. « Que les dieux me traitent avec la dernière rigueur, si demain, à cette heure, je ne te mets pas au même état que l'un deux. » *Elie s'en va comme son cœur lui dit;* il vient à *Béer-Scébah,* il y laisse son serviteur, et puis seul, défiant, il s'avance au milieu de ces grandes solitudes. Il va le chemin d'une journée sous ce soleil brûlant; il s'étend au pied d'un genêt. — « C'est assez, prends maintenant mon âme! » — *C'est assez, prends mon âme!...* C'est assez mon Dieu !... plus d'épreuves, plus de tentations, ôte-moi de ce train de guerre, qu'y ferais-je ?... suis-je meilleur que tant d'autres, qui y ont péri ?

« — Lève-toi et mange ! — » Lève-toi, nourris-toi de ma parole, et puis recommence à marcher, au travers du désert s'il le faut !

Mon mari vient de lire la Bible avec Habib; quelques-uns de nos Arabes ont conduit les chameaux dans une *Ouadi* voisine, les autres cherchent l'ombre le long des tentes; le reste de la troupe cause, et de telle sorte qu'il est impossible d'écrire deux mots.

OUADI EL KALIL.

Lundi, 10 avril 1848. — Hier j'avais l'âme tourmentée. Je veux servir le Seigneur, mais j'ai des racines qui vont trop profond en terre. Est-ce que cette parole de Jésus n'entrera jamais dans mon cœur? « ne vous mettez point en souci du lendemain, car le lendemain prendra soin de ce qui le regarde. » Est-ce que cette tente, qui s'enlève chaque matin en ne laissant pour toutes traces qu'un petit carré dans le sable, ne me donnera pas enfin une leçon de détachement?

Antonio répète souvent un proverbe arabe que j'aime bien : *Aujourd'hui, Dieu merci! Demain, Dieu est grand!....*

Nous lisons, nous prions, nous causons avec mon mari. Comme la foi des hommes est plus simple que la nôtre, à nous femmes!

Nous avons donné hier au soir du café aux Arabes; au *Sapajou*, au grand *Tiah* blanc comme aux autres.

Mon mari leur a lu quelques portions du onzième chapitre de saint Luc : « Si un fils demande du pain à son père, lui donnera-t-il une pierre ? s'il lui demande un poisson, lui donnera-t-il un serpent ? s'il lui demande un œuf, lui donnera-t-il un scorpion ? » Les Arabes étaient accroupis, la tête dans les deux mains pour mieux écouter ; leurs yeux brillaient, les paroles de Jésus tombaient claires dans leur esprit, ils en percevaient immédiatement le sens profond. A chaque question : lui donnera-t-il une pierre, lui donnera-t-il un serpent ? ils s'écriaient *Lah !* — Non. — Il faut les voir saisis avec cette promptitude, pour comprendre à quel point les enseignements du Christ conviennent à ce peuple. Mon mari a terminé en récitant la prière dominicale ; les Bédouins l'ont bien comprise.

— Je souhaite que tu vives plusieurs siècles ! s'est écrié le grand *Tiah* blanc.

— Nous vivrons aux siècles des siècles, mais pas sur cette terre.

— L'homme n'est qu'un pécheur, a dit Embarrak, qui en aurait compassion, si ce n'est Dieu ?

La lune s'est levée dans son ciel, entourée d'étoiles ; les feux se sont allumés, les Bédouins se sont rangés autour, et la flamme a jeté ses pittoresques clartés sur ces scènes que nous ne verrons bientôt plus.

Nous partons ce matin de bonne heure. Le désert

est plus désolé que jamais. Vers midi, nous arrivons sur un plateau ; quelques brins d'herbe y poussent, mais il sont jaunes, on dirait une lande que le printemps n'a pas encore verdie. Un peu à notre gauche serpente le lit d'un torrent pierreux, de l'autre côté du torrent, une berge jaune comme le plateau, Embarrak s'écrie : *Birscebah!* — Béerscébah.

Nous quittons la caravane, nous traversons le lit du torrent, nous montons la berge, et nous nous arrêtons devant un puits ; peut-être, probablement le puits d'Abraham.

Ce puits est en pierres taillées, bordé d'une margelle; les cordes qui glissent le long de ses parois depuis des milliers d'années ont cannelé la pierre, le temps l'a polie comme le marbre. Nous nous baissons: il y a tout au fond une eau limpide; elle est fraîche, douce, nous en buvons avec respect. Autour du puits, nous voyons rangés de petits bassins ; grosses roches creusées dans l'enfance de l'art. Chacun de ces bassins, placés là pour abreuver les troupeaux, repose sur un pavé de cailloux. Deux de ces pavés manquent de bassins; en comptant les deux places vides, on trouve *sept* bassins. — *Béerscébah* signifie *puits du serment, puits des sept.* Il appartenait à Abraham; les serviteurs d'Abimélec l'avaient pris par violence: Abraham s'en plaignit à leur maître; celui-ci reconnut le droit d'Abraham, ils firent tous deux alliance là; puis Abraham, mettant *sept* jeunes brebis à part : « Tu prendras ces *sept* jeunes brebis de ma main, afin qu'elles me servent de témoignage que j'ai creusé ce puits[1]. » Les sept bassins n'ont-ils pas été taillés, posés autour du puits, en commémoration de cette alliance?

Un peu plus loin nous trouvons un autre puits bien plus grand; il devait être entouré de douze bassins, dont il reste dix.

Au delà, un troisième puits, mais sans bassins.

Le sol, la colline sont ici couverts de ruines; chaque pas s'y heurte contre des pierres taillées; on reconnaît distinctement la place des maisons. Des enceintes semi-circulaires rappellent la forme des églises primitives.

Isaac vint de *Guérar* en *Béer-Scébah*; ses serviteurs déblayèrent le puits d'Abraham; il y bâtit un autel, il y dressa ses tentes, et cet Abimélec qui lui avait tourné visage, fit de nouveau alliance avec lui, « parce que, dit-il, nous avons vu clairement que l'Éternel est avec toi. » Isaac donnait aux puits qu'il creusait, les mêmes noms desquels son père les avait appelés. Il nomma celui-ci *Scibáh*. « C'est pour cela, dit la Genèse, que la ville a été nommée *Béer-Scébah* jusqu'à ce jour[2]. »

Les ruines que nous foulons reposent sur l'emplacement de l'antique Béer-Scébah. Il ne reste plus

---

[1] Genèse, XXI. — [2] Ibid. XXVI.

rien de la chênaie que planta le patriarche[1]; mais que d'images sont encore vivantes!

Près de ces eaux, Abraham invoqua Dieu, le Dieu fort d'Éternité. Isaac et Rébecca y vécurent longtemps[2]. Là, Jacob, à l'instigation de sa mère, trompa le vieil Isaac, en dérobant la bénédiction qu'attendait Ésaü. De là, il s'enfuit en *Paddan-Haran* pour y être à son tour le jouet d'un homme astucieux.

Une chose m'a toujours frappée, c'est que Jacob, qui avait menti, a été, durant son existence tout entière, poursuivi par le mensonge. Laban le trompe au sujet de Rachel, il le trompe pour son salaire. « Je t'ai servi ces vingt ans passés dans ta maison, et tu m'as dix fois changé mon salaire. » Jacob a usé de fourberie envers son père : les fils de Jacob usent d'une fourberie envers lui; ils lui rapportent la robe de Joseph, de son bien-aimé; ils la lui montrent tachée de sang[3] : « Reconnais maintenant si c'est la robe de ton fils, ou non! » — « C'est la robe de mon fils; une mauvaise bête l'a dévoré; certainement Joseph a été déchiré. Et Jacob déchire ses vêtements!... »

Bien des années après, années de douleur, pendant lesquelles les cheveux de Jacob ont blanchi, il revient à *Béer-Scébah*; il y revient avec sa famille, avec ses troupeaux; il n'y revient pas pour y planter

---

[1] Genèse, XXI. — [2] Ibid. XXVI, 35; XXVII, 46. — [3] Ibid. XXXVII, 32, 33, 34.

ses tentes vers la *Chénaie*, comme Abraham, comme Isaac; il y vient en passant, pour se rendre en Égypte où son Joseph vit, domine, l'appelle. Il offre des sacrifices dans ce lieu si cher où il vécut enfant, où il apprit à connaître l'Éternel, d'où il s'était enfui de devant la colère d'Ésaü; dans ce lieu qui devait, mis en regard avec les vicissitudes de sa vie, lui parler si fortement du Dieu de vérité. Il offre des sacrifices, et Celui qui s'était entretenu avec son père Isaac, avec son aïeul Abraham, avec lui, pauvre pécheur reçu en grâce comme eux, Celui-là lui crie du haut des cieux : « *Ne crains point !* — Ne crains point de descendre en Égypte; car Je t'y ferai devenir une grande nation. Je descendrai avec toi en Égypte, et Je t'en ferai aussi infailliblement remonter, et Joseph mettra la main sur tes yeux [1]. »

Nous nous agenouillons encore une fois sur la margelle du puits, nous touchons encore de nos mains ces profondes cannelures où glissèrent les cordes des serviteurs d'Abraham, ces bassins où vinrent s'abreuver ses chameaux; nous demandons au Seigneur, oh oui, nous lui demandons un cœur pareil à celui du patriarche : croyant, docile, candide; et nous quittons *Béer-Scébah*.

En le quittant, nous entrons dans la Palestine. *De Dan à Béer-Scébah*. Cette expression, qui revient

[1] Genèse XLVI, 3, 4.

souvent dans la Bible, fixe les limites nord et sud du pays de la promesse.

Ici commence une vaste plaine couverte d'une herbe le plus souvent jaune, par places admirablement verte et fleurie. Elle s'appuie au fond contre les montagnes de Juda : chaîne très basse, sur le flanc occidental de laquelle nous voyons de loin quelques arbres clair-semés. A mesure que nous avançons, l'herbe se fait plus abondante, les fleurs aussi; ce sont, outre beaucoup de fleurs du désert, des gouttes de sang, et des mauves aussi grandes que des roses trémières. — Nos chameaux se jettent avec frénésie, non sur l'herbe, mais sur les chardons; ils casseraient cordes, bras, et leur propre tête à force de tirer, plutôt que de manquer une de ces bonnes pommes épineuses, une de ces appétissantes feuilles à longs dards.

Cette plaine a dû être, pourrait être admirablement fertile; les torrents qui la déchirent nous montrent dix pieds de terre végétale : avec de l'eau, on en ferait un jardin.

Ce soir, nous campons au pied même des montagnes. Nous grimpons jusqu'au premier arbre. Ce n'est pas un chêne, ce n'est pas un érable, ce n'est pas un caroubier, ce n'est pas un frêne; qu'est-ce donc[1]?

---

[1] C'est, je crois, un chêne d'espèce particulière. Du moins les Arabes appellent *chênes* des arbres tout semblables, que plus tard nous vîmes à Hébron et dans la Syrie.

La montagne est recouverte d'une couche de terre qui permettrait de la reboiser facilement; les forêts revenues, les sources se reformeraient, et les sources formées, la plaine se revêtirait d'une luxuriante végétation.

Nos cœurs sont pleins de reconnaissance envers le Seigneur, qui nous permet de contempler son saint royaume.

Mais il se fait tard; les cigognes, qui picoraient tout à l'heure dans le pré, se sont établies, non sans querelles, sur un vieux mimosa. C'est très bien d'écrire son journal, je dirai même que c'est très vertueux, quand on se sent demi-morte de fatigue; mais il ne faut pas que cet acte de vertu s'accomplisse aux dépens d'un mari, la patience même.

Le campement s'établit au milieu d'une tribu de *mille pieds*; ils couvrent la montagne et le pré : longs, noirs et gluants.

HÉBRON.

Mardi, 11 avril 1848. — Nous partons ce matin de bonne heure. L'air est doux; nous montons à pied. Nous suivons, au milieu des belles montagnes de Juda, une suite de vallées et de croupes qui doivent nous amener à *Darieh*. Le sentier se cache sous l'herbe et sous les fleurs, des buissons nains tapissent le sol; des murs en pierres sèches, bâtis au travers des étroites vallées, retiennent les terres et les eaux. Là, verdissent de petits champs. Les cigognes marchent devant nous, respectées par tous, excepté par les *Tiahs*, tueurs déterminés, qui les tirent, et Dieu merci, n'en touchent pas une.

Nous sommes bien heureux! nous respirons l'air parfumé de la montagne, nous nous rapprochons des lettres après lesquelles nous soupirons depuis un mois; les souvenirs bibliques, chers et vénérés, nous entourent de toutes parts.

De temps en temps, un cavalier bédouin passe à

côté de nous, monté sur son petit cheval, la tête enveloppée du mouchoir jaune et vert, sa longue lance appuyée sur la terre. Après trois heures de marche, nous atteignons Darieh : quelques masures rangées sur une des sommités de la montagne. — Tout va se borner, nous le pensons, à prendre ici un garde de santé qui nous accompagnera jusqu'à Hébron, où l'on fait une quarantaine de vingt-quatre heures.

Un Turc s'avance avec cet écriteau français : — *Garde de santé* — fixé sur la poitrine. Il reste à distance; les femmes et les enfants de Darieh nous regardent de loin. Ici commencent les simagrées de la quarantaine... après plus de vingt-cinq jours passés dans le désert !

Les *Tiahs*, de leur côté, font les difficiles. Ils déclarent qu'ils n'iront pas plus loin. Antonio les pérore, l'officier turc les pérore; ils se livrent aux emportements de leur caractère, crient, vocifèrent, font mine de décharger leurs chameaux, et finissent par dire qu'ils viendront, moyennant *cinquante piastres par bête*. De *Darieh* à *Hébron*, il y a cinq lieues; pour le voyage de *Nakle* à *Darieh*, six jours et demi, ils ont demandé *cent piastres !*

— Qu'on se procure des chevaux ou des chameaux à Darieh ! qu'on les paye ce que l'on voudra ! j'aime mieux cela que de subir la fourberie de ces coquins !

— Monsieur, c'est impossible. Nous sommes en quarantaine, nous sommes pestiférés; personne ne peut nous louer ni chameau, ni cheval, ni âne!

On se prend la tête, l'officier brandit sa canne à pomme d'argent, les *Tlahs* hurlent; Antonio a depuis longtemps jeté son *tarbousch* par terre; de guerre lasse, l'on arrête le prix à vingt-cinq piastres. Cinq piastres par heure! — Sous peine de ne pas bouger, il faut en passer par là.

Enfin nous sommes en route; garde en queue, garde en tête, montés sur leurs chevaux arabes, tous deux l'escopette à la main, criant : « *Barra! barra!* » — loin! loin! — à toute âme vivante qui point à l'horizon. Femmes, brebis, chèvres, enfants, chacun se sauve; on chasse les troupeaux hors de la route avec des cris de terreur, les bergers retiennent leurs boucs par les cornes, de peur qu'ils ne regardent seulement de notre côté : *quarantina, quarantina!* c'est le seul mot d'italien que sachent ces braves gens, mais ils le savent bien et ne s'en font pas faute. — Étrange chose que de se trouver tout d'un coup, soi, bien portant, accusé et presque convaincu de peste!

Ici, les scènes deviennent d'une fraîcheur et d'une beauté qui nous pénètrent. Nous traversons une succession de petites vallées et de sommets arrondis. Toutes les vallées sont cultivées; les unes vertes, semées d'orge et de blé; les autres, que labourent les Arabes, attendent le maïs qu'elles verront jaunir en été. Sur les cimes couvertes de gros buissons de chênes verts, paissent d'innombrables troupeaux de chèvres noires, de brebis à la laine blanche, de chameaux, de chamelles et de chamelets. Tout cela bondit, flaire le vent d'avril, se groupe sur les rochers. Près du sentier, sous chaque arbuste, fleurissent des tapis de marguerites, de cyclamens, de bleus iris. — Quelle fête! mon Dieu! Dieu de bonté! Que ce pays si riche, si fertile encore, devait bien être le pays de la promesse, alors que ta colère ne l'avait pas foudroyé.

Des puits abondants, des puits antiques, peut-être les puits d'Abraham, d'Isaac et de Jacob, s'ouvrent sur les hauteurs.

Un regard du Seigneur, quelques années d'une domination chrétienne, et les chênes mutilés par la dent des chèvres grandiraient, d'abondantes plantations de pins retiendraient la terre, les sources doubleraient, les plaines seraient arrosées, la Canaan des patriarches renaîtrait.

Dans trois jours... — un jour de quarantaine à Hébron, deux jours pour nous rendre à Jérusalem, — dans trois jours, s'il plaît à Dieu, nous verrons la ville du Seigneur! Nous aurons des lettres, nous saurons ce que font, ce que sentent, ce que désirent nos parents bien-aimés!

Antonio marche en silence; l'un de nous lui demande, — question oiseuse, — *si vraiment il faut rester vingt-quatre heures à Hébron?*

« — Il faut y rester *sept jours*. La quarantaine est de *sept jours*. On a reçu de Constantinople des ordres sévères, qui la fixent à *sept jours*. — »

Sept coups de massue qui nous tombent sur la tête! Nous restons un moment sans parole; enfin, nous sortons de notre accablement. — Sept jours! Mais c'est *impossible!*... Avec des prières, avec des Bakschichs, il y aura moyen de les réduire?

— Nous n'avons qu'une chance, c'est qu'en considération de la Pâque, du nombre des pèlerins, on se relâche un peu de la rigueur.

La tristesse nous écrase; nous sommes découragés; nous sommes ingrats. Il nous semble que les contrariétés que nous avons éprouvées, que la quarantaine qui nous attend, que tout, jusqu'à cette tempête de *Tih* qui nous repoussait loin de Jérusalem; il nous semble que tout est un signe de la désapprobation de Dieu.

Peut-être, à cette heure, devrions-nous être en France, en Suisse!..... Peut-être pleurerons-nous éternellement ce voyage! — Le projet n'en a-t-il pas été formé devant Dieu, soumis jusqu'au dernier jour à son approbation? Dieu ne nous a-t-il pas laissés partir?...

Étions-nous parfaitement sincères? Je puis me tromper, mais il me semble que oui. — En tout cas, où en serions-nous, s'il fallait pour obtenir une grâce du Seigneur, nous appuyer sur notre droiture? où en serions-nous, si Jésus ne se montrait qu'envers le juste, abondant en gratuité?

Nous ouvrons notre Bible, et nous y trouvons cette parole : « Remets tes affaires à l'Éternel, il affermira tes desseins[1]. » — Seigneur, merci! Notre dessein est de faire ta volonté; tout rebelles que nous sommes en détail, dans le fond du cœur nous voulons être obéissants. Tu es riche en moyens, tu es riche en délivrances, tu nous exauceras.

Hélas! d'autres que nous, angoissés, — et ils en avaient le droit, — ont passé par ce chemin de montagne. Jacob y marchait solitaire, pénétré de regrets, quand il fuyait la colère d'Ésaü. David y marchait dans la crainte, alors qu'il se réfugiait chez les Philistins contre la haine de Saül. Mais celui qui en a suivi les détours avec le cœur le plus brisé, c'est Abraham; Abraham, alors que sur l'ordre de l'Éternel, il montait à Morijah pour y sacrifier son fils.

« Abraham! » Et il répondit : « Me voici. » Et Dieu lui dit : « Prends maintenant ton fils, ton unique, celui que tu aimes, Isaac, et t'en va au pays de Morijah, et l'offre là en holocauste sur l'une des montagnes que je te dirai[2]!... »

Sur ce sentier, près de ces puits, s'avançaient un vieillard, un enfant, deux serviteurs, l'âne chargé

---

[1] Proverbes, XVI. 3. — [2] Genèse, XXII.

du bois du sacrifice. — Le vieillard allait offrir en holocauste son fils, son *unique!*... Il n'avait pas murmuré, il n'avait pas même répondu : il avait obéi ! Ah! c'est qu'une certitude vive reposait en lui, qui lui donnait cette force surhumaine : « *l'Éternel y pourvoira!* » Et l'Éternel y pourvut.

En Morijah, la Jérusalem d'aujourd'hui, l'Éternel, une seconde fois, y a pourvu. Là où son bras avait arrêté le couteau d'Abraham; Lui, le Père, a donné son fils, son *unique*... *il y a pourvu!*

Le Dieu qui a si magnifiquement pourvu à notre incapacité de nous sauver, ne pourvoira-t-il pas magnifiquement encore à notre incapacité de le servir ?

Nous traversons une vallée plantée d'oliviers et de vignes, nous gravissons un dernier col, et voici, au fond de ce val couronné de sommets rocailleux, appuyée contre le flanc de la montagne, grise comme le rocher, noyée dans un bois d'oliviers, une pelouse verte arrivant jusqu'à ses murs : l'antique *Hébron*, la ville d'Abraham, la ville de David.

On dirait quelqu'une de ces vieilles gravures qui remontent au temps des premiers pèlerinages.

Hébron ! tout le cœur est ému ; il bat comme si l'on allait trouver là des frères, des temples au Seigneur, un peuple de chrétiens. Des gardiens turcs nous arrêtent sur la pelouse ; les minarets, les coupoles des mosquées s'élancent au milieu de la cité biblique.

Nous campons sur une esplanade verte, à côté d'un lazaret en construction : mauvais signe. Pendant qu'on va chercher le médecin, nos gardes tracent en galoppant autour de nous un cercle infranchissable : moment d'angoisse..... Le médecin est absent, il ne reviendra que demain ; mais voici le directeur du lazaret. C'est un gros petit Turc en redingote ; il s'avance, flanqué de trois officiers sanitaires ornés d'un pied de barbe, et roulant entre ses doigts le chapelet traditionnel.

— Combien dure la quarantaine ?

— Sept jours.

— Cela n'est pas ! cela ne peut pas être ! Voilà plus de vingt-cinq jours que nous marchons dans le désert ! Si nous avions la peste, elle nous aurait tués dix fois.

— Je le regrette, *Caavaja*, mais les ordres sont sévères. Nous ferons de notre mieux pour adoucir l'ennui de la quarantaine.

— Votre gouvernement est un imbécile !

Antonio se dispense d'interpréter. L'officier, qui croit que mon mari lui adresse quelque chose de flatteur, salue.

— J'attends des nouvelles de mon pays, de mes parents ; mon pays est dans une situation grave : n'y aura-t-il donc pas moyen de diminuer cette absurde quarantaine ?

— Je le voudrais ! Tout ce qu'on peut faire, c'est

de compter le jour de l'arrivée et celui du départ. Nous sommes à mardi, vous partirez lundi de grand matin.

— C'est quelque chose; mais dites à votre gouvernement!... — Antonio me jette un regard lamentable, je passe mon bras sous celui de mon mari, je l'entraîne vers la tente, et le pauvre Turc salue à nouveaux frais.

En combinant notre affaire avec Antonio, nous voyons qu'un jour nous suffira pour aller à Jérusalem; nous y serons lundi soir... *si Dieu le veut:* — ces mots prennent de la réalité en voyage; — il n'y aura donc que trois jours de perdus. Nous expédions un courrier à Jérusalem, il y prendra nos lettres; peut-être les recevrons-nous après-demain jeudi; un jour plus tôt que si nous avions poursuivi notre route sans obstacle.

Le Seigneur ne nous a pas exaucés comme nous l'entendions, mais il nous a exaucés. Son nom soit béni.

On nous donne deux surveillants que nous payons, que nous nourrissons, et qui ne doivent pas nous predre de vue; l'un à poste fixe, l'autre itinérant, afin que nous puissions nous promener dans la campagne.

Mon mari remet ses lettres au courrier, on le prie de les jeter à terre, on les saisit avec des pincettes, on les fumige, on les transperce; si nous pouvions rire, il y aurait de quoi.

Le lieu du campement est admirable, sur une belle pelouse, au milieu d'un cimetière, avec la ville à trois pas, adossée contre la montagne, encadrée par les oliviers. Le bruit des voix d'enfants, l'aboiement des chiens, toutes les rumeurs des *grandes cités*, arrivent jusqu'à nous, gens du désert.

Mercredi, 12 avril 1848. — Nous voici donc assis à la porte de notre tente, comme l'était Abraham lorsqu'il vit venir les trois anges. « Qu'on prenne, je vous prie, un peu d'eau, et lavez vos pieds; reposez-vous sous un arbre, et j'apporterai un morceau de pain afin de fortifier votre cœur, ensuite vous passerez outre, car c'est pour cela que vous êtes venus vers votre serviteur. Et ils dirent : Fais ce que tu as dit[1]. »

Cela se passait dans les plaines de *Mamré qui est en Hébron*[2]. Les uns placent les plaines devant la ville, ici même. Burkhardt, je ne sais pourquoi, les met à l'orient d'Hébron. Il est impossible d'en fixer le point précis. Elles étaient *en Hébron*, nos yeux embrassent toute la vallée d'Hébron. Ces *trois*, dont l'un était l'*Éternel*, se sont peut-être arrêtés sous un olivier pareil à ceux que nous voyons verdir contre la ville, ou qui, un peu derrière nous, couvrent de leur ombre une terre fraîchement labourée.

[1] Genèse, XVIII. — [2] *Ibid.* XIII.

— « Je ne manquerai pas de revenir vers toi dans un an, en ce même temps où nous sommes. Et voici, Sarah ta femme aura un fils. »

Et Sarah qui se tenait cachée dans la tente, rit en elle-même : « Étant vieille, aurais-je cette satisfaction?... »

— « Pourquoi Sarah a-t-elle ri? y a-t-il quelque chose qui soit caché à l'Éternel? »

Sarah s'effraye; ce regard qui va lire par-dessous les enveloppes du cœur la trouble : « Je n'ai point ri. » Mais il dit : « Cela n'est pas ainsi, car tu as ri!... » — *Cela n'est pas ainsi car tu as ri :* ces mots si simples, durent faire monter plus de rougeur sur les joues de Sarah, que n'en eût attiré une réponse sévère.

Les trois hommes se lèvent, ils regardent vers Sodome. Abraham marche quelque temps avec eux; alors commence cette intime conversation qui nous révèle des rapports d'amour, je dirai presque de familiarité, dont nous avons plus l'idée.

— « Cacherais-je à Abraham ce que je m'en vais faire? »

Seigneur, quel temps, que celui où tu prenais un pauvre pêcheur pour confident de tes projets!

Abraham ose retenir l'Éternel :

« — Feras-tu périr, même le juste avec le méchant?... Il ne sera pas dit que tu fasses mourir le juste avec le méchant, et que le juste soit traité comme le méchant ; non cela ne sera pas dit de toi : *celui qui juge toute la terre, ne fera-t-il pas justice ?...* »

Et puis vient cette prière tissue d'humilité et de sainte audace : « Je ne suis que poudre et que cendre ; je prie le Seigneur de ne s'irriter pas... Je prie que le Seigneur ne se fâche point... je parlerai encore une seule fois... S'il y a cinquante, s'il y a quarante-cinq, s'il y a trente, vingt, dix justes... tu ne détruiras pas la ville. » Et lÉ'ternel : « Je ne la détruirai point à cause de ces dix. » Et l'Éternel s'en alla.

Miséricorde de l'homme, tu n'atteindras jamais à la miséricorde de Dieu ! La justice d'Abraham s'était arrêtée à *dix justes...* l'Éternel en discerne *un, un seul*, qu'il tire à bras étendu de l'embrasement de Sodome.

Hébron était bâtie sept ans avant l'antique *Tsoan* d'Égypte [1]. Abraham se tenait devant la porte d'Hébron, lorsqu'ayant pleuré Sarah, il demandait à Héphron, Hétien, de lui vendre sa caverne de *Macpélah, pour y enterrer son mort, et l'ôter de devant ses yeux.* — Héphron, à la manière arabe, lui offre en pur don la caverne et le champ : « Je te donne le champ. Je te donne aussi la caverne qui y est ; je te la donne en présence des enfants de mon peuple. »

Mais Abraham connaissait les Arabes et leurs ca-

---

[1] Nombres XIII, 23.

deaux. Il se prosterne encore : « S'il te plaît, je te prie, écoute-moi ; je donnerai l'argent du champ. »

« — La terre vaut quatre cents sicles d'argent, *entre moi et toi*; mais qu'est-ce que cela ? — »

On croirait assister à un marché de nos jours ; ce sont les mêmes cérémonies, avec les mêmes conditions onéreuses[1] ; le baiser solennel a remplacé les génuflexions ; mais jusqu'à ce qu'on en vienne à tirer les poignards, la politesse presque affectée ne se dément pas un instant.

Hébron est comme le centre d'où partent et où reviennent tous les rayons de la vie patriarcale. Abraham y est enterré près de Jacob. Jacob, après plus de vingt-cinq années de séparation, y rejoint son vieux père. « Et Jacob vint à Isaac, son père, en la plaine de *Mamré* en *Kirjath-Arbah*, qui est Hébron[2]. » Il envoie de là Joseph s'enquérir de ses frères qui paissaient les troupeaux en Sichem[3]. Joseph monte à Hébron avec les anciens et les serviteurs de la maison de Pharaon, il y monte pour déposer le corps de Jacob dans la caverne de *Macpélah*, *vis-à-vis de Mamré*[4].

---

[1] On évalue le *sicle*, au temps de la sortie d'Égypte, à 3 francs 31 centimes. Le champ et la caverne coûtaient donc 1,324 francs. Somme énorme, que ne suffit pas à expliquer l'exiguïté du territoire d'Hébron.

[2] Genèse, XXIII. — [3] *Ibid.* XXXV.

[4] Burkhardt, qui place la caverne de *Macpélah* dans la montagne dont la paroi fait le fond de notre lazaret, n'a pas songé à ce verset. S'il a bien déterminé le site de *Macpélah*, nous serions dans la plaine de Mamré. La plaine, ou plutôt la vallée, n'est pas très étendue ; mais tout a de petites

Nous nous sommes séparés hier au soir de nos chameaux et de nos Arabes. Les adieux, excepté ceux que nous avons échangés avec Embarrak, Behi et Tahem, ont été moins tendres que ceux de *Nukle*. Nous nous sentons, pour ces deux tribus de Bédouins, les mêmes affinités et les mêmes antipathies qu'éprouvaient les Juifs du temps de Moïse. Ils faisaient alliance avec les *Madianites* du *Sinaï*, aïeux des *Taouarahs*; ils faisaient la guerre aux *Amalécites*, aïeux des *Tiahs*. — Nous n'en sommes pas là; nous avons même, en dépit de nos résolutions, donné aux *Tiahs* des Bakschichs assez dodus. Le grand *Tiah* blanc a eu le sien et l'a eu double, pour s'être hier, à *Darieh*, opposé seul aux prétentions exorbitantes de ses compagnons, et pour avoir, à peu près seul aussi, constamment aidé Louis et Antonio dans les opérations du campement. D'ailleurs ne faut-il pas, en même temps qu'on parle, agir en chrétiens?

Tout le monde est content. Embarrak se montre touché, Behi cherche en vain à s'arracher une larme; le *Scheik postiche* seul, essaye de réclamer.

Il s'avance vers Antonio, les bras embarlificotés, comme toujours, dans son sabre et dans son fusil:

— Tu ne m'as pas donné un Bakschich de Scheik.

proportions dans les montagnes de Juda. — Les Arabes prétendent posséder le tombeau d'Abraham dans une de leurs mosquées; ils peuvent tout au plus en posséder l'emplacement. Les chrétiens ne sont pas admis à le voir, cette mosquée nous fait face : c'est la mosquée d'*Aram*.

— Parce que tu n'as pas tenu une conduite de Scheik.

— Moi, je suis Scheik.

— Amène ici un de tes frères qui te reconnaisse pour Scheik!

Le Sapajou vire de bord; un moment après il revient, courant à son ordinaire le nez en avant, comme s'il l'allait stéréotyper sur le sol.

— Tu ne veux pas me donner un Bakschich de Scheik?

— Non.

— Repasse à Nukle; ne l'oublie pas. Là, je te fendrai en deux.

— C'est bien.

Il faut connaître la figure, le nez en trompette, l'extrême poltronnerie du Sapajou et sa flamberge toujours au vent, pour se représenter la bouffonnerie de cette scène. — Ce matin, il est venu faire ses *lecca zampe*. Il y a plus de bêtise que de méchanceté dans cette cervelle.

Quant aux chameaux, nous les quittons sans un soupir de regret. Ils nous ont, à la lettre, *sciés* pendant ces quinze derniers jours. Vingt arrêts par minutes devant la moindre épine, invincible opiniâtreté, manger solennel et bruyant, lèvres sensuelles qui ruminent avec volupté, brisement de nos pauvres corps résultat de ce *broutement* éternel, tout cela nous a poussés jusqu'aux dernières limites de la patience... Je crois bien que je les ai franchies plus d'une fois, et je leur en veux encore plus.

Leurs défauts tiennent, en grande partie, à l'absence d'éducation. Lorsque nous nous appliquions à la direction de nos bêtes, elles luttaient un moment; puis, dès qu'elles avaient, comme les Bédouins leurs maîtres, rencontré une volonté calme et ferme, elles obéissaient.

On les dit sobres. Ils le sont comme tous les animaux, par force. Quand il n'y a rien à manger, ils ne mangent rien; quand il y a quelque chose, quoi que ce soit, surtout de bonnes épines sèches ou des chardons, ils dévorent; ils dévorent du matin au soir, du soir au matin, sans qu'une puissance au monde les puisse retenir. Est-ce de la sobriété?

Ils supportent la soif! — D'autant mieux qu'ils ne l'éprouvent pas. Je les ai vus, après cinq jours passés sans boire, se faire tirer de force vers un puits.

Ils sont patients. Je le reconnais, je les en loue; sans m'arrêter à quelques exceptions de chameaux colères, jetant leur charge par-dessus les rochers.

Si du moral, je passe au physique, je suis forcée de les déclarer *laids*. Enharnachés, le cou garni d'un collier de coquillages de la mer Rouge, les épaules couvertes de petits tapis ornés de perles de plomb, les flancs cachés par les sacoches que terminent de longs glands, ils ont une sorte de tournure. Dans le lointain, lorsque leur silhouette se dessine à l'horizon ou qu'ils passent en longues files sur les sables, ils sont pittoresques. Mais de près, sans harnais, sans charge ; leur gros corps ventru, bossu, ramassé, monté sur quatre perches ; leur longue tête à physionomie impassible, emmanchée d'un long cou, forment un ensemble à peu près monstrueux.

Ils les faut ainsi pour les lieux qu'ils parcourent, puisque Dieu les a faits tels. — Ils tiennent de la gazelle par la légèreté, de l'autruche par le corps haut planté et par le cou mince, de la girafe par le port et l'allure, de l'âne par la gourmandise à l'endroit des chardons, du cochon par la voracité et par le grognement, le plus rauque, le plus tenace, le plus angoissant qu'on puisse entendre.

Un dernier mot sur la manière dont on les charge. Les Arabes leur mettent à tous un bât, dont la concavité embrasse la bosse. Sur ce bât, on place un filet de grosses cordes qui traîne à terre des deux côtés ; les malles, les sacs de nuit et les cantines s'entassent dans ces filets dont on relève et fixe les bouts sur le dos de l'animal. Les chameaux de charge marchent ordinairement la tête et le cou libres de toute entrave.

Les dromadaires n'ont qu'un simple licou, plus ou moins orné de coquillages ; c'est au moyen de ce licou qu'on les dirige. Ils portent une selle arabe. L'arrangement pèche par là, on obtient difficilement que la selle soit deux jours de suite accommodée dé la même manière; tantôt elle penche à droite, tantôt à gauche; tantôt les coussins et les tapis vous jettent en avant, tantôt en arrière : de là viennent les trois quarts de la fatigue.

Nous sommes toujours atteints, non de peste, mais de quarantaine : mal de création humaine, comme tant d'autres. On continue à déposer nos aliments à distance. Nous avons demandé qu'on blanchît notre linge... impossible! la santé publique en serait compromise!... Mais il est un cas que la Sublime Porte n'a pas prévu : si l'une des mouches qui nous mangent tout crus, nous pestiférés, s'allait poser, au sortir de ce festin, sur le nez du directeur de la Sanità?...

Tel est le pouvoir d'un certain bonheur intime, et puis du vert, et puis de l'espérance, et aussi, Seigneur, oh oui! surtout de ton secours, que nous nous sentons de la joie dans le cœur.

Je ne sais si c'est élasticité de jeunesse, je voudrais que ce fût la foi, mais nous ressemblons, trop peut-être, à ces petits bons hommes de liége qu'on fait sauter en l'air la tête en bas, et qui retombent toujours sur leurs pieds.

Jeudi, 13 avril 1848. — Hier à quatre heures, notre courrier nous apporte des lettres. Mille grâces à rendre à Dieu pour la santé de nos bien-aimés. La situation de la France est toujours forcée : de bonnes intentions, quelques bonnes mesures, une impuissance absolue en face du vrai danger, un aveuglement complet, et pour nous, bien des déchirements.

On a promis aux ouvriers ce qu'on n'a pas, ce qu'on ne créera pas : du travail : — « Allez travailler, braves ouvriers. » — « Nous voudrions bien, mais nous n'avons plus d'ouvrage !... » — « Nommez des représentants ! » — Quelle comédie, si ce n'était pas une tragédie !

Et puis le fol orgueil, qui marche devant l'écrasement : Je suis vertueux, tu es vertueux, nous sommes vertueux !... quand il faudrait prendre le sac, la cendre et crier : « Oh Dieu, aye pitié de nous qui sommes des pécheurs ! »

Et penser que ce peuple, à qui l'on ment en le flattant, on l'aurait écrasé de dédain si l'événement eût tourné à rebours ! penser que tel ou tel, qui pleure aujourd'hui de tendresse devant les députations d'ouvriers, les aurait, il y a deux mois, beau et bien coffrées, si ce n'est pis !

Et ce feu sacré de la peur, qui alimente la flamme sacrée de l'amour fraternel ! Et ces rodomontades d'inamovibilité, qui semblent défier les foudres de Dieu ! — Ah ! que tout cela est triste; que tout cela en dit long sur la vanité de la raison humaine !

Certainement il y a des gens, et beaucoup, qui sentent le péril, qui essayent de faire front... il me semble voir les cantonniers d'une route de fer, avancer leurs mains pour arrêter un train déraillé.

Quant à l'abolition des titres, ce n'est qu'une pauvreté qui en détruit une autre.

Il n'y a qu'un remède : l'évangélisation de la France ; de ceux qui possèdent, et de ceux qui ne possèdent pas ; des premiers, de nous d'abord, pour nous apprendre à nous dépouiller de nous-mêmes ; des autres, pour leur enseigner le support.

J'ai eu hier de terribles luttes intérieures. D'un côté je considérais l'urgence d'un christianisme effectif, de l'autre, les sacrifices qu'il demande : sacrifices d'affection peut-être, sacrifices de pures jouissances. Je sentais mes racines se tendre et se tordre plutôt que de lâcher prise ; déjà je me voyais une occasion de chute pour celui dont l'âme m'est plus précieuse mille fois que la vie. J'étais à l'*étroit*, dans la *géhenne*. Oh oui ! la géhenne doit être cela. Les paroles de consolation se heurtaient contre mon cœur ; elles n'y entraient pas : « Misérable ! qui me délivrera de ce corps de mort ? »

Nous avons crié à l'Éternel ; je lui ai demandé de me briser s'il le faut, mais de ne pas permettre que je sois lâche. Nous l'avons supplié, Lui qui *accomplit tout en tous*, de nous donner, de me donner à moi, le cœur nouveau, le cœur d'Abraham ; ce cœur qui ne raisonne pas, Seigneur, dans lequel aucune de tes demandes, même la plus terrible, ne trouve un *non.* — Jésus, toi qui as dit : « Si quelqu'un veut être mon disciple, qu'il charge sa croix ! » tu l'allégeras de ta main.

Profondément troublée, j'ai prié mon mari d'ouvrir la Bible, et de lire la première page qui se présenterait à lui : « Il n'y a rien d'entier dans ma chair, à cause de ton indignation, ni de repos dans mes os à cause de mon péché. Car mes iniquités ont surmonté ma tête, elles se sont appesanties comme un pesant fardeau au delà des mes forces... Je suis affaibli et tout brisé, je rugis du grand frémissement de mon cœur. Seigneur, tout mon désir est devant toi, mon gémissement ne t'est point caché... Éternel, ne m'abandonne point ; mon Dieu ! ne t'éloigne point de moi ; hâte-toi de venir à mon secours, Seigneur, qui es ma délivrance[1]. »

Quelle réponse ! Il m'a semblé que des écailles tombaient de mes yeux. J'ai vu, j'ai *revu*, pour mieux dire, les miséricordes de Dieu, les ménagements dont Il a usé envers nous de tout temps ; j'ai vu les grâces qu'Il nous fait aujourd'hui ; je verrai, oh oui ! je verrai que c'est un grand privilège que de souffrir pour l'amour du Seigneur. Je n'ose pas dire que je le sache par expérience... cependant, il y a eu des occasions dans ma vie où, quand Jésus m'a demandé quelque chose, Il m'a

[1] Psaume XXXVII.

mis dans l'âme la force de le Lui donner. Ce qu'Il a fait, ne le fera-t-Il pas? — Cela, et bien plus, puisque je me sens plus faible que jamais!...

D'ailleurs, sommes-nous plus que notre Maître, pour nous attendre à plus de paix? ne nous a-t-Il pas avertis qu'on n'entre au Royaume des cieux que par beaucoup d'afflictions? faut-il nous étonner si notre vie entière tremble sur sa base? Oui, j'ai une patrie, j'ai des parents bien aimés que je devrai souvent quitter avec larmes; je verrai peut-être celui qui est mon existence même, exposé au péril; je devrai, d'accord avec lui, le pousser au mépris de son repos, de sa vie s'il le fallait; mais Dieu m'a dit aussi : « *Ne crains point, je suis ton bouclier.* » Mon cœur est l'égoïsme même, la faiblesse même, mais Dieu est celui qui renouvelle entièrement l'homme par le Saint-Esprit, j'attends tout de Lui, car j'ai besoin de tout : je recevrai tout. Il n'est pas possible qu'Il m'abandonne.

Nos parents de Suisse nous pressent d'accomplir intégralement nos plans de voyages, ils nous demandent de ne pas revenir; leur amour si désintéressé leur fait oublier le besoin qu'ils ont de nous revoir, la soif que nous avons de nous trouver près d'eux, le devoir qui nous rappelle dans nos patries.

La question n'est plus de savoir si nous irons à Tripoli, à Antioche; si nous visiterons l'Asie Mineure et Constantinople, si nous reviendrons par le

Danube; tout cela est fini. La seule question est de savoir si, après passé la semaine sainte à Jérusalem, nous irons à Beyrouth par le chemin le plus court, ou s'il nous sera permis de prendre par Damas et le Liban. Les lettres que nous espérons recevoir à Jérusalem en décideront. — Nous avions demandé au Seigneur d'interrompre notre voyage quand Il le jugerait bon. Il le fait, nous l'en remercions du plus profond de notre cœur.

M. Gobat, évêque protestant de Jérusalem, nous écrit qu'*on dit* le roi de Prusse *en fuite*, l'empereur d'Autriche *en fuite*, le roi de Naples *en fuite*, l'empereur de Russie *mort*, le Piémont *République*. Tout est possible. Les temps se pressent. Dieu touche de son doigt les trônes, et ils fondent. Cela ne veut pas dire que les rois furent plus pécheurs ou plus coupables que ceux qui les renversent; cela veut dire que Dieu a saisi son creuset, et qu'Il va purifier son or dans la fournaise.

Aujourd'hui est un jour consacré par les Musulmans aux prières pour les morts. Les femmes en voiles blancs, en beaux habits, viennent avec leurs enfants s'asseoir sur les tombes, et crier : *Il Allah!* Personne n'a l'air bien triste. Les enfants font de cette cérémonie un jeu, comme leurs mères une promenade. Jeudi prochain est le *jour des demoiselles;* jour unique où les femmes des harems sortent sans permisson et parcourent la campagne.

Le temps est idéalement beau, la plaine solitaire où paissent ordinairement quelques ânes et quelques cavales avec leurs poulains, ne respire que fête.

Hier, au plus fort de mes angoisses, la voix du *muezzin* a éclaté du haut d'un minaret; elle s'est répandue en larges ondes dans la plaine : c'était la première fois que je l'entendais; au Caire, le bruit m'avait toujours empêché de la saisir;.... à Hébron! pour la première fois! Eh bien, cet appel, dans un tel moment, m'est venu comme de Dieu. Je n'avais regardé qu'à ma misère : « Voilà un musulman qui convoque les sectateurs de Mahomet à prier, et toi, pécheresse rachetée de Christ, tu ne pries pas le Christ! » Ce sentiment vague a traversé mon cœur, il l'a jeté aux pieds de l'Éternel.

Vendredi, 14 avril 1848. — Un courrier extraordinaire nous arrive; il nous apporte de Beyrouth les lettres arrivées par le paquebot du 6; de plus, un mot de *M. Schlœsing*, banquier à Beyrouth : « Nous apprenons que M. de Gasparin est porté à « X... pour la Constituante. » — Nos lettres n'en disent rien : c'est un coup de foudre. Les élections ont dû avoir lieu le neuf. A cette heure, notre sort est décidé. Mon Dieu, ta volonté! rien que ta volonté!

Humainement, cette nomination est impossible, mais l'impossible règne. Je sais ce que mon mari irait dire à son pays : « Je déplore ce que vous avez fait! » — En dépit du désordre qu'on veut nous faire prendre pour de la liberté, mon mari la servirait, cette liberté; il la servirait de toute sa puissance, dût-il y être brisé. Eh bien, encore une fois, Seigneur, que ta volonté soit faite; s'il faut passer par les *grosses eaux*, nous y passerons; s'il faut traverser le *feu*, nous le traverserons. — « Les jeunes gens se lassent et se travaillent, même les jeunes gens d'élite tombent sans force, mais ceux qui s'attendent à l'Éternel prennent de nouvelles forces; les ailes leur reviennent comme aux aigles.[1] »

Nous nous sentons une paix profonde; plusieurs fois le jour, quand nous ouvrons notre Bible, l'Éternel, dans ces mêmes plaines où Il parlait bouche à bouche avec Abraham, nous envoie des messages de compassion et d'encouragement. Ce matin, c'était le beau chapitre XLIII d'Ésaïe : « Ne crains point, car je t'ai racheté, je t'ai appelé par ton nom, tu es à moi. C'est moi, c'est moi qui suis l'Éternel, et il n'y a point de Sauveur que moi ! ». Et puis, plus loin : « Ne soyez point effrayés, ne soyez point troublés... y a-t-il quelque autre Dieu que moi ? Certes, il n'y a point d'autre rocher, je n'en connais point. »

Les dernières nouvelles nous montrent que l'œu-

---

[1] Ésaïe XL, 30, 31.

vre de destruction avance à grands pas. La détresse financière est au comble. Il y a un abîme entre la vérité et les illusions dans lesquelles on plonge la malheureuse population ouvrière... Qui le comblera? du sang, j'en ai peur...

Quand on se voit ici, dans cette calme vallée, entouré de ces fleurs que les abeilles viennent pomper, en face de cette ville biblique, vis-à-vis de ces quelques Arabes qui passent au loin se doutant à peine qu'il y ait une Europe au monde; on croit rêver...

Samedi, 15 avril 1848. — Je parlais hier de détresse financière; elle nous a fortement atteints. Autrefois, je tenais à une certaine aisance; je croyais y tenir comme un autre, j'y tenais probablement plus qu'un autre : maintenant, il me semble que les privations ne me coûteront rien... peut-être parce que je les vois à distance, et que nous grignottons notre dernier morceau de pain blanc.

Notre excursion au Jourdain est mise en doute. Trois jours, qui devaient nous conduire à la mer Morte, au fleuve sacré, à Jéricho! et mon cœur en saigne. Je ne sais comment il se fait, mais j'ai des larmes pour les petits chagrins comme pour les grands.

Il se peut que Jérusalem, que la Judée disparaissent aussi de notre horizon; que la couronne du voyage soit brisée, — hélas! avec tant d'autres! — Mon Dieu! lorsqu'il s'agira de prendre une résolution, fais que je ne sois pas double de cœur, défends-moi contre moi, je suis mon plus cruel ennemi.

C'est une illusion que de se croire près de l'Europe dans un voyage pareil. La distance n'est pas immense, mais les quarantaines, mais le laps de temps qui sépare les départs des paquebots, la doublent ou la triplent.

Dans cette ville, devant laquelle tant d'émotions nous agitent, un homme longtemps troublé se reposait de ses angoisses. L'Éternel, sur lequel il s'appuyait, l'avait délivré, et il disait: « Éternel, qui es ma force, je t'aimerai d'une affection cordiale[1]. » — Il y passa sept ans et six mois. Dieu avait fixé Lui-même le lieu de sa résidence: « Va à Hébron... Et ceux de Juda vinrent, et oignirent là David pour roi sur la maison de Juda[2]. »

Derrière une des portes de la ville, un drame terrible se passa. Abner, fidèle à la maison de Saül, quitte Isc-boseth; il vient à Hébron, il y jure fidélité à David. Le roi l'accueille, lui fait un festin. Mais comme il s'en retourne pour rassembler Israël et l'amener soumis au roi, Joab, fils de Tseruhah, le rencontre: Joab dont Abner avait tué le père! Joab envoie après lui, le fait ramener vers la fosse

---

[1] Psaume XVIII. — [2] 2 Samuel II, 1, 4.

de Sira ; il le tire à part au dedans de la porte pour lui parler en secret, et le frappe à la cinquième côte. — David maudit Joab; il n'ose pas punir : « Que ce sang s'arrête sur Joab; je suis encore faible aujourd'hui, bien que j'aie été oint roi; mais ces gens, les fils de Tsérujah, sont trop puissants pour moi. L'Éternel rendra à celui qui a fait le mal selon sa malice[1]. » Et l'Éternel le lui rendit par la main de Salomon[2].

N'est-ce pas à Hébron aussi, qu'Absalom vient former sa conspiration, sous prétexte d'accomplir le vœu qu'il a fait[3]?

Hébron, ville de refuge pour les meurtriers involontaires[4]; Hébron, portion des Lévites[5], tandis que son territoire et ses villages, suivant la promesse de l'Éternel, appartiennent à Caleb, qui avait encouragé les Israélites à monter contre les Amalécites et les Cananéens[6] : Que de souvenirs!...

Avant-hier est arrivée la caravane qui nous suivait de près; hier, celle du capitaine *Fraser*, une de nos meilleures connaissances du Nil : il vient de Pétra avec ses amis. Trois beaux Scheiks en robes rouges, montés sur des dromadaires, les précèdent. Nous retrouvons notre excellent *Abou-Nebout*, flamboyant dans une robe écarlate d'où sortent ses jambes noires.

---

[1] 2 Samuel, III. — [2] 1 Rois, II. — [3] 2 Samuel, XV. — [4] Josué XX, 7. — [5] *Ibid.* XXI, 10, 11, 12. — [6] Nombres, XIII, 23, et XIV, 24.

Le cimetière est couvert de tentes; nous avons devant nous la pelouse entourée de tombes, avec les trois campements; vis-à-vis, les maisons grises percées de rares fenêtres, serrées entre les oliviers et la montagne; à droite et à gauche, à demi cachés derrière les flancs de la chaîne contre laquelle nous nous appuyons, deux vieux faubourgs dont les minarets sortent d'un bouquet d'oliviers. De quatre en quatre heures, la voix du muezzin se répand à grande volée dans les airs; c'est un chant large, éclatant, que renvoie et module le flanc rocailleux de la montagne. Le soir, les chakals hurlent de tous côtés; les aboiements des chiens répondent à leurs lamentations.

Les trois caravanes ont leurs gardiens. Hier au soir tous les drogmans, chacun flanqué de son agent sanitaire, fumaient en rond, se passant le chibouck l'un à l'autre.

— Et la peste !

— Oh! pourvu qu'on ne se touche pas ! — A la bonne heure.

Ces gardiens seraient dignes de figurer parmi les premiers dignitaires de la cour de Schaha-Baham. Nous en avons un blanc et un rouge: larges pantalons qui prennent à la cheville et montent jusqu'au cou, petites vestes de trois doigts à manches ouvertes et flottantes, gâteau de Savoie sur la tête en façon de turban, une barbe qui a l'air postiche à force d'être bien conditionnée, tout cela flageollant autour de grands corps qui n'ont que la peau. Notre porteur d'eau, bien compromis — son outre effleure nos tonneaux deux fois le jour — semble détaché des Mille et une nuits : vieux, à barbe grise, vêtu de haillons, tanné, l'œil brillant; il ne lui manque que de mener en lesse quelque chien noir.

Dimanche, 16 avril 1848. — Où que nous nous tournions, nous ne voyons qu'obscurité.

En réalité, le jour de demain ne nous appartient pas... nous qui aimions tant à faire des projets !

Il y a des côtés si noirs : celui de la représentation nationale, par exemple; des côtés où tous les genres de difficultés, jusqu'à celui de vivre, sont tellement accumulés, qu'on ne peut que s'écrier : l'Éternel y avisera ! Eh bien, cela est bon ; cela m'est bon, à moi particulièrement, qui me rattache trop vite à l'existence.

Et puis n'étais-je pas, ne suis-je pas un enfant gâté? n'ai-je pas cent fois *guerroyé Dieu de ses dons?* De quel droit échapperais-je à la douleur ? Je l'ai connue de bonne heure, c'est vrai, mais j'ai eu de longs moments de relâche. L'Éternel, d'ailleurs, ne m'a-t-il pas donné un trésor sans pareil? Pourquoi, tandis que d'autres mille fois meilleurs que moi vivent de larmes, serais-je exemptée d'en répandre? S'il en était ainsi, alors je devrais pleurer, car Dieu ne me tiendrait plus pour son enfant.

Ah! je ne veux pas mépriser les grâces du Seigneur! Oui les affections de la famille, oui l'existence paisible des champs, oui la contemplation des magnificences que Dieu répand sur la terre, oui les devoirs au village, tout cela est bon! Pas un de ces dons ne reste inutile dans l'œuvre du St-Esprit. Mais qu'est-ce que le bonheur, que sont les jours les plus riants quand ils ont fui? une ombre. Qu'est le présent? une fumée.

Le présent! on y fait toujours face par la force de l'Éternel. Mais l'avenir! L'avenir, voilà ce qui préoccupe, voilà ce qui tourmente ou ce qui réjouit, voilà ce qui donne toute sa valeur au présent. Il n'y a que l'avenir de réel. Je le sens bien, maintenant que seul il remplit mes pensées. Hélas! que m'importe le doux passé, autrement que pour rendre grâces?.. Que m'importe, hélas! l'heure qui fuit, cette belle heure où je suis assise sous la tente, auprès de ce que j'aime, au milieu d'un calme absolu, en possession d'une immense félicité?... N'est-ce pas demain qui règne?

Le jour arrivera bientôt où toute ma vie, où cet avenir même qui me tient sous sa griffe, sera devenu du passé : une vanité insaisissable! Alors le grand avenir, l'avenir par delà la vie, sera devenu du présent : un présent positif, qui ne glissera pas, qui ne se consumera pas, un inébranlable fait! — Ah! quand sera-ce? quand sera-ce? Que tardes-tu, Seigneur! Qui t'empêche de commencer dès à présent ta royale évangélisation, d'envoyer voler ton ange par les quatre bouts de la terre, de convertir les nations, d'apparaître comme un éclair!

Il y a peut-être ici plus de désir d'échapper à la douleur que d'amour pour les âmes; tu le sais Seigneur! Pardonne et change.

Un mot me frappe dans Job; c'est qu'écrasé par ses premiers désastres, il *n'attribua rien de mal convenable à Dieu* [1]. Cette discrétion de l'âme déchirée est admirable. *Mettre la main sur sa bouche* [2]; voilà un autre mot qui rend bien le silence obéissant du chrétien. Puissions-nous, quoi qu'il arrive, *mettre notre main sur notre bouche*. Je demande plus que cela, je demande la joie dans la soumission.

Nous prions pour nos frères, afin qu'ils soient gardés dans le vrai chemin; nous prions pour cette famille Royale que nous aimons quand même; nous prions du plus vif de notre âme pour la Duchesse d'Orléans; noble et courageuse jusqu'au bout. *L'Éternel soutient l'orphelin et la veuve* [3]. Cette parole fera sa force.

Hier soir, promenade sur la montagne; notre gardien rouge nous escortait. Montant à l'orient, nous avons suivi la crête qui domine la ville d'un côté, d'étroites vallées de l'autre, et puis nous

[1] Job I, 22. — [2] XXXIX, 37. — [3] Psaume CXLV, 9.

sommes redescendus au couchant sous un bois d'oliviers, au milieu des champs verts, des figuiers dont les feuilles s'épanouissent, des vignes qui bourgeonnent, des pommiers encore en fleurs. La richesse des cultures, unie à la grâce sauvage des montagnes! — C'est bien le *bon pays, découlant de lait et de miel.* — Quel contraste il y avait entre l'oppression de notre cœur et ces mille sourires. Beau printemps, fleurs d'avril, gazouillement des oiseaux, bêlement des chèvres, les vaches sur la croupe des montagnes, les enfants jouant autour des puits, les derniers rayons du soleil sur les blés verts; tout ce que la paix laisse la terre et le ciel, produire de splendeur et de joie!

En descendant, nous remarquons deux grottes. L'une s'ouvre sur un champ planté de vieux oliviers; des pampres et des lierres tombent à l'entrée; les proportions du champ conviendraient bien à la description de *Macpélah*, mais où seraient les plaines de *Mamré*, placées, suivant la Bible, devant *Macpélah*? L'autre, qui domine un des nombreux cimetières de la ville, sert encore de tombeau; celle-ci ne tient à aucun champ; à moins que le cimetière ensemencé d'ossements aujourd'hui, ne le fût autrefois d'orge ou de blé.

On pourrait à la rigueur voir les plaines de *Mamré* dans une vallée qui commence non loin du cimetière et se dirige au couchant, entre deux montagnes, l'une au midi, l'autre au nord. Une tour s'élève au pied de la première, les musulmans la nomment *Kaber Habrùn*, Antonio, qui interprète: *tombeau d'Habrùn*, nous dit, qu'*Habrùn* était dans les temps antiques, un riche Israélite. Les ruines ressemblent plus aux ruines d'un château franc, qu'à un tombeau.

Notre gardien nous permet de nous approcher de la mosquée d'*el Aram*. Les Musulmans ont reçu des chrétiens, la tradition qui place là les sépulcres d'Abraham, de Sarah, d'Isaac, de Jacob, et de Joseph — dont les os furent enterrés à Sichem; — mais au temps d'Hélène, qui retrouva ces tombeaux comme elle retrouvait tout; ce qui avait existé, et ce qui n'avait jamais existé; on ne s'embarrassait pas pour si peu. Hélène bâtit une église sur cet emplacement; l'église est devenue mosquée.

Un antique réservoir, des murs construits de pierres énormes, des routes creusées dans le roc, indiquent partout une ville anciennement puissante. Il y a de l'eau jusque sur la montagne. C'est ici un pays dont la population a dû faire, fera la richesse. Avec du travail il ruissellera d'huile. Il ne faut que des bras pour retenir les terres, pour faire sauter les rochers, pour planter et pour arroser. Faute de bras, les arbres sèchent, la pluie emmène le terrain, la roche reste nue. — Les coteaux de la *Vaud*, vers le fond du lac Léman, représentent à merveille la situation agricole des montagnes de Juda : avec des soins, ils produisent de l'or ; abandonnés, ils deviendraient des ravins pierreux, stériles et ravagés par les torrents.

Chaque matin des processions musulmanes font le tour de la ville ; la marche est précipitée, on agite les drapeaux du prophète, les voix chantent où plutôt crient, *Allah Allah il Allàh !* ces mots coupent en syncope les notes rauques du tambourin. Cela se fait en l'honneur d'un Santon arrivé d'hier.

On compte cinq à six cents Juifs à Hébron. *Cinq à six cents!* « Il en demeurera quelques grapillages, comme quand on secoue l'olivier et qu'il reste deux ou trois olives au bout des plus hautes branches, dit l'Éternel, le Dieu d'Israël[1]. »

[1] Ésaïe XVII, 4, 6.

JÉRUSALEM.

Lundi, 17 avril 1848. — Nous à Jérusalem !

Non, le passé n'est pas une vanité comme je le disais hier; il est une des plus inaliénables possessions de l'âme. Précieux passé, que celui qui contient, parmi tant d'autres trésors, le souvenir de Jérusalem.

Nous avons hier au soir suivi la vallée qui monte d'Hébron vers l'occident; elle nous a menés jusqu'à *l'arbre d'Abraham.* Je ne sais si Abraham s'est reposé sous son ombre, mais certainement le patriarche a promené là ses pas où ses regards. Ce chêne, immense, séculaire, embrasse la terre de ses fortes racines, laisse ses branches se tordre et puis retomber autour de son vaste tronc. Nous nous sommes longtemps arrêtés en face de cette scène si tranquille, si sereine. La lune, pâle comme un nuage blanc, s'apercevait à peine au travers des feuilles; la campagne s'étendait au-dessous; tout près, une aubépine en fleurs répandait son odeur printannière; pas une voix, excepté les lointains bêlements des troupeaux ; pas une âme vivante, excepté les chèvres dans le sentier, et le pâtre, quelque chevreau du jour entre les bras.

Notre gardien nous conduit, en revenant, sur un emplacement couvert de pierres taillées en carré long, il appelle cela : *Baladd Habrùn*. — La ville d'Habrùn, *d'Abraham*. — L'Hébron actuel se nomme *el Kalil* ; — l'ami. — Rien ici n'indique une cité ; les blocs sont tous de même forme, posés à plat, comme un gigantesque pavé !

M. Espéron, directeur des quarantaines de cette ligne, nous dit que *baladd Habrùn* est un antique cimetière juif. Antique et moderne, car les Israélites, se bornant à déplacer les pierres, y ensevelissent aujourd'hui leurs morts.

Nous partons ce matin sur de bons petits ragots couverts de fanfreluches : plumes à la tête, glands, cordons de soie, broderies, housses, et le reste. Nos *Mùkres* — loueurs de chevaux — nous précèdent humblement montés sur des ânes ; l'un, *Bétùni*, vêtu d'une veste de chiromancien toute parsemée de croissants, de quarts de cercles et d'équerres, avec une étroite robe rouge par-dessous, d'où sortent ses caleçons blancs et ses jambes marron ; l'autre, un nègre, emprisonné dans une gaîne de soie amaranthe, ornée par derrière d'une plaque triangulaire brodée de perles et de clinquant.

Le chemin est un amas de cailloux avec de courts intervalles de terre battue, dont on profite pour trotter.

Les vallées et les montagnes se succèdent ; des tapis de fleurs roses, bleues, des coquelicots dans les blés, des églantines dans les buissons, nous réjouissent le cœur ; partout des ruines, vestiges d'une population nombreuse ; souvent des puits ou des sources. Sur notre gauche, Antonio nous fait remarquer une vieille tour. Autrefois un brigand l'habitait, il se suspendait le matin aux tresses de sa femme, se laissait couler le long des murs, ravageait la campagne, et le soir, chargé de butin, remontait par la soyeuse échelle.

Le sentier se couvre de pèlerins, ce sont des musulmans qui se rendent à la mosquée d'*el Aram*, pour adorer Dieu vers le tombeau d'Abraham. Le Scheik, monté sur un beau cheval, escorté par des serviteurs à pied, ouvre la marche ; c'est un jeune homme à la figure fine, étrange, la tête enveloppée de châles de cachemire qui contrastent par leurs chaudes couleurs, avec son teint pâle et ses traits presque féminins. Après lui viennent des vieillards, des hommes d'un âge mûr, tous avec des turbans, de longues barbes, une robe à larges raies retenue par une ceinture de cuir. Les apôtres devaient en porter de pareilles. Il y a parmi eux des types qui me rappellent la figure que prêtent les anciennes peintures au Sauveur : un ovale long, délicat, avec la barbe et la moustache d'un blond un peu roux. Ces figures sont frappantes, rencontrées là, sur ce chemin, dans ces montages, sous ce costume. Les femmes suivent, montées sur des ânes, sur des chameaux, ou marchant à pied; leur vêtement est d'une grande noblesse : la robe de dessus rattachée à la ceinture et souvent relevée sur les hanches, les bras ornés de bracelets, la tête couverte d'un grand voile rouge ou bleu, qui cache un peu le front, qui vient encadrer la figure en passant sous le menton, puis qui forme de larges plis sur la poitrine. De grosses pièces d'argent fixent leurs cheveux le long des joues. Plusieurs de celles qui cheminent sur des ânes, portent leur nourrisson devant elles. Il me semble que Marie, quand elle montait à Jérusalem pour célébrer la Pâque, devait ainsi tenir Jésus enfant. Quelques-unes, assises derrière leur mari, passent autour de lui leurs deux bras. Aussi loin qu'on découvre le sentier, en bas dans la vallée, en haut sur la crête des montagnes, on voit se dessiner cette ligne rouge, blanche et bleue. Les vieillards sont graves, leur barbe tombe jusque sur leur sein. Les hommes sont fiers, mais ils saluent avec une physionomie ouverte; les femmes sourient en nous adressant un signe de tête bienveillant; il y en a plus d'âgées que de jeunes, beaucoup sont fardées.

La campagne se fait solitaire, les sommets sont

décharnés, la bonne terre s'éparpille dans les vallons, qui contiennent quelques champs. Avec des bras, il y aurait encore des oliviers, des vignes, du blé; mais la stérilité s'assied à côté de la solitude.

Voici une forteresse, voici trois réservoirs. La forteresse date du temps des croisades, les réservoirs sont les *Étangs de Salomon*. L'historien Josèphe parle de constructions de ce genre, entreprises par Salomon; la tradition applique à celles-ci le nom du roi. Ces derniers restes d'une grande civilisation et d'une grande puissance, demeurent presque intacts au milieu des montagnes désolées. Les réservoirs qui se versent l'un dans l'autre, s'étagent en tête de la vallée, remplie à l'heure qu'il est de champs verdoyants et de bosquets de citronniers. Un aqueduc amenait aux réservoirs des eaux abondantes; ils les conservaient pour les arrosages de l'été; c'est l'admirable système des lacs artificiels, dont parle l'auteur du *Plan incliné*[1]. L'aqueduc, en outre, alimentait les fontaines de Bethléem et de Jérusalem; il subsiste encore et transporte la source à Bethléem, mais en évitant les réservoirs qui ne reçoivent à cette heure que l'eau de pluie: le premier en contient un assez grand volume, les autres sont presqu'à sec; le troisième, que nous mesurons, a trois cent soixante pas de long sur quatre-vingts de

[1] M. Auguste de Gasparin.

large; nous lui croyons soixante pieds de profondeur; on y descend, de même que dans les deux autres, au moyen d'un escalier.

Quelques pas, en suivant l'aqueduc, en tournant la montagne, et nous nous trouvons en face de Bethléem.

Voici l'aspect : la ville est groupée sur le point culminant d'une cime qui dépasse toutes les cimes environnantes; dans le lointain, au travers des larges ouvertures que laissent entre eux les flancs des montagnes, on voit la chaîne qui borde la mer Morte : abrupte, droite, teinte d'un bleu plus foncé que le ciel. Les vallées et les pentes tout à l'heure arides, se couvrent de champs en terrasses, de figuiers à la feuille tendre et de vieux oliviers. Le chemin serpente autour des collines; il nous laisse longtemps en face des maisons de Bethléem, assises sur la crête, regardant d'un côté les monts de Juda, de l'autre les horizons de Jérusalem, et la mer Morte au travers des gorges. Nous attachons nos yeux sur ces grises murailles, nous les promenons sur ces sommets où paissent des troupeaux. — Ces mêmes cieux se sont entr'ouverts; là, sur quelqu'une de ces croupes riantes, un ange est descendu au milieu des bergers; la multitude de l'armée de l'Éternel est apparue, et ce cri d'amour a retenti : « Gloire soit à Dieu au plus haut des cieux, paix sur la terre, bonne volonté envers les hommes ! » Ce cri, nous l'entendons, il vibre encore dans cette sereine atmosphère. Seigneur, tu dis encore, oui, tu dis : *Paix sur la terre, bonne volonté envers les hommes*[1].

Il y a beaucoup d'autres souvenirs, mais cette parole les domine ; elle remplit notre âme, comme la voix d'une cloche puissante remplit la campagne de ses ondes ; les vagues sonores se succèdent, elles s'atteignent, elles se confondent et ne forment plus qu'un son immense, qui pénètre l'air d'un horizon à l'autre.

Dans ces champs, Ruth glanait après les ouvriers de Booz. Elle allait à l'écart, ramassant dans le pan de sa robe les épis échappés aux moissonneurs ; et Booz commande à ses garçons, disant : « Qu'elle glane même entre les javelles, et ne lui faites point de honte, et vous lui laisserez, comme par mégarde, quelques poignées, vous les lui laisserez et elle les recueillera, et vous ne l'en reprendrez point[2]. »

Sur cette montagne vivait, au temps de Samuel, un homme *qui était mis au rang des gens de qualité*[3]. Il avait deux fils à l'armée du roi, le troisième paissait les brebis de son père dans les pâturages d'alentour. Un jour, le prophète Samuel monte vers la ville. Il entre dans la maison d'Isaï. Qu'y vient-il faire ?... Sacrer un roi à la place du roi rebelle ; et

---

Luc II. — [2] Ruth II. — [3] Samuel XVII.

comme il est près de verser l'huile sur Éliab, beau de visage, à la taille élevée, Dieu l'arrête. Ici même où le Sauveur avait choisi de naître dans une étable, Dieu dit : « L'Éternel n'a point égard aux choses auxquelles l'homme a égard, l'homme a égard à ce qui paraît à ses yeux, mais l'Éternel a égard au cœur[1]. » Et l'on envoie chercher David aux champs. Plus tard, ce roi-berger, humble, ignorant ses futures grandeurs, descend vers ses frères ; il porte au capitaine de leur milice un *épha* de froment rôti, dix pains et dix fromages de lait[2]. La colère d'Éliab s'enflamme : « Je connais ton orgueil et la malice de ton cœur, que tu es descendu pour voir le combat !... »

« — Qu'ai-je fait, maintenant? y a-t-il de quoi se fâcher ? — » Et puis la proclamation, et les trois cailloux polis ramassés dans le torrent, et le géant abattu d'un seul coup au nom de l'Éternel.

Bien des années après, David roi, David qui a goûté les joies et les amertumes de la puissance, se tient, environné de ses capitaines, dans la forteresse de *Hadullam*. Les Philistins, battus partout, possèdent encore Bethléem. Alors, le souvenir des jours d'autrefois, de ces longs jours solitaires passés dans la vallée, sur les sommets parfumés, monte au cœur de l'homme de guerre : « Qui est-ce qui me ferait

---

[1] Samuel XVI. — [2] *Ibid.* XVII.

boire de l'eau du puits qui est à la porte de Bethléem ? » Trois vaillants hommes passent au travers du camp des Philistins et vont en puiser : « Boirai-je le sang de ces hommes[1] ? » Et David, magnanime avant Alexandre, la répand en présence de l'Éternel.

Nous nous hâtons vers Bethléem ; pourtant, nous savons bien que notre plus forte, que notre plus pure impression est reçue là, devant cette ville, au milieu de cette campagne en fleurs.

Après, nous sommes entrés dans Bethléem, nous sommes entrés dans le couvent, dans l'église, dans les chapelles grecques, latines, arméniennes. Un père capucin nous a fait descendre au fond des caveaux, nous a fait arrêter devant trois ou quatre sanctuaires revêtus de marbres précieux, d'images, de cierges, de fleurs artificielles.

Les pèlerins et les pèlerines se précipitent sur nos pas pour contempler ces lieux qui leur sont rarement ouverts ; ils baisent dévotement les pierres, l'or, l'argent.

— Ah ! quella gente !... — dit en les bousculant le bon *padre*, puis il se tourne gracieusement vers nous : « — Qui, la gròtta di san Giròlamo ! qui, la sùa tòmba ! qui, sepòlcro di sànta Paùla ! qui l'oratòrio dòve preghàva san Giuséppe ! quà, il luògho dòve fùron' sepòlti gl'*innocènti santissimi* ! »

[1] 2 Samuel, XXIII.

Et d'un ton mielleux, en nous montrant une petite main de cire : « — Ecco una *manina*, una bellissima *manina*, ritrovàta pròprio in questo posto!

— Signor pàdre, questo mi pare, non fù mai carne! »

Mais d'une voix plus douce, avec un regard plus paternel : « — *Miràcolo*, Madama, *miràcolo!* » Les pauvres femmes s'agenouillent, couvrent de leurs baisers la châsse de verre qui renferme la *manina*, et le père, plus impatienté que jamais de leur dévotion, leur tire au nez les volets de l'armoire.

Un peu plus loin : le *lieu* où Marie mit au monde le Sauveur. — L'étoile qui guidait les mages était venue d'*elle-même se fixer* dans la mosaïque qui pave le sanctuaire. Le *padre* nous montre la place vide.

— I Greci! signori miei, i Greci l'hanno rubata!

— S'ils l'ont volée, où donc l'ont-ils mise? demande naïvement mon mari.

Le *padre* se retourne, et avec l'imperturbable solennité monastique : « — Quello che rùba, nasconde il fùrto! » — Celui qui dérobe cache son larcin. —

A dater de ce moment, le *padre* se tait. Nous sommes, cette fois, dûment atteints et convaincus d'hérésie.

Hélas! mon Sauveur, où est-elle, cette modeste hôtellerie où Marie ne trouva point de place? Je ne vois ici que magnificence, qu'images peintes, que tromperie, rien qui rappelle à ces chères âmes accourues en foule, que tu es Esprit et Vérité... Oui, tu es *Esprit*, oui, tu es *Vérité*, et c'est justement pour cela que tu nous as dérobé les lieux et les choses dont nos cœurs se seraient fait des idoles. Tu nous aimes trop, tu nous connais trop pour nous laisser prétexte à regarder en terre, au lieu de regarder au ciel. — Pour moi, je trouve plus d'édification à contempler de loin Bethléem, et à me dire : *c'est là*, qu'à contempler je ne sais quelle excavation somptueusement déguisée, et à me dire : ce n'est probablement pas ici; et, si c'est ici, le Seigneur, qui a voulu s'envelopper d'humilité, voit sa volonté trahie.

On n'entend à Bethléem que le chant des maçons, que le bruit du marteau des tailleurs de pierre; les maisons se bâtissent en foule; c'est un aspect saisissant. On dirait que le Seigneur fait préparer les logements pour son peuple!

Bethléem est presque exclusivement habité par des chrétiens; les marchands de *chapelets bénis*, de *croix bénies*, de *coquilles bénies*, de *médailles bénies* nous poursuivent.

— Celui-là vous la donne pour vingt piastres; moi, je vous la laisse pour dix. — « *Pigliate, pigliate. Molto buono! Molto santo!* » — Cela fait mal.

Nous reprenons notre route. Le sépulcre de Rachel — mosquée en ruine — se montre à notre gauche dans la solitude. « Jacob l'ensevelit sur le chemin d'*Éphrat*, et dressa un monument sur sa sépulture[1].

Maintenant, les pèlerins chrétiens couvrent le sentier; plusieurs ont des palmes en leurs mains; les petits enfants les portent à grand'peine. Ils nous saluent d'un : *Buona sera,* qui nous semble un signe de fraternité en Christ.

Mais nos cœurs nous pressent.

Encore, encore; l'horizon s'agrandit, de vastes champs sans arbres revêtent les pentes qui s'élargissent; nous montons : Jérusalem !

Dans le lointain, une muraille grise, quelques tours qui la dépassent, puis des collines, entre lesquelles on sent que la ville va se perdre.

A ce moment, je n'ai plus rien pensé, je n'ai plus rien regardé. La croix de mon Sauveur, et mon Sauveur sur la croix, voilà ce que j'ai vu, et je n'ai vu que cela ! — Jésus cloué au bois, là, dans ces murs, Jésus mourant pour nous, Jésus disant : « Venez à moi, et vous serez sauvés. »

Nous ne pouvions pas parler, nous ne pouvions pas nous regarder; mais nous nous sentions profondément unis au pied de cette croix.

M. Gobat, évêque protestant, ses deux enfants, M. Schafter, — un de mes compatriotes, ministre de la parole de Dieu, — viennent à notre rencontre.

[1] Genèse, XXXV.

M. Gobat nous emmène chez lui. Nous passons la porte de Sion. Vis-à-vis du château de David, voici l'église évangélique de Jérusalem, blanche, simple, assise sur la colline de Sion. Enfin, la Bible, sans additions, sans retranchements, ouverte dans son lieu, à la face du monde. Il y a de quoi répéter : « Gloire à Dieu, au plus haut des cieux ! »

Mardi, 18 avril 1848. — M. Schafter a l'extrême obligeance de venir nous prendre ce matin de bonne heure pour nous faire faire le tour extérieur de Jérusalem ; il est impossible d'y mettre plus de cordialité. — M. Schafter habite Jérusalem depuis dix-huit mois ; il a étudié les lieux, les livres, il sait dire : « *Je ne sais pas.* » Cela vaut mieux qu'un diplôme de science.

Nous sortons par la porte de Damas, haute, profonde, crénelée comme les murs de la cité sainte ; elle date de l'époque de Saladin.

Nous descendons à l'étang supérieur de *Guihon*, qu'Ézéchias boucha avant et après le siège des Assyriens[1], et autour duquel on suppose qu'était campée l'armée de Sanchérib. « Puis le roi des Assyriens envoya Rabsçaké avec de grandes forces, de Lakis, qu'il assiégeait, à Jérusalem, contre le roi Ézéchias, et il se présenta au haut de l'aqueduc du

---

[1] 2 Chroniques XXXII, 4, 30.

haut étang, au grand chemin du champ du Foulon[1]. »
En effet, les armées conquérantes ont presque toujours attaqué Jérusalem par le nord et par le nord-ouest, ses côtés les plus faibles. — Titus, les Croisés, la prirent par là.

L'étang de Guihon, lac artificiel qui ne se remplit que par l'eau de pluie, est creusé au sud de la porte de Damas. Les remparts qui s'élèvent au nord, les plateaux déserts, s'élèvent jusqu'aux horizons les plus reculés; on croit entendre encore la terrible voix de Rabsçaké, alors que son camp immense couvrait l'étendue et que, se tenant debout vers la muraille, il criait en langue hébraïque, afin que tout le peuple l'entendît : « Tu te confies en l'Égypte, à ce bâton qui n'est qu'un roseau cassé sur lequel si quelqu'un s'appuie, il lui entrera dans la main et le percera... Suis-je monté sans l'ordre de l'Éternel contre ce lieu pour le détruire?... N'écoutez point Ézéchias, quand il voudra vous persuader, disant : Le Seigneur nous délivrera! — Les dieux des nations ont-ils délivré chacun leur pays de la main du roi des Assyriens. Où sont les dieux de Hamath et d'Arpad?... » Le peuple se tut et ne répondit pas un mot[2].

Jamais Satan a-t-il plus habilement touché l'une après l'autre les cordes de notre pauvre cœur?— *Vous*

---

[1] Ésaïe XXXVI, 2. — [2] 2 Rois, XVIII.

ne lui répondrez rien!... Grand secret contre la tentation.

Ézéchias monte à la maison de Dieu, il *déploie la lettre de Sanchérib sous les yeux du Seigneur* : voilà la foi. L'ange de l'Éternel défait à lui seul l'armée Assyrienne : voilà la réponse [1].

L'étang, sans eau maintenant, est entouré de tombes musulmanes. On montre, au midi, le sépulcre d'Hérode; rien ne prouve que c'en soit l'emplacement. — Chaque Jeudi, les femmes de Jérusalem viennent avec leurs enfants respirer l'air de la campagne, et, sous prétexte de pleurer leurs morts, manger des friandises sur les tombeaux.

Un second étang s'ouvre plus bas.

Nous descendons la vallée de Hinnom ; elle sépare le mont de Sion du mont des Mauvais-Conseils; profonde, étroite, verte, plantée d'oliviers et de grenadiers. Dans ces jardins, Achaz [2] et Manassé [3] faisaient passer leurs fils par le feu.

Jérémie achète un vase de potier, prend avec lui les anciens du peuple, les sacrificateurs, et sort dans la vallée des fils de Hinnom : « Ainsi a dit l'Éternel des armées : Je briserai ce peuple-ci et cette ville-ci, de même qu'on brise un vase de potier ! » — Alors Paschur frapppa le prophète et le mit dans la prison

---

[1] Ésaïe, XXXVII. — [2] 2 Chroniques, XXVIII. — [3] *Ibid.* XXXIII.

qui est à la haute porte de Benjamin, dans la maison de l'Éternel[1].

Le mont de Sion se redresse abrupte, avec le château de David. Morijah s'élève derrière avec la grande mosquée d'Omar. Les murs crénelés de l'enceinte courent sur la crête des collines. Le mont du Mauvais-Conseil se lève au midi; il porte au sommet la maison de Caïphe, et sur ses flancs le Champ du Sang : *Haceldama*. Un bâtiment sépulcral, voûté, qui contient, dit-on, des ossements, passe pour être la tombe d'Ananias. Le Champ du Sang s'appuie contre cette ruine. Il est entouré de rochers percés de tombeaux; quelques vieux oliviers, quelques rouges chardons, croissent au milieu du blé resserré dans cet étroit espace.

Les trente pièces d'argent avaient été consacrées à l'achat d'un lieu de sépulture pour les étrangers; il y a ici des tombes, il y en a tout le long de la vallée, sur les flancs du mont des Mauvais-Conseils; *Haceldama* est peut-être là.

Plus je vais, plus je me convaincs, la Bible à la main et les localités sous les yeux, que Dieu, dans sa sagesse, nous a caché la connaissance précise des lieux où se sont accomplis les grands événements de l'histoire sainte. On peut dire avec raison d'une ville, d'une position prise en grand : *c'est ici*, c'est

[1] Jérémie, XIX, XX.

sur ces collines, sur les bords de ce fleuve, sous les oliviers de cette montagne; mais c'est : *sur cette pierre*, c'est *au pied de cet arbre*, c'est *dans cette maison*, Dieu ne l'a pas permis. Les communions qui prétendent fixer les moindres localités, non pas au moyen de la Bible, c'est impossible, mais en vertu de la tradition, ces communions nous donnent le triste spectacle de l'idolâtrie chrétienne. La pensée ne s'élance plus aux cieux pour y chercher Celui qu'ils doivent contenir jusqu'à son glorieux retour, elle reste clouée à la pierre et au bois : c'est ce morceau de marbre qu'on baise, qu'on vénère, auquel on accourt ; il détrône Dieu. — Je parle de ce que nous voyons tous les jours.

La vallée de *Josaphat* qui court du nord au midi, rejoint celle de *Hinnom* en faisant un angle avec elle vers le puits de Néhémie. Ce puits, profond, recouvert d'une ruine à laquelle s'attachent des clématites et des lianes, remonte à une haute antiquité, peut-être au temps de Salomon ; le travail est beau, les blocs employés sont énormes.

Le lit du Cédron se devine par place au fond de la vallée qu'occupent dans sa partie la plus large des jardins et des champs : les *jardins des rois*, dit la tradition.

Le mont du Scandale, où les femmes de Salomon dressaient des autels à leurs dieux, oppose ses flancs rapides et nus à la montagne de Morija.

Le torrent de Cédron a coulé neuf jours au mois de février; toute la population : Musulmans, Chrétiens, Juifs, accouraient sur ses bords en habits de fête.

Le village de Siloé — *Silvaan* — avec ses maisons grises et ses grottes percées dans le rocher, s'accroche à la pente raide du mont du Scandale; vis-à-vis, séparée de *Silvaan* par la profonde vallée de *Josaphat*, coule la fontaine de Siloé. Elle sort d'un petit canal, se répand au milieu de la route qui lui sert de bassin, et va se perdre dans les jardins des *Rois*. Ce matin, quelques femmes vêtues de robes éclatantes étaient assises sur ses bords; de beaux petits enfants jouaient avec ses eaux, les vaches y buvaient, les chevaux s'y baignaient, les vieillards à longue barbe regardaient, les hommes dans la vigueur de l'âge remplissaient leurs outres ou menaient boire leurs troupeaux; il y avait là un luxe de couleurs, de souvenirs et de beauté qui émerveillait les regards. — Au-dessus du ruisseau, la source; elle coule toujours *doucement*[1], dans un petit réservoir entouré d'une guirlande de mauves, de renoncules rouges et de marguerites. « Parce que ce peuple a rejeté les eaux de Siloé qui vont doucement..... voici, le Seigneur s'en va faire venir sur eux les eaux du fleuve, fortes et grosses... Et ce fleuve débordera et passera tellement qu'il atteindra jusqu'au cou, et les étendues

[1] Ésaïe VIII, 6.

de ses ailes rempliront la largeur de ton pays, ô Emmanuel ! » — Hélas ! n'avons-nous pas, nous aussi, méprisé les eaux qui coulent doucement dans une coupe couronnée des fleurs des prés? et voici, les grosses eaux du fleuve arrivent en grondant.

Je ne sais si c'est vers la source ou au village même, que s'écroula la tour : « Pensez-vous que ces dix-huit sur qui la tour de Siloé est tombée, et qu'elle a tués, fussent plus coupables que tous les habitants de Jérusalem[1]?... »

La fontaine de *Marie,* qui correspond par un canal avec le réservoir, pourrait être le vrai Siloé; cependant l'Écriture parle *d'un réservoir,* et la fontaine de Marie n'en est pas un. Ce matin, les pèlerines y descendent et s'y plongent, pliées dans leurs longs voiles; elles remplissent des urnes qu'elles emporteront avec elles. — Cette eau *purifie des péchés !...*

Il m'en coûte de me traîner ainsi, mes notes à la main, au travers de ces lieux si chers. Hélas! je dois le dire, il m'en a beaucoup coûté de les parcourir en voyageuse. Il le fallait, le jour de demain ne nous appartient pas, nous sommes obligés de voir au plus vite, et le plus vite possible. Eh bien, *voir,* est à Jérusalem une chose contre nature, qui froisse, qui étouffe les émotions à mesure qu'elles naissent. J'aurais voulu pouvoir me rendre seule

[1] Luc XIII, 4.

avec mon mari au mont des Olives, en Gethsémané, y lire la parole de Dieu, le récit des angoisses de Jésus, y pleurer, y prier, puis revenir en silence et me recueillir encore : au lieu de cela, il a fallu tout *parcourir !*...

La vallée de *Josaphat* est sévère parmi ces vallées sévères. Une profonde fissure la sépare du mont des Oliviers et du mont du Scandale. Les tombeaux des Juifs, longues pierres plates pareilles à celles de *Baladd Habrûn*, couvrent les pentes, les croupes du mont du Scandale et le pied du mont des Oliviers. Les Israélites viennent d'Orient et d'Occident, pour se faire ensevelir dans cette terre sacrée.

A notre gauche, une colonne sort de la muraille qui forme l'enceinte de la mosquée. Elle en sort horizontalement : on dirait un canon de marbre; c'est sur elle — selon les musulmans — que s'assiéra Mahomet pour juger le monde. A Jérusalem, Chrétiens, Juifs, Mahométans, tous placent d'un commun accord la scène du jugement dernier dans la vallée étroite de *Josaphat*. « J'assemblerai toutes les nations, et je les ferai descendre dans la vallée de Josaphat; et là, j'entrerai en jugement avec eux. Que les nations se réveillent et qu'elles montent à la vallée de *Josaphat*, car j'y serai assis pour juger les nations [1]. »

La vallée de *Josaphat* est plutôt une gorge qu'une

[1] Joël III, 2, 12.

vallée; mais l'Éternel, dit Zacharie, « se tiendra debout sur la montagne des Oliviers, qui est vis-à-vis de Jérusalem, du côté d'Orient, et la montagne sera fendue par le *milieu*, vers l'Orient et vers l'Occident, de sorte qu'il y aura une très grande vallée, et la moitié de la montagne se retirera vers l'Aquilon, et l'autre moitié vers le Midi... Alors, l'Éternel mon Dieu viendra, et tous les saints seront avec toi [1]. » — La grande vallée s'ouvrira d'Orient à l'Occident, perpendiculairement au Cédron. La voit-on, large, immense, se dérouler jusqu'à la mer Morte, au milieu de ces entassements de rochers? Voit-on Christ triomphant au milieu de l'armée de ses rachetés, et les flots étonnés des ressuscités, qui montent des sépulcres de toute la terre?

Le mont des Oliviers, continuation du mont du Scandale, forme comme lui le mur occidental de la vallée de Josaphat.

Quatre monuments, le quatrième presque enterré, tous quatre taillés dans le roc [2], s'adossent au mont des Oliviers. La tradition leur a donné le nom de: *tombeau de Zacharie, grotte des Apôtres, tombeau d'Absalom,* et *tombeau de Josaphat.* La grotte où se cachèrent les apôtres n'existe que dans la tradition;

---

[1] Zacharie, XIV.

[2] « ..... Va, entre chez ce trésorier, chez Sebna, maître d'hôtel, et lui dis: Qu'as-tu à faire ici? et qui est ici qui t'appartienne, que tu te sois *taillé* ici un sépulcre? Il taille un lieu éminent pour son sépulcre, et se creuse une demeure dans un rocher. (Ésaïe XXII, 15 et 16.)

l'Écriture nous apprend que les apôtres s'enfuirent ; rien de plus, rien de moins.

Ces trois sépulcres ont un caractère étrange. Le premier et le deuxième, — celui de Zacharie et d'Absalom, — ne ressemblent à aucun monument connu ; ce sont deux blocs énormes, carrés, l'un coiffé d'une espèce de pyramide, l'autre d'un chapeau à long tube. Le premier rappelle de loin l'Égypte ; le second, celui d'Absalom, rappelle, — j'ose à peine le dire, — les chapeaux Vaudois à cheminée, ou bien encore le couvert d'une des vieilles tours d'Orbe, au canton de Vaud.

Le sépulcre de Josaphat, la soi-disant grotte des Apôtres étonnent moins. Celle-ci est creusée dans le roc, avec un fronton droit et des colonnes. De l'autre, on ne voit qu'un fronton triangulaire. « Ils prirent Absalom et le jetèrent dans la forêt d'Éphraïm, dans une grande fosse, et ils mirent sur lui un fort grand monceau de pierres ; mais tout Israël s'enfuit chacun dans sa tente. Or, Absalom avait pris pendant sa vie une statue et se l'était fait dresser dans la vallée du Roi ; car il disait : Je n'ai point de fils pour laisser la mémoire de mon nom ; et il nomma cette statue-là de son nom, et jusqu'à ce jour on l'appelle la place d'Absalom[1]. » Rien dans le monument qui porte aujourd'hui le nom d'Absalom, n'indique la place d'une statue.

[1] 2 Samuel XVIII, 17, 18.

Je laisse l'*arbre* sous lequel Ésaïe fut *scié* avec une *scie de bois*; c'est la tradition qui parle, — la Bible se tait — je laisse le *tombeau de Marie*, la *grotte* où le Seigneur se retira durant les veilles de Gethsémané; — la Bible se tait sur le tombeau comme sur la grotte. —

Nous sommes en Gethsémané! De vieux oliviers croissent devant nous; les Latins ont bâti une muraille autour de quelques-uns d'entre eux : c'est le terrain renfermé de la sorte qu'on appelle Gethsémané; mais les oliviers séculaires qui étendent leurs branches en dehors de l'enceinte font aussi bien que les autres, partie du jardin.

Le Seigneur venait de manger la dernière Pâque; il descendait probablement par ce chemin qui, après avoir suivi la pente du mont de Morijah, traverse ici le Cédron; il s'arrêta sous ces arbres, au pied des collines de Jérusalem, au bas de la montagne des Oliviers, et il commença à être *fort triste, et dans une amère douleur.*

« Mon âme est saisie de tristesse jusqu'à la mort[1] » — Jésus, si dans ce moment tu sentais les combats qui agitent notre cœur contentieux, ennemi; si par-dessus ces douleurs, la malédiction du Père, l'épouvantable solitude d'une âme condamnée pesaient sur toi; oh! alors, il me semble que je comprends ton angoisse surhumaine, il me semble

[1] Matthieu, XXVI.

que je comprends ce travail qui faisait suer goutte à goutte le sang sur ton visage!

« — Que cette coupe passe loin de moi, s'il est possible; toutefois, qu'il en soit, non comme je le voudrais, mais comme tu le veux! »

N'arrivera-t-il jamais le moment où cette prière, toujours et pour toutes choses, pour la coupe pleine comme pour l'imperceptible contrariété, pour la grande épreuve comme pour le brisement journalier du cœur, sera ma prière?

Et le Seigneur s'est prosterné là, et là les apôtres, appesantis par le chagrin, n'ont pu veiller une heure.

Mais il faut passer outre; nous ne pouvons ni prier ni ouvrir notre Bible.

Nous gravissons le mont des Olives; il est élevé, les oliviers y sont antiques, clair-semés, la terre y est jaune, aride. — Le Seigneur y montait aussi. Que de fois il y est venu avec ses disciples; que de fois, quand la nuit tombait, fatigué, altéré d'isolement, il s'est retiré dans ces solitudes! Aux approches de la dernière Pâque, « il enseignait dans le temple pendant le jour, et, sortant le soir, il passait les nuits sur la montagne des Oliviers[1]. »

Alors, Seigneur, tu intercédais pour cette Jérusalem qui apparaît là dans sa gloire, et tu intercédais aussi pour nous, pécheurs.

[1] Luc XXI, 37.

Un mot de Jérusalem; car, Seigneur, tu nous permettras de revenir ici, seuls avec toi, d'y revenir pour toi.

En voyant Jérusalem du haut du mont des Oliviers, on la comprend reine du monde. Elle domine entièrement les collines; elle trône, noblement assise, au milieu des montagnes qui, en arrivant à elle, s'élargissent et viennent lui faire une large ceinture, comme un vêtement ample et royal, de champs et d'étendues sans borne. Les fentes des vallées qui la partagent ont disparu; elle s'élève sur une surface qu'on dirait égale; elle remplit le regard. Devant, la mosquée d'*Omar*, avec son dôme immense, son parvis de marbre blanc à ciel ouvert, ses pavillons légers qui en dessinent les contours, ses cyprès noirs et ses gazons verts. Le temple était là. Il devait resplendir ainsi, au front de Jérusalem; les parvis en devaient briller comme cette place, éblouissante sous le ciel bleu.

Autour se rangent les édifices, colorés d'une teinte sérieuse : les dômes sortent, les minarets s'élancent, l'église du Saint-Sépulcre s'arrondit au fond, la muraille dentelée fixe le plan de la cité sainte. Tout ici a ce caractère de solennité, profondément empreint sur Jérusalem, de quelque côté qu'on la regarde; mais il y a de plus une magnificence de position, je dirais presque d'attitude, devant lequel on reste saisi de respect.

La tradition signale l'endroit où Jésus pleura sur Jérusalem. Elle a placé, contrairement à la Révélation, le lieu de l'Ascension au sommet de la montagne; elle y a construit une église, maintenant mosquée. C'est de Béthanie que Jésus monta au ciel : « Il les mena ensuite hors de la ville, jusqu'à Béthanie, puis élevant les mains, Il les bénit. Et il arriva, comme Il les bénissait, qu'Il se sépara d'avec eux et fut élevé au ciel. » Saint Luc ajoute dans les *Actes*, que les apôtres s'en retournèrent à Jérusalem de la montagne qu'on appelle les Oliviers, qui est près de Jérusalem, l'espace de chemin d'un Sabbat. — Deux sentiers mènent à Béthanie, l'un traverse le mont des Oliviers au quart de sa hauteur, l'autre passe sur sa cime. Saint Luc donc pouvait dire des apôtres revenant de Béthanie, qu'ils retournaient à Jérusalem, de la montagne des Oliviers[1].

Nous atteignons le sommet. La mer Morte se montre à nous : désert jusqu'à ses eaux bleues; les montagnes tourmentées, blanchâtres, à peine tachées de vert dans quelques étroites vallées, vont entassant croupes désolées derrière croupes déso-

[1] Béthanie est située elle-même — et ceci complète l'explication du verset — sur le versant oriental du mont des Olives, non loin du sommet. Il ne faut pas une demi-heure, à pied, pour monter de Béthanie au point culminant du mont des Olives. Ce mont, vu de Jérusalem, semble n'être qu'une colline. Du côté de la mer Morte, il atteint aux proportions des hautes montagnes. Béthanie domine les chaînes qui descendent à la plaine de Jérico et au Jourdain.

lées, se denteler sur ce fond d'azur. Au delà, le rempart de Moab. D'un côté, la royale Jérusalem, de l'autre ces mortes ondes, enchâssées dans cette morte nature. — Je ne crois pas qu'il y ait deux aspects pareils, réunis sous la puissance d'un même regard, dans le monde entier.

La crête du mont des Olives que nous suivons, nous amène sur les plateaux du Nord. La gloire de Jérusalem semble s'être de nouveau voilée. La campagne sombre, largement ondulée, dépouillée d'arbres et de verdure, va se perdre dans les horizons de Galilée où l'on devine plutôt qu'on ne le distingue, *Hanatoth*, patrie de Jérémie[1].

Une ligne foncée marque à l'orient la vallée du Jourdain. Jérusalem, veuve, se tient comme accroupie, la tête enveloppée, au milieu de ses montagnes qui ont repris leurs rudes escarpements.

Un détour, pour aller chercher les *tombeaux des rois* : cour spacieuse creusée dans le rocher, avec une caverne, dont le fronton sculpté représente une guirlande de feuilles et de fruits. La caverne sert d'entrée aux chambres sépulcrales : on croit avoir retrouvé là, d'après Josèphe, le tombeau d'Hélène d'Adiabène.

En revenant, nous jetons un coup d'œil sur la *grotte* de Jérémie, puis sur sa prison : creux, fosse

[1] Jérémie XXIX, 27.

ou puits, situé contre le mur, près de la porte de Damas. — Tradition! Il n'est pas question dans la Bible de la *grotte* du prophète, et quant à sa prison, voici ce qu'on y trouve : Jérémie fut jeté dans les cachots de la maison de Jéhonathan le secrétaire[1]. Appelé par le roi Sédécias, il fut enfermé dans la fosse de Nalkija, fils de Hammélec, *qui était dans la prison*, d'où on le retira, pour le déposer dans la cour, jusqu'à l'arrivée de Nébucadnetzar. — Rien ne nous dit que la maison de Jéhonathan secrétaire fut extérieurement adossée aux murs de la ville.

Ces murs au nord, ont conservé les fondations Juives; la ligne de circonvallation doit donc être ici la même qu'aux temps antiques.

Les Élections sont retardées, nous espérions en connaître le résultat avant de partir de Jérusalem. Le service des paquebots à vapeur de Beyrouth, va subir de grandes modifications : tout cela renforce les ténèbres autour de nous. Nous attendons des lettres, surtout nous attendons la bonne main de l'Éternel; elle nous fera lumière.

Les rois, quelques-uns du moins de ceux dont on nous annonçait la chute, sont encore debout.

Mardi, 19 avril 1848. — Nous avons achevé de

---

[1] Jérémie, XXXVII et XXXVIII.

voir, grâce à M. Schafter, qui a bien voulu nous guider aujourd'hui dans l'intérieur de Jérusalem. Maintenant notre horizon est déblayé.

Les points intéressants sont ceux que la tradition n'a pas étiqueté; ce sont les grandes localités, c'est le mont des Olives, la vue du temple, la vallée de Josaphat, l'ensemble des aspects. Mais un travail préliminaire était indispensable; je le reprends donc.

Nous devions aller de bonne heure à la porte de Damas, pour voir rentrer la caravane des pèlerins qui reviennent du Jourdain; il pleut à verse — notre première pluie depuis le mois de décembre; — les pèlerins rentrent sans ordre, chacun de son côté : nous les laissons.

Nous nous rendons à l'église du Saint-Sépulcre; une foule pittoresque se presse sur le parvis extérieur; les figures brunes, les costumes riches de couleur, se détachent sur les arceaux des portes fermées; on n'entre pas : les gardiens turcs n'ouvrent qu'à de certaines heures, qu'on connaît mal; nous reviendrons. Nous reviendrons plus par conscience de voyageurs que par confiance en la tradition. Non pas que parmi les arguments contre l'identité du Saint-Sépulcre, ceux qu'on a tirés de la direction des murailles nous frappent beaucoup. Les adversaires de la tradition prétendent que le tombeau, qui devait se trouver en dehors de l'enceinte, — seul document que nous donne l'Évangile sur sa position, — serait dans la ville, si l'église actuelle en occupait la place. Cela peut être vrai, et cela peut être faux. Rien dans la vue des murailles, des restes de portes, des vestiges debout, ne contredit ou n'appuie cette hypothèse. Excepté les assises du mur actuel, qui, au nord, vers la prison de Jérémie, qui, à l'orient, aux alentours du temple — mosquée d'Omar — sont évidemment composées de pierres antiques; il me semble impossible de retrouver dans Jérusalem ou hors de Jérusalem, une trace quelconque du dessin des anciennes murailles. — Nous sommes arrivés ici avec des idées assez claires sur ces délimitations. Nous les avions puisées dans des ouvrages spéciaux; chaque auteur y établissait ses vues; les vues de l'un contredisaient les vues de l'autre, cela va sans dire; mais les systèmes étaient nets, bien définis : maintenant tout est renversé, et la seule chose que nous y comprenions, moi du moins, c'est que nous n'y comprenons rien.

L'argument des murailles ne nous touche donc pas, mais bien ce fait simple, qu'au temps d'Hélène, qui a fixé ce point comme tant d'autres, on ne connaissait pas l'emplacement du Saint-Sépulcre. On ne le connaissait pas, puisque, selon les uns, les mémoires d'un vieux rabbin, achetés à grand prix, l'indiquèrent seuls; puisque, selon les autres, le secret fut arraché à un Juif par les tortures.

M. de Chateaubriand parle, dans son beau livre, de temples païens, de statues de *Vénus* et de *Jupiter* élevées sur les lieux saints; mais les auteurs contemporains d'Adrien n'en disent pas un mot, et ce n'est que postérieurement à la visite d'Hélène qu'il est fait mention d'une profanation si importante.

Pour ma part, je n'ai point de parti pris contre la tradition; je m'en méfie, comme venant d'une source qui verse habituellement, évidemment le mensonge[1].

---

[1] « La tradition est la dernière source à laquelle on puisse recourir. Longtemps elle a été la seule consultée, longtemps la tradition a régné sans contrôle, respectée à l'égal de la Bible, et parfois la contredisant. Les voyageurs nous ont apporté ses enseignements, se permettant souvent d'embellir et d'augmenter le fonds commun. Chaque époque, chaque pèlerin a brodé une fleur sur ce canevas immense, dont tant d'ornements ont bientôt caché, et (faut-il le dire?) brisé la faible trame. L'audace des assertions des moines et des rapports des voyageurs est inconcevable. Je n'en citerai ici qu'un exemple. J'ai sous les yeux l'ouvrage du pèlerin *Regnault* (au quinzième siècle), qui rapporte avoir vu, sur un arbre semblable à un térébinthe, le cep de vigne que planta Noé après le déluge. (Page 138.) Ailleurs, il a vu le lieu où furent créés Adam et Ève... « *L'Escripture* tient qu'en ce lieu Adam et Ève furent créés... » — En fait de connaissance des Écritures, le capucin du sire de Joinville nous donne la mesure de son temps. Et comment vérifier la tradition, si ce n'est par la pierre de touche des Écritures. Je reprends ma citation. — « Si l'on se rappelle que des légendes nombreuses ont surgi à l'époque où Constantin et sa mère ont certifié l'identité des lieux saints, où l'on voulait retrouver le théâtre de chaque acte, de chaque discours de Jésus Christ; si l'on songe au nombre immense de pèlerins qui, même avant les Croisades, ont visité le saint sépulcre, ont fait métier d'en raconter des merveilles et de les colporter de châteaux en châteaux; si l'on réfléchit que leurs récits faisaient partir une foule d'autres pèlerins, qui n'eussent pas consenti avoir une sainte relique de moins que leurs prédécesseurs; que les moines de Jérusalem avaient le plus grand intérêt à ne désappointer personne, que, par conséquent, les mensonges inventés par un voyageur et rapportés par mille en terre sainte, y étaient presque nécessairement consacrés par des fraudes pieuses; si l'on songe enfin que la Bible et l'Écriture furent longtemps très mal connues, et des voyageurs empressés d'admirer, et des

Quand il s'agit du rôle qu'ont joué les lieux saints, quand il s'agit de personnages bibliques, je m'en tiens à la Bible; je me persuade qu'elle nous a dit sur eux tout ce que nous en devions savoir.

C'est en voulant compléter la Bible, la compléter quant aux faits, la compléter quant aux dogmes, la compléter quant aux directions pratiques, qu'on a créé la fable chrétienne, — la plus odieuse des fables, — qu'on a défiguré, puis étouffé les vérités de la foi, qu'on a enseveli les commandements de Dieu sous des commandements d'hommes. Le principe était le même; on venait humblement perfectionner l'Écriture, apporter le lumignon vacillant, les trompeuses lueurs de la raison humaine, à côté du soleil de la Révélation. Quand il s'agit des choses de Dieu, je ne veux que ce que Dieu me donne.

— Mais les Pères, le témoignage des Pères, la foi des Pères, l'autorité des Pères?...

Les Pères étaient très respectables, et je les respecte; mais les Pères pouvaient se tromper, et ils se trompaient. Les Pères étaient, bien à leur insu je l'espère, poussés par des sympathies et retenus par des antipathies. Ils subissaient l'influence de leur

moines empressés de montrer, on ne s'étonnera pas de voir s'élever l'édifice immense de la tradition, de voir rattacher à un même lieu (tel que le Cénacle et l'église de la Résurrection) une foule de souvenirs, souvent incohérents, bizarres, amassés sur un si petit espace que l'énumération seule en est ridicule. » — *Topographie de Jérusalem*. Thèse par Athanase Coquerel fils. Strasbourg, 1843.

siècle; ils contredisaient quelquefois la Bible, d'autant mieux qu'ils se contredisaient habituellement eux-mêmes. Prenez saint Chrysostome, prenez tel autre, parcourez leurs œuvres, vous y verrez la même opinion tour à tour attaquée et défendue avec la même *foi*, avec la même *autorité*. S'ils ont altéré les vérités évangéliques, ils ont dû altérer certains faits, très involontairement, — je ne veux pour preuve de cette sincérité dans le mensonge, que les récits des premiers pèlerins, qui *voyaient* des choses impossibles; — mais très certainement.

Je retourne à la Révélation, je m'y tiens, et je répète qu'à Jérusalem elle s'est attachée à nous préserver du culte des pierres. Il faut un dessein prémédité de l'Esprit qui l'a dictée, pour effacer à ce degré toute indication. — Un homme qui raconterait un événement contemporain, spécifierait les localités dix fois pour une; il ne le voudrait pas, qu'il le ferait : les détails s'échapperaient de sa plume, surtout s'il s'efforçait, comme les évangélistes, de rendre vivantes les scènes qu'il rapporte. Un miracle constant de l'Esprit, a donc pu seul enlever au récit sacré ces traits qu'on rencontre dans tous les récits humains. Lisez la passion du Sauveur, l'institution de la sainte Cène, les épisodes de la vie de Jésus; vous ne trouverez pas un mot qui puisse vous faire dire de telle place, de telle colonne, de telle maison : c'est celle-ci ! Voilà le livre de ces apôtres qu'on nous peint, bien contrairement à ce que nous révèlent les *Actes*, comme animés d'un si profond respect pour la *localité*. Ce sont là les hommes qui ont dressé leurs prosélytes à la vénération de *Golgotha* et de la *Voie douloureuse*. C'est par eux, qui ont affecté de garder sur ces emplacements un silence absolu, étrange, un silence que l'intervention du Saint-Esprit explique seule tant elle contrarie les habitudes de notre esprit; c'est par eux qu'on prétend connaître le plan de la Jérusalem évangélique; c'est d'eux qu'on veut le tenir !

Et, après avoir avalé cette énormité, on reçoit du quatrième siècle toutes les créations fantasmagoriques qu'il lui plaît d'inventer pour alimenter le zèle des pèlerins; zèle que ce simple mot, « *Je ne sais pas,* » aurait vite abattu.

Ah ! moi aussi, j'aurais du bonheur à pouvoir me dire : Ici, à cette place même, Jésus s'est tourné vers Jérusalem; ici, sur cette pierre même, Il s'est assis ! Je voudrais me traîner à genoux partout où Il a passé ! j'éprouverais des émotions puissantes alors ! je sentirais mon cœur près de se rompre; je croirais peut-être aimer le Seigneur pour avoir été si fortement remuée...... et je me tromperais probablement beaucoup. Pourtant, je me sens moins avide de sensations que de vérité. Tout ce qui n'est pas vérité, est *mensonge*; cela a l'air très simple; si simple qu'on l'oublie. Tout mensonge, même le mensonge *innocent* — qualification diabolique — mène à la mort; et je ne veux pas la mort, je veux la vie.

Nous passons devant le château de David : l'antique tour d'*Hippicus*, qui prit, sous les Croisés, le nom de tour des *Pisans*. Il est majestueusement assis sur ses fondations juives : blocs saillants, qu'on ne retrouve que dans la muraille de la ville. Elles ont un caractère profondément spécial; caractère qu'on remarque dans l'architecture de tous les grands réservoirs; physionomie à part, dont les tombeaux taillés dans le roc offrent le type.

Beaudouin y assiégea sa mère Mélisende, régente du royaume et femme de Foulques.

Après le château de David, le couvent Arménien; nous le trouvons sur notre chemin, nous y entrons. C'est une véritable ville : logements pour les pèlerins, jardins, église resplendissante de lampes, d'or, d'argent, d'airain et de marbre. Le moine qui nous guide, nous montre le fauteuil de *saint Jacques, frère du Seigneur*, il est magnifiquement orné.

— Vraiment, saint Jacques se servait de ce siège?

Le frère ne répond rien; probablement parce qu'il ne comprend pas. Il nous fait voir des livres imprimés au couvent. Nous lui demandons s'il a l'Évangile. Non! — *Missa! missa!* — Toujours la messe.

— Bisogna stampàre il Vàngelo, poi lèggerlo, poi dàrlo, poi mètterlo nel cuore!

Il nous regarde, rit un peu, et nous répond : — Sì, sì,... noi stampiamo la missa; anche *santo Ephrem*.

Ces bons frères hébergent les pèlerins, en reçoivent quelques dons, vivent tranquillement dans une oisiveté complète, sortent quand ils veulent, et s'imaginent faire ainsi leur salut.

Plus loin, nous voyons les loges des lépreux rangées le long des murailles; ils mendient aux portes de la ville, et se retirent le soir dans leur quartier; ils s'y marient entre eux. La lèpre dont ces malheureux sont atteints, sorte de décomposition, fait tomber les membres l'un après l'autre.

Le tombeau de David se trouve près de là ; la mosquée abandonnée qui le contient, s'élève, selon la tradition, sur l'emplacement de la maison où le Seigneur mangea la dernière Pâque. Hypothèse en l'air. L'Écriture ne dit rien là-dessus, si ce n'est que les disciples arrivés près de la ville, rencontrèrent un homme qui portait une cruche d'eau, qu'ils entrèrent après lui dans une maison, et qu'ils y préparèrent la chambre haute[1]. D'après la tradition, ce serait réunis dans le même édifice, que les apôtres virent descendre sur eux les flammes du Saint-Esprit, — « Le jour de la Pentecôte étant arrivé, ils

[1] Luc, XXII.

étaient tous d'un commun accord *dans un même lieu.* » Nous ne savons rien de plus.

Le tombeau de David est enseveli sous terre, on n'en voit qu'une imitation : bloc énorme, allongé, taillé comme un prisme. — Du temps des apôtres, le tombeau du roi prophète était connu : « Mes frères, je puis bien vous dire avec assurance suivant le patriarche David, qu'il est mort, qu'il a été enseveli, et que son sépulcre est encore aujourd'hui parmi nous[1]. » La tradition peut donc ici dire vrai.

Il est un fait qui anéantit la plupart de ses assertions : la Jérusalem actuelle, s'élève sur les toits de la Jérusalem antique. — Il y a quelques mois à peine, en creusant les fondations d'un couvent, on a rencontré les ruines d'une église du temps d'Hélène; on trouve à fleur de terre des sommets de voûte; notre rue coupe l'arc supérieur de trois portes. On voit en de certains endroits les décombres monter le long des murs; ils ont presque comblé quelques vallées; ils cachent et recouvrent, peut-être à une grande hauteur, le pavé des réservoirs.

En longeant la muraille qui couronne *Morija*, nous avons à nos pieds la vallée de *Josaphat*, à notre droite le village de *Siloé*, le tombeau d'*Absalom*, les pierres sépulcrales du cimetière juif, le chemin qui se dirige vers Béthanie en suivant les racines du mont

---

[1] Actes II, 29.

des Olives, et celui qui traverse directement la montagne pour se rendre au même village. — Le Seigneur l'a sans doute pris souvent; c'est de là peut-être que le jour des *Rameaux*, au milieu de la multitude qui le bénissait, il pleura sur Jérusalem. « Et lorsqu'il approchait *de la descente de la montagne des Oliviers*, toute la multitude des disciples, transportée de joie, se mit à louer Dieu à haute voix, pour tous les miracles qu'ils avaient vus.... et lorsqu'il fut proche de la ville, en la voyant, il pleura sur elle et dit : Oh! si tu avais reconnu, au moins en ce jour qui t'est donné, les choses qui regardent ta paix, mais maintenant elles sont cachées à tes yeux! Car les jours viendront sur toi, que tes ennemis t'environneront de tranchées, et t'enfermeront, et te cerneront de toutes parts. Et ils te détruiront entièrement, toi et tes enfants qui sont au milieu de toi, et ils ne te laisseront pierre sur pierre, parce que tu n'as point connu le temps auquel tu as été visitée. »

La porte *dorée* du temple reste murée dans la muraille qui entoure *el Aram ;* on nomme ainsi l'emplacement occupé par les trois mosquées d'*Omar*, d'*el Aksa*, et d'*el Magharibeh*. La partie supérieure de la porte : deux chapiteaux, sont presque intacts; ils n'ont pas le caractère Juif, mais plutôt celui de l'architecture à demi Sarrasine du temps des croisades. — Les musulmans croient que les chrétiens entrant par cette porte, les chasseront de Jérusalem.

Le Paralytique était couché vers la porte du temple nommée *la Belle,* lorsque Pierre le guérit : « Je n'ai ni argent ni or, mais ce que j'ai, je te le donne : au nom de Jésus-Christ de Nazareth, lève-toi et marche! » L'impotent marche, la multitude loue l'Éternel, et Pierre lui annonce que cet homme qu'elle a livré, qu'elle a crucifié, c'est le Prince de la vie, c'est le Fils de Dieu[1].

Je ne sais si cette porte est *la Belle;* mais ce que je sais bien, c'est que le Saint-Esprit a toujours la puissance de changer la lâcheté en courage.

Quelques pas à droite nous amènent devant un grand réservoir extérieur, dont la tradition a fait *l'étang où Marie lavait les langes du Sauveur.*

Voici la porte Saint-Étienne. C'est par cette porte que saint Étienne sortit pour être lapidé, — dit la tradition. — La Bible répond par ces simples mots : « L'ayant traîné hors de la ville, ils le lapidèrent[2]. »

Tancrède et les seigneurs qui l'accompagnaient, enfoncèrent cette porte à coups de hache, pour se précipiter dans la ville. Ils étaient là tout près de la mosquée d'Omar, qu'ils changèrent en une cuve de sang.

Oh! comme il me tarde d'en avoir fini avec ces illustrations profanes, d'en avoir fini avec la critique, de pouvoir, laissant là les opinions des hommes —

---

[1] Actes, III. — [2] *Ibid.* VII, 58.

les miennes comme les autres — ne plus penser qu'à mon Sauveur !

Le réservoir de *Béthesda* s'ouvre derrière la porte Saint-Étienne. Les savants veulent y voir un fossé; nous y voyons un carré long, dont la terre éboulée et les arbustes cachent la profondeur, et dont les parois portent par places des plaques d'enduit, ce qui indique sa destination : retenir les eaux. Le réservoir de Béthesda avait *cinq portiques* : celui-ci n'en a que deux. Il était situé près d'une porte, la *porte des brebis;* celui-ci est situé près de la porte *Saint-Étienne,* disent les uns, *des brebis* ou *des poissons,* disent les autres.

« — Veux-tu être guéri ?

« — Seigneur, je n'ai personne pour me jeter dans le réservoir quand l'eau est troublée, car pendant que j'y viens, un autre y descend avant moi.

« — Lève-toi, prends ton petit lit et marche [1] ! » — Or c'était un jour de sabbat ; à cause de cela les Juifs cherchaient à le faire mourir, et non-seulement parce qu'il avait violé le sabbat, mais encore parce qu'il disait que Dieu était son propre père, se faisant *égal à Dieu.*

La *Voie douloureuse* s'ouvre ici, au bout du chemin qui monte de Gethsémané. Le prétoire s'élève au milieu, on se croit certain de son identité : c'était

[1] Jean, V.

le palais du gouverneur; une caserne en occupe l'emplacement. — Mais le Seigneur n'a pas été d'abord conduit chez Pilate, on l'a mené chez Anne, beau-père de Caïphe; et la tradition place la maison de Caïphe d'un côté tout opposé, sur le mont de Sion, non loin de la mosquée qui renferme le tombeau de David. Ou elle se trompe ici, ou elle se trompe là.

Vers le prétoire, on montre un arceau moderne; c'est là que Pilate aurait présenté Jésus au peuple : *Ecce homo.* On montre l'endroit où *Véronique essuya le visage du Seigneur!* On montre l'endroit où une *pierre,* atteignant Jésus, *poussa sa tête contre le mur* — le mur est ici fortement entaillé! — On montre le *coin de la rue* où Simon qui revenait des champs, fut contraint de porter la croix du Christ! Que ne montre-t-on pas? la maison du mauvais riche et celle du pauvre Lazare, bien plus belle que la première; quelque part dans la ville, la *pierre qui a crié* quand Jésus faisait son entrée triomphale. « Je vous dis que si ceux-ci se taisent, les pierres mêmes crieront[1]. »

Non, Seigneur, tu n'as pas voulu que nous sussions si c'est par cette rue ou par une autre que tu passas chargé de la croix, plus lourdement chargé de nos offenses. Mais ici, sous ce ciel, sur ces col-

[1] Luc, XIX.

lines, en face de ce mont des *Oliviers*, en face de cette vallée de Josaphat, tu as souffert! Ici tu as étendu tes bras cloués sur le bois pour attirer les hommes à toi! Ici tu as crié: « Tout est accompli! » Ici Seigneur! — Ah! nous n'avons pas besoin qu'une pierre nous parle: toutes les pierres de Jérusalem ouvrent la bouche et nous racontent ton amour; nous n'avons pas besoin de retrouver le sentier, de retrouver la place: tous les sentiers, toutes les places, les montagnes et les vallées, les torrents et les fontaines, tout nous dit: Jésus t'a aimé, Jésus t'a sauvé.

Comme nous passons, une procession musulmane se précipite vers nous avec les tambourins, et les drapeaux, et ces cris sauvages : *Allah Allah, Il Allah!* Il y a toujours un caractère convulsif, effrayant, dans les cérémonies du culte de Mahomet.

Nous voyons encore la porte *Judiciaire*, la porte *Gétane*, le couvent des *chevaliers de Saint-Jean*, détruit, encombré de carcasses et de peaux de mouton — il sert d'abattoir. — Les arceaux du cloître sont habités par une famille musulmane. De la terrasse on embrasse la vue de Jérusalem, les débris montent jusqu'à la plate-forme, et donnent une idée de l'amas de décombres qui forment le sol de la ville actuelle.

Le long du temple, extérieurement, près du mur dont la base est composée de blocs juifs, nous entrons plus tard dans une espèce de place longue, pavée, fermée de trois côtés : les enfants d'Abraham viennent y pleurer le vendredi soir. Près de là, enchâssés dans la muraille d'enceinte, les derniers vestiges d'une voûte semblent indiquer qu'un pont reliait Sion à Morija.

Notre excursion se termine par une visite au quartier juif; les Juifs polonais s'y promènent vêtus de longues robes, la tête couverte du bonnet de fourrure; les Juifs espagnols portent le turban bariolé; les Juives espagnoles, un riche diadème d'or sur leurs cheveux noirs, nous regardent au travers des moucharabiehs; d'autres s'enveloppent dans un voile blanc qui laisse la figure découverte.

Les costumes réunis à Jérusalem ces jours-ci, ont une magnificence de couleurs que je n'ai jamais rencontrée : on dirait de chaque groupe quelque toile de Rubens ou du Titien. Et comme ce pays a conservé son caractère! Ces longues robes d'étoffes grossières, mais toujours vives de teinte; ces traits d'une admirable noblesse; ces sentiers couverts d'ânes qui portent les pèlerins, ces ânes eux-mêmes, monture habituelle aujourd'hui comme au temps du Seigneur; ce soleil, ces oliviers, ces tombeaux, ces profondes vallées, ces plateaux immenses! tout nous reporte aux scènes sacrées.

Les rues de Jérusalem ne ressemblent à rien; elles sont étroites, elles s'enfoncent sous de sombres voûtes, elles descendent, elles montent. Il n'y a pas une maison de belle apparence; la misère, réelle ou affectée, frappe les yeux. Les églises chrétiennes et les monastères occupent la moitié de cette ville Musulmane. La cité n'est pas bruyante, quoique encombrée à cette heure. Hors des murailles, règne un silence de mort.

Nous logeons au plus haut de la colline d'*Akra supérieur*.

Nous y avons loué la maison d'un Juif converti: trois petites chambres et une cuisine. Nos pièces sont voûtées, ornées d'enfoncements à découpures mauresques, nos fenêtres garnies de moucharabiehs qu'embrassent des pampres, et sur lesquels viennent chanter les moineaux.

Jeudi, 20 avril 1848. — Ce n'est pas la sainteté des lieux qui crée les bonnes dispositions du cœur. Ce n'est pas parce qu'on respire sous le ciel, dans la ville où Jésus a souffert, qu'on se sent en communion avec Lui. Je ne sais comment cela se fait, il y a sans doute de ma faute; mais je n'ai pu rencontrer encore à Jérusalem, cette solitude avec mon Sauveur que j'espérais.

Nous avons ici des frères chrétiens parfaitement bons et prévenants; nous étions pressés du désir de nous rendre chez notre consul; et la journée, la sérieuse journée du jeudi saint, s'est passée à faire et à recevoir des visites! — Ce brisement des volontés, même de celles qui semblent pieuses, ne renferme-t-il pas une grande leçon? ne montre-t-il pas qu'ici, comme ailleurs, nous nous cherchons encore plus que nous ne cherchons Dieu?

Maintenant le soleil se couche et les portes de la ville se ferment; il faut renoncer à descendre en Gethsémané. Eh bien! je prendrai ma Bible, et, dans ma chambre, près de cette fenêtre qui s'ouvre du côté du mont des Oliviers, je lirai les paroles de mon Sauveur.

Il vient de manger la Pâque, Il a donné le pain, la coupe à ses disciples : « Ceci est mon corps rompu pour vous; ceci est mon sang répandu pour vous; faites ceci en mémoire de moi. » Alors son cœur se répand; Il les exhorte, Il les console, Il les serre, pour ainsi dire, dans ses bras : on dirait qu'à cette heure suprême Il veuille compléter tous ses enseignements : « Jusqu'à présent vous n'avez rien demandé en mon nom : demandez et vous recevrez, afin que votre joie soit accomplie. Je vous laisse la paix, je vous donne ma paix. Je ne vous la donne pas comme le monde la donne; que votre cœur ne se trouble point et ne craignez point; s'ils m'ont persécuté, ils vous persécuteront aussi. Vous aurez des afflictions dans le monde; mais prenez courage, j'ai vaincu le monde. » — Jésus lève les yeux au ciel, Il remet les disciples à son Père; Il lui remet les âmes converties de tous les temps : « Je ne prie pas seulement pour eux ; mais je prie pour ceux qui croiront en moi par leur parole. » — Voilà ce qui se passait ici, à cette heure ; et notre Sauveur prie encore, et le Saint-Esprit prie ! Oh ! que nous en avons besoin ; oh ! que cette prière continuelle de mon Sauveur est nécessaire à ma pauvre âme, légère, froide, éloignée des saintes impressions qui devraient la pénétrer ! — Oui, à cette heure même, il me semble que je devrais pleurer mes péchés, il me semble que je devrais sentir une grande douleur ; et mes yeux sont secs, et je ne sens rien que la honte de mon indifférence.

Plus tard, Jésus sort de Jérusalem, passe le torrent de Cédron, entre au jardin de Gethsémané. Là, sa passion, là son plus rude combat ; et quand Judas arrive à la tête des soldats, avec des flambeaux et des armes, Jésus a déjà vaincu la mort ! — Ce triomphe du Seigneur devait éclater d'une bien royale manière sur son visage, puisque à ce seul mot si simple : « C'est moi, » les soldats reculent et tombent prosternés.

Alors le Fils de Dieu se laisse lier, il se laisse traîner de Caïphe à Pilate. Alors, dans cette nuit froide, peut-être par un vent semblable à celui que j'entends souffler et siffler par les rues désertes, Pierre, assis près du feu, Pierre qui se *chauffe* avec les ennemis de son maître, tandis que Jésus est interrogé, est souffleté, Pierre nie d'avoir connu *cet homme !*

Et le coq chante ; et Jésus, se tournant, regarde Pierre ; et le cœur de Pierre se déchire, il sort pour pleurer, pour pleurer amèrement.

N'aurais-je pas des pleurs amers à verser, moi qui ai si souvent renié mon Sauveur, qui l'ai renié pour ne l'avoir suivi que de loin, comme Pierre ?

Hier au soir M. Gobat nous a réunis : c'était le jour où le temple nouveau devait être consacré ; le paquebot qui apporte les papiers nécessaires n'est pas arrivé, il a fallu renvoyer cette cérémonie touchante. — En ce jour nos frères d'Europe, d'Amérique, d'Asie, présentaient des requêtes à l'Éternel pour l'église de Jérusalem ; nous éprouvions le besoin de nous joindre à eux. Il y avait là des représentants de plusieurs communions évangéliques, agenouillés à côté les uns des autres, dans un même esprit, dans un même amour. — On a lu les saintes Écritures, on a prié, on a chanté, en anglais, en allemand, en français et en hébreu ; en hébreu pour un Juif prosélyte qui recevra demain le baptême. Je ne comprenais pas l'hébreu, pas l'allemand, guère l'anglais, mais nous comprenions tous que le Seigneur était au milieu de nous, et que nous étions *un* en lui.

Cette communion des frères, à Jérusalem, est une grande promesse.

Il y a eu des cérémonies dans les églises grecques et romaines : on a lavé les pieds des pèlerins, on a béni le saint chrême; notre cœur est trop dissipé pour l'éloigner encore, par de tels spectacles, des pensées qui seules devraient l'occuper. Nous ne pourrions y assister sans être froissés; l'esprit de critique n'est pas ce que nous venons chercher ici. Hélas! j'y venais chercher le Seigneur, et j'ose à peine dire qu'à part le moment où Jérusalem nous est apparue, qu'excepté quelques impressions étouffées à leur naissance, je ne l'ai pas trouvé. Quelle preuve que le Seigneur ne se tient ni ici, ni là, mais que son oreille est près de tous ceux qui l'invoquent!

Vendredi saint, 21 avril 1848. — Ce matin de bonne heure, notre courrier de Beyrouth nous apporte des lettres. Bonnes nouvelles de nos parents, mauvaises de la France; l'abîme va s'agrandissant entre les promesses et la réalité. Plus de travail, plus de confiance, plus d'argent; trois cent mille ouvriers trompés, excités, sans ouvrage. Mon Dieu, aie compassion! On ne trouve plus un sou, même pour fournir aux dépenses de première nécessité; cette horrible gêne se fait sentir jusqu'ici. Nous espérons atteindre Marseille à l'aide de ce qui nous reste. Les impôts sont doublés... au moins si cela donnait du pain à quelqu'un. Pas un mot de la candidature.

Dès le matin, notre âme suit les dernières scènes

de la vie terrestre de Jésus. Au point du jour, il est mené devant Pilate, et, dans le cœur de Pilate commence le terrible combat qui se terminera par la victoire de Satan. — Pauvre Pilate! il tombe *par les bonnes intentions;* il ne trouve aucun crime en cet homme, il désire sauver cet homme, cet homme lui inspire un certain respect; il espère, il essaye, il tâtonne, il cherche à tourner la difficulté, et la difficulté l'écrase, parce qu'il n'a pas *voulu.* Ces luttes de Pilate m'inspirent une profonde pitié; il y a une agonie aussi pour lui; il entre, il sort, il interroge Jésus, il cherche à l'effrayer, puis il cherche à émouvoir les Juifs, puis il tente d'apaiser leur haine en faisant flageller l'innocent; puis le message de sa femme met le comble à son trouble; puis les menaces des Juifs : « Tu n'es point ami de César! » le font trembler; enfin la peur du danger prochain étouffe la peur du péril à venir. Satan lui fournit un de ces expédients dont il a plein son arsenal; Pilate se *lave les mains* : « Je suis *innocent* du sang de ce juste; c'est à vous d'y penser! »

Je suis sûre que Pilate crut avoir tout accommodé; je suis sûre qu'il se plongea dans ce mensonge avec délices; je suis sûre qu'il se félicita d'avoir satisfait aux *exigences de sa position,* en même temps qu'à *celles de sa conscience.*

Nous nous sommes réunis ce matin à nos frères dans le temple anglican; notre nouveau frère israélite a reçu les eaux du baptême. Il sacrifie une position assurée à sa foi. Ce prosélyte remplissait dans son église les fonctions de *Chaucheit*. Le *Chaucheit* examine les bestiaux, il permet de les vendre ou les fait rejeter, selon qu'ils se trouvent conformes ou non aux conditions prescrites. Les Juifs choisissent leur *Chaucheit* avec plus de soin que leur rabbin ; ils le payent davantage. Outre les connaissances exigées, le *Chaucheit* doit avoir une moralité à toute épreuve ; on comprend qu'il est journellement en butte aux tentations ; les bouchers et les vendeurs de bestiaux n'épargnent rien pour le gagner. Un *Chaucheit* muni de bons certificats reçoit de la communauté 4 à 5,000 francs par an.

En voyant ce fils d'Abraham entrer dans la véritable postérité du patriarche, je me disais : le temps approche peut-être, où Israël retournera vers Celui qu'il a percé ; le temps vient où les nations qui ont persécuté les Juifs seront exterminées par l'Éternel vengeur[1], où dix hommes de toutes langues *empoigneront et tiendront ferme* le pan de la robe d'un Juif pour être sauvés[2].

Il y a beaucoup de douceur dans la communion fraternelle ; seulement je suis toujours froissée par le matériel du service anglican. Sans parler du costume des ministres, de ce cérémonial très éloigné

---

[1] Jérémie XLVI, 28. — [2] Zacharie VIII, 23.

du culte que célébraient les apôtres dans la *chambre haute*, je sens de plus en plus que la répétition use l'élan. Sans le vouloir, on se préoccupe de la forme; quand ce ne serait que l'obligation de chercher dans trois ou quatre livres, et de répondre avec la congrégation. On prend une part active au service de Dieu, c'est vrai, mais je crains que l'activité n'y joue forcément un plus grand rôle que le recueillement. Une âme dont tout le rôle se borne à écouter, à s'approprier ce qu'elle entend, se dissipe bien moins qu'une âme qui doit exprimer ce qu'elle sent par des mots arrêtés d'avance.

Le service terminé, nous avons pris, tous deux seuls, le chemin de Gethsémané. Nous nous entretenions de Jérusalem. Nous nous rappelions le temps où Néhémie, suivi par quelques amis fidèles, sortit de nuit par la Porte de la *Vallée*, qui ouvrait peut-être sur Josaphat, vint jusqu'à la Porte de la *Fontaine* et jusqu'à l'*Étang du roi*, considérant comment les murailles *avaient été renversées, et comment les portes avaient été renversées par le feu*. Là, sa monture ne put passer; il prit par le torrent et *revint, après, en son logis*[1]. — Les Israélites, réchauffés par sa foi, se mettent au travail; chaque famille refait son pan de mur. Les Tékohites réparent; *mais les plus considérables d'entre eux ne se rangèrent point à l'œuvre*

[1] Néhémie, II.

de leur seigneur. N'en va-t-il pas ainsi dans tous les temps? — Scallum et ses filles réparent[1]. Et Samballat, Horonite, s'écrie outré : « Que font ces Juifs languissants... pourront-ils faire revenir les pierres des monceaux de poudre, puisqu'elles sont brûlées? » — Et Tobija, Hammonite : « Si un renard montait, il romprait leur muraille. » — « O notre Dieu! écoute; car nous sommes en mépris! » Les travailleurs saisissent l'épée d'une main, de l'autre la truelle; la trompette sonne à tous les points menacés; les Juifs y courent, reviennent à l'œuvre[2], et la muraille se relève. Les faibles, les humbles, les méprisés ont triomphé des forts. Au premier jour du septième mois, tout le peuple s'assemble comme un seul homme devant la Porte des *Eaux*, probablement au bas de la vallée, près des Jardins. Esdras ouvre le livre de la loi, il l'explique par l'Écriture même[3]. Le peuple écoute, il se lamente : « Ce jour est consacré à notre Dieu, ne soyez point affligés, *car la joie de l'Éternel est notre force.*

Chacun alors va dans la campagne, coupe des branches d'olivier, des rameaux de myrthe, de palme et de *bois branchu;* on dresse les tabernacles sur les toits, dans les parvis de la maison de Dieu, devant la Porte des Eaux, et devant la Porte d'Éphraïm qui, regardant le nord, devait s'ouvrir non

---

[1] Néhémie, III. — [2] Ibid. IV. — [3] Ibid. VIII.

loin de la Porte de Damas. Pendant sept jours on lit la Parole de Dieu[1] !

Jérusalem ! où sont tes palmes, tes myrtes, tes oliviers, et ce bois verdoyant, sous lequel campaient les milliers d'Israël ?

Nous passons le long du temple. — Les deux bandes qui faisaient le tour des murailles en chantant les louanges de Dieu, l'une sous la direction d'Esdras, l'autre sous celle de Néhémie, vinrent se joindre ici, après être parties du même point, chacune marchant en sens opposé[2].

La vallée de Josaphat est ce matin plus déserte que jamais. Nous descendons vers Gethsémané; le gardien du jardin nous ouvre la porte. C'est ici, ce ne peut être loin d'ici ! Le lit du Cédron côtoie presque le jardin, le chemin qui descend de Jérusalem vient aboutir vis-à-vis, et traverse le torrent sur un vieux pont, des oliviers antiques croissent en dedans et en dehors des murs; nous nous asseyons au pied d'un de ces arbres, nous ouvrons notre Évangile. — Là, nous avons senti l'adorable présence de Jésus. C'était le moment après lequel je soupirais; Dieu nous l'a donné.

Cher Sauveur, ici tu as donc été *saisi de frayeur* !.. tu as connu cette épouvante de l'âme, cette horreur de la souffrance qui glace les pauvres pé-

---

[1] Néhémie, VIII. — [2] Ibid. XII.

cheurs. Tu as été *fort agité!*... tu as connu cette inquiétude, cette fièvre qui ne permet aux pensées de se reposer nulle part. Tu as été saisi de *tristesse jusqu'à la mort!*... tu as connu ces défaillances, qui semblent séparer l'âme du corps. Tu as tout expérimenté, Seigneur, pour expier, et aussi pour compatir.

Quelle scène! Ces apôtres abattus, qui ne savent que répondre; ce Dieu fait homme, prosterné à l'écart, qui de temps en temps se lève dans son agonie, qui vient demander à ses amis de veiller une heure; et puis ces paroles déchirantes : « Dormez dorénavant et vous reposez; voici, l'heure est proche, et le fils de l'homme va être livré entre les mains des méchants[1]. »

Il nous semblait que le monde disparaissait comme une fumée, que nous nous trouvions déjà dans l'Éternité. Ç'a été une heure solennelle et bénie. — Avant de quitter Gethsémané, nous avons cueilli pour nos amis quelques rejetons d'oliviers.

Maintenant, c'est le soir : il y a dix huit siècles, on voyait trois croix dressées hors de Jérusalem : auprès de deux de ces croix, on passait sans rien dire, elles portaient des brigands; on s'attroupait autour de la troisième, on montrait du doigt celui qui y était cloué, on lui criait : « Toi qui sauves les

[1] Matthieu, XXVI.

autres, sauve-toi toi-même. » — Il avait soif, et on lui tendait au bout d'un roseau une éponge trempée de fiel; on se partageait ses vêtements; tous ses amis l'avaient laissé; un seul disciple, sa mère, quelques femmes, se tenaient près de la croix. Sur sa tête il y avait un écriteau portant ces mots : « Le roi des Juifs. » Et les Juifs branlaient la tête. — Quelques paroles sortaient de sa bouche. Parole de détresse : *Mon Dieu, mon Dieu, pourquoi m'as-tu abandonné?* — Parole d'amour : *Mon Père, pardonne-leur.* — Parole de salut : *En vérité, je te dis, tu seras aujourd'hui en paradis avec moi.* — Parole de consolation : *Femme, voilà ton fils, et toi, voilà ta mère.* — Parole de confiance : *Mon Père, je remets mon esprit entre tes mains.* — Parole de victoire : *Tout est accompli !...* Il expire, la terre tremble, les ténèbres descendent, le voile du temple se déchire, les sépulcres se fendent, les saints en sortent; et le centenier qui avait crucifié cet homme, s'écrie : « Véritablement, celui-ci était le fils de Dieu. »

Samedi, 22 *avril* 1848. — Nous revenons du Saint-Sépulcre. Je n'ai jamais rien vu de pareil. — Seigneur, ta tombe n'est pas, elle ne peut pas être dans ce lieu profane, dans cette espèce de foire des nations, où la foule bruyante, presque licencieuse, remplissant les parvis de ses ondes, se suspend à toutes les galeries, à tous les étages, chantant, hurlant, faisant retentir les voûtes de sauvages clameurs !

Comme tableau, c'est d'une couleur, c'est d'une beauté que jamais pinceau n'atteignit; comme culte, cela fait frémir.

Nous entrons portés par la masse des pèlerins. Les soldats turcs gardent les issues, maintiennent certains passages à grands coups de crosse; deux gardiens musulmans s'emparent de nous et nous font faire place, baguette en main. La pierre de l'onction, la pierre *où l'on déposa le corps du Seigneur*, s'offre à l'entrée : les pèlerins s'agenouillent, baisent et font le signe de la croix. Dès ce moment, il est impossible de penser au sépulcre du Seigneur, autrement que pour bénir Dieu de ce qu'il l'a soustrait aux hommes. Les chapelles sont combles. Dans toutes les galeries, ou plutôt dans toutes les loges, les femmes, enveloppées de leurs voiles blancs, le front chargé de pièces d'argent, les bras couverts de bracelets, le cou orné de chaînes d'or, se groupent assises, couchées, les mains entrelacées aux colonnes; elles ont passé la nuit là. Il y a parmi elles des figures d'une admirable pureté : quelques-unes entre autres, encadrées par la pièce de toile bleue que *Carlo Dolci* jette sur le front de ses Vierges. Ce peuple entier fourmille; on rit aux éclats, on bat des mains, on mange, on boit, on saute; le clergé latin, en vêtements splendides, dit la messe devant la chapelle du Saint-Sépulcre, les soldats turcs le protègent à coups de courbache. Le Pacha, fanatique, méprisant profondément les chrétiens, siége à côté du Patriarche latin, et fronce une lèvre dédaigneuse dans sa barbe noire. — Nous parcourons rapidement l'église, pressés, foulés, soulevés par le flot. Nous voyons le *Golgotha*, le *tombeau d'Adam*, la *fente du rocher*, la *place où Jésus appela Marie*. Pendant que les Latins éteignent leurs cierges et emportent leurs candélabres, on nous permet de nous glisser dans le Saint-Sépulcre. Nous nous arrêtons devant un bloc de marbre. Deux capucins nettoient là leurs ustensiles, on a jeté sur le bloc un paquet de bougies, des linges à essuyer, que sais-je?... *c'est le tombeau du Christ!* Oh! si je le croyais, si je pouvais le croire, mon cœur fondrait de douleur.

Mais ce temple! ces trois ou quatre rangées de balcons chargés de femmes et d'enfants; ce peuple d'Arabes, d'Arméniens, de Coptes, de Latins, de Grecs; ces riches étoffes, ces turbans de cachemire, ces têtes couvertes d'une longue chevelure bouclée, ces types orientaux si divers et tous empreints d'une si grande beauté, ces mouvements de la masse, cette dissipation dans la physionomie, dans le maintien: quelle vue! Y a-t-il un seul de ces hommes qui pense à Jésus, à Jésus mort pour lui[1]?

---

[1] Les soldats turcs gardent l'une des portes, assis sur les tombes de Godefroy de Bouillon et de Beaudouin ; on a couvert les pierres sépulcrales d'une planche, et le Mahométan insolent fume le chibouck, à demi couché sur la poussière des rois chrétiens de Jérusalem.

Le soir. — Je suis écrasée! Nous revenons pour la seconde fois du Saint-Sépulcre; jusqu'au dernier moment nous avons hésité à voir cette abominable scène : *le miracle du feu sacré*; nos amis nous contraignent d'y assister. M. et Mᵐᵉ Jorelle, — M. Jorelle est consul de France, — parfaitement aimables et bons tous deux, nous assurent des places. M. Jorelle nous conduit lui-même; la foule a triplé; l'église est presque inabordable. Le janissaire du consul fait une trouée devant nous, nous nous glissons après lui, nous suivons des détours obscurs. Des cris bizarres, qui rappellent le *Allah il Allah* des musulmans retentissent dans les ténèbres; le peuple est compact comme un rocher. Le janissaire frappe à la porte d'une sacristie des Latins; les capucins nous abritent là, Jeannette et moi, pendant que mon mari, M. Schafter et Louis montent à la galerie, — *luogo santo* — où les femmes ne peuvent pas pénétrer.

Au bout de quelques minutes, M. Jorelle vient nous prendre pour nous installer dans une tribune déjà remplie de pèlerines. Pauvres femmes, elles nous cèdent une place qu'elles avaient usurpée il est vrai, mais elles le font sans rancune, et, de notre côté, nous nous arrangeons pour qu'elles voient bien. Elles sont enveloppées d'un voile qui cache le front et qui revient former de beaux plis sur la poitrine; elles ont de grands yeux naïfs et doux; des étoffes éclatantes se drapent autour d'elles; leurs jolis bras, chargés de bijoux, sortent nus de leurs manches pendantes; d'innombrables tresses de cheveux noirs ornées de pièces de monnaie tombent sur leurs épaules. Quand nous nous avançons un peu trop et que nous leur dérobons quelque portion du spectacle, elles nous tirent sans façon par la robe avec un petit signe de tête amical. — Mais ce n'est pas là qu'il faut arrêter ses yeux.

La chapelle qui renferme le Saint-Sépulcre nous fait face. Le feu sacré doit sortir par ce trou noir pratiqué dans le mur du sanctuaire. Un vacarme indescriptible remplit les voûtes de l'église; il y a des cris, il y a des chants, il y a la rumeur des flots d'un peuple ivre. Les galeries jusqu'au dôme portent leurs triples rangées de femmes au teint blanc, au teint bronzé, couvertes d'ornement d'argent et d'or. Chaque rebord, chaque ligne saillante du marbre; les chapiteaux, les colonnes, se dérobent sous un revêtement humain. En bas, c'est un pavé de têtes agitées, en tourmente, avec des bras frénétiques, et sur ces têtes, et portées dans ces bras, des figures d'hommes en démence qui forment de hideuses pyramides.

— *Vivà nòstrà Màaarià! vivà nòstrà Màaarià!* — Ce hurlement saccadé, répété mille, dix mille fois, déchire l'air. Ces yeux sont allumés, presque sanglants. Ces bouches, non, ces gueules semblent des gouffres.

Il y a là trois hommes que je n'oublierai pas. — L'un, d'une cinquantaine d'années, débraillé, son turban arraché, son crâne rasé jusqu'au sommet, et du sommet aux épaules une chevelure noire, longue, qui lui bat le visage de ses tresses, se démène en possédé; il grimpe sur la foule, il se roule sur ce parquet vivant, il écume, il hurle, il brandit ses bras tatoués. L'autre est vêtu de l'habit à la *Nizzam*. Il a le regard fauve, les joues pâles, les traits impassibles, un front de marbre largement sillonné, une chevelure crépue et comme hérissée; il reste immobile, appuyé contre le Sépulcre, et puis, quand le démon s'empare de lui, il s'élance, et tout recule; alors, il rit d'un rire effrayant; il fait claquer ses mains puissantes, il enlève les plus forts, et les balance, et les rejette au milieu de la tourmente. Le troisième semble la personnification de l'orgie joyeuse et grossière; il est gras, rose et blanc; une robe rayée qui laisse ses jambes et ses bras nus le couvre à peine; il n'y a place sur son visage que pour un rire cynique; il salit de ses embrassements tout ce qu'il rencontre; il se précipite dans toutes les bagarres, tour à tour poussé et ballotté, jouet de la multitude qui pourtant en a peur. Ces trois-là ressortent sur cette toile, dont le fond se compose de visages fous, grimaçants, tels qu'on en rêve dans le cauchemar.

De temps en temps un coup de poing retentit : la

commotion est électrique; les bras se lèvent, les pantoufles aussi; l'océan s'entr'ouvre, il se partage, les deux flots se ruent l'un sur l'autre, le sang coule; les Turcs arrivent armés de la courbache, ils frappent à gauche, à droite, ils arrachent les chapelets, ils s'en servent comme de fouets, ils les jettent en l'air; mais il y a jusque dans leur rudesse une modération qui ne peut venir que du plus profond mépris : ce mépris se trahit encore par l'indescriptible sourire qui erre sur leurs lèvres; ils se sentent seuls *hommes* au milieu d'un hôpital de forcenés.

Je n'ai pas de mots, non je n'en ai pas pour rendre ce que j'ai vu: c'est la cour des miracles, et ce sont les truands; dans l'église du Saint-Sépulcre, avec le tombeau du Christ au milieu!

J'aimais les bêtes, à présent je les respecte. On ne trouverait pas cinq chats dans la création, capables de s'avilir comme s'avilissent les hommes.

Les hommes!.. ah! qu'ils sont effrayants, qu'ils sont dignes de pitié, quelles machines détraquées, et une fois détraquées, que ne broient-elles pas? — On dirait les craquements, les sifflements d'un incendie. — Il n'y a plus d'âme, il n'y a plus de cœur, il n'y a plus d'intelligence; il n'y a pas même les *cinq sens de nature*, comme dit Sancho : il n'y a que des espèces de brutes furieuses, poussées çà et là par l'aveugle force des choses.

Je croyais voir Satan se frotter les mains derrière

quelqu'une de ces colonnes, pendant que les hommes, objets de son éternelle haine, s'enivraient à la coupe de ses impuretés, au nom du Christ, dans l'église du Christ, à l'heure où le Christ était couché au tombeau.

Les derviches hurleurs comparés aux chrétiens d'aujourd'hui, sont des gens sensés : un chef les dirige ; leur exaltation, toute frénétique qu'elle est, suit à son insu des règles harmonieuses. Les folies du carnaval italien, sont les folies de gens qui peuvent reprendre les rênes. Ici, on ne trouve plus que de la bestialité féroce. Ce sont les saturnales antiques.

Les cris se renforcent, les femmes agitent leurs voiles. Le Pacha fend deux ou trois fois ce bloc vivant. Il y a des ondulations puissantes, insurmontables, qui froissent des milliers d'êtres humains, qui les emportent, qui les rapportent ; et toujours, renversée, redressée, engloutie, quelque sauvage figure au dernier degré de l'égarement. Parfois trois ou quatre de ces figures apparaissent, entrelacées ; elles bondissent sur les têtes, s'engouffrent, et la clameur grandit d'autant, comme rejaillissent les fusées d'écume autour du rocher qui tombe dans la mer. — Il y a des assauts prodigieux vers le trou noir par où sortira la flamme. Deux pèlerins, tête nue, chevelure éparse, y cramponnent leurs bras dont tous les muscles se gonnent ; la tempête fond sur eux, ils tournent vers elle leur visage terrible, ils se raidissent, ils se laissent déchirer plutôt que de lâcher prise, et puis le flot capricieux qui se brise en poussière au moindre obstacle, s'évanouit ou se tourne ailleurs.

L'effet est merveilleux : têtes nues, têtes entourées de turbans ou couvertes de l'éclatant mouchoir de Damas, robes pourpres, jaune d'or, pauvres haillons toujours splendides de couleur, attitudes magnifiques : c'est beau, de la beauté d'un enfer peint par Michel-Ange.

Les soldats musulmans forment à coup de courbache et de chapelets un sentier au milieu des démoniaques; ils le maintiennent au moyen d'un cordon de troupes. Les pèlerins courent aux bannières sacrées, ils les saisissent, ils les brandissent. Et voici venir après eux le clergé Grec, le clergé Arménien, le clergé Cophte : moines, dignitaires, patriarches vêtus de satin blanc et d'or, la barbe blanche et vénérable, les yeux dévotement baissés, portant qui la crosse, qui l'encensoir, et qui le cierge que l'étincelle céleste embrasera. Ils psalmodient et marchent à petits pas. Les cris, les bonds, les pyramides humaines, les claquements de mains, les trépignements redoublent. Saint-Jean, Saint-Pierre, le Seigneur, sa mère, les saints peints sur les bannières, sont promenés au milieu de ce scandale de bal masqué.

Ah! c'est pour le coup que le diable doit rire. Et ces prêtres, et ce clergé seul solidaire, qui se déclare directeur suprême des âmes, et qui là, devant le tombeau du Christ, au nom du Christ, autorise la plus abrutissante des folies. Qu'il vienne maintenant; que les Arméniens, que les Cophtes, que les Latins, qui prenaient part au sacrilége avant que les Grecs les eussent bannis de la cérémonie; qu'ils viennent parler des *pompes spirituelles* de leur culte, qu'ils viennent lancer des anathèmes contre ces *biblistes*, qui empoisonnent le peuple en lui donnant la parole de Dieu !... Les pierres du Saint-Sépulcre crieraient au besoin.

La procession fait trois fois le tour du monument; elle le fait, précédée, suivie par les soldats, qui bâtonnent les fidèles et poussent par les épaules le Patriarche avec ses moines. Les dignitaires entrent dans le sanctuaire.

L'océan reflue vers la fenêtre, une lumière paraît au trou noir, la clameur fait trembler les voûtes, des milliers de bras armés de cierges se tendent et se croisent; le feu se communique de proche en proche, le jour s'éteint sous cette flamme, elle grimpe de cierges en cierges aux plus hautes galeries; une lumière jaune, infernale, chasse le soleil; une vapeur noire s'arrête suspendue autour du Sépulcre. Alors, ces forcenés, une main brandissant le feu, l'autre entrelacée à d'autres mains, commencent une danse frénétique : tous les turbans volent en l'air, les têtes à demi rasées agitent leurs boucles noires, elles se renversent, la sueur coule le long des visages, les robes dénouées laissent le buste nu; les torrents de ces milliers de voix se heurtent, les flammes secouent leurs clartés sur ces groupes convulsifs, on s'arrache les cierges brûlants, on promène le feu sur son corps, on le cache dans son sein, on le passe sur son visage, on se l'enfonce dans la bouche : la danse devient hideuse d'audace, et les trois clergés, Grec, Cophte, Arménien, Patriarches en tête, bannières déployées, encensoirs aux mains, psalmodiant les litanies, sanctionnent encore une fois ce délire infâme!...

Voilà ce que nous venons de voir. Je n'ai pas dit un mot qui ne fût vrai, je n'ai pas mis une couleur qui ne fût sur cette infernale palette : je n'ai fait que calquer, au moyen d'un trait pâle, mal assuré, tel qu'il le faut attendre de la main d'une femme, les grandes lignes de ce tableau [1].

---

[1] Le miracle se faisait déjà au temps des croisades. Foucher de Chartres nous en donne le piquant récit dans sa Chronique. Le miracle tarde : « le cœur contrit, nous nous levions sur nos pieds, et les regards levés, nous attendions qu'une nouvelle lumière parût. Mais vainement nous portâmes nos regards de tous côtés, nous ne la vîmes pas, parce qu'elle n'était pas encore venue. » On chante le *Kyrie eleison* : point de miracle ; on attend : rien ; l'heure passe, et chacun s'en retourne bien marri. A peine la foule est-elle sortie de l'église, que le Patriarche, à qui l'on vient annoncer que le feu sacré brille dans une lampe devant le saint tombeau, entre dans l'église et en sort avec un cierge, qu'il avait allumé et qu'il montre à tout le peuple. On se précipite dans le sanctuaire : « chacun de nous, dit Foucher, portait un flambeau pour l'allumer au feu miraculeux. Vous eussiez vu dans l'église

Je ne dis rien du miracle en lui-même, le plus bouffon qu'on ait encore osé. Les prêtres entrent dans le Saint-Sépulcre, et tendent par la fenêtre une mèche de coton enflammé : *c'est le feu descendu du ciel*. Une allumette chimique; à défaut, un briquet avec un morceau d'amadou, en font les frais.

Non, mille fois non ! tu n'es pas exposé à ces sacriléges, sépulcre de mon Sauveur. Si Dieu a dérobé aux hommes la tombe de son serviteur Moïse, n'a-t-il pas bien mieux caché la tombe de *son fils !*

Il me paraît impossible qu'en présence de tels faits, la mission anglicane à Jérusalem n'élargisse pas les limites de son œuvre, n'entame pas, coûte que coûte, l'évangélisation des pèlerins.

— Que diront les Patriarches ?

— Ce qu'ils voudront.

— Que deviendra la bonne intelligence des communions ?

— Ce qu'elle pourra. Les âmes se perdent, il faut les sauver; les pèlerins viennent chercher Christ à Jérusalem, il faut qu'ils y trouvent Christ, non le Diable.

Ce travail est impérieusement dicté par la localité, par les besoins, par le scandale[1]. La mission,

plusieurs mille flambeaux allumés à ce feu que l'on s'empressait de se faire passer les uns aux autres. » (*Bibliothèque des Croisades*, par M. MICHAUD. Première partie, *Chroniques de France*, page 94.)

[1] J'ai appris avec joie qu'on avait quelquefois vendu les Écritures aux pèlerins, sur le parvis extérieur de l'église du Saint-Sépulcre. Vendu et non

j'en suis sûre, placera les saintes Écritures dans les mains des pèlerins. Elle se dira que ce n'est pas pour rien, que ces hommes, que ces femmes, arrivent à Jérusalem des profondeurs de l'Asie, de l'Afrique, du Nord et du Midi. Elle se dira qu'ils peuvent emporter la vérité, au lieu d'emporter le mensonge; devenir des foyers de lumière, au lieu d'être des agents de ténèbres. Un petit nombre d'entre eux sait lire; elle donnera la Bible à ce petit nombre, elle parlera aux autres, elle écartera les charbons ardents de la responsabilité qui pèsent sur elle, et s'il faut endurer quelques persécutions, elle a certes assez de foi, son Évêque a un passé de souffrance assez glorieux, pour tout affronter avec joie.

— Mais la mission anglicane est une mission *pour les Juifs!*...

— Et si d'autres que les Juifs périssent! — Je me tiens sur le bord de la rivière pour sauver tous les Parisiens qui se noient: quant aux Lyonnais, aux Rochellois, ou même aux gens de la banlieue, tant pis pour eux, cela ne me regarde pas. Ce raisonnement ne tient pas deux minutes contre l'examen.

La lumière du monde doit luire pour *tout le monde*, elle n'est placée sur la montagne que pour cela.

Notre respectable ami M. Gobat le sent si bien, qu'il vient d'entreprendre l'évangélisation des Bé-

douné, parce qu'on voit revenir page après page et sous forme de cornets ou d'enveloppes, les saints livres qu'on remet sans exiger une petite contribution en retour.

douins. Le commencement est petit, Dieu les aime tels. — Un Arabe de Jérusalem lui sert d'évangéliste, il part avec un cheval chargé de livres, et va lire la Bible aux habitants des villes et des villages situés au delà du Jourdain. On se rassemble en foule autour de lui, on l'écoute avec avidité, on lui adresse ce reproche qui nous couvre de honte : « *Vous saviez ces choses, pourquoi n'êtes-vous pas venu plus tôt ?* »

Une école s'est récemment ouverte à *Ramoth de Galaad*.

Voici les fruits de l'œuvre : il y a six mois, la mission scientifique envoyée par l'Amérique pour étudier la mer Morte, a été volée. L'évangéliste arabe se rend dans la tribu qui a commis le vol; il la rassemble, il lui montre, la Bible à la main, qu'elle a péché, et les Arabes *renvoient à Jérusalem les objets dérobés*. Ce que les menaces, ce que les coups n'ont jamais arraché, la parole de Dieu l'obtient.

L'indépendance presque absolue des Bédouins vis-à-vis de la Porte, promet du succès à cette entreprise, qu'il serait à peu près impossible de tenter au milieu des musulmans assujettis au Sultan ou au Vice-roi d'Égypte.

Je reviens aux scandales du Saint-Sépulcre. Hier au soir, les Latins ont donné le leur. A la lueur funèbre des cierges, en présence des pèlerins, du clergé, les moines ont *cloué* sur la croix une figure *en bois*, de quatre à cinq pieds de haut : le Seigneur

Jésus. Ils l'ont clouée, ils ont dressé et planté la croix; les plaies étaient peintes en rouge, de même que le sang qui en coulait. Après, on a retiré les clous avec précaution, on a essuyé les blessures, on a étendu le corps sur la pierre de l'onction, on l'a frotté, on l'a plié dans le linceul..... Je ne sais pas comment j'ose même écrire ce qu'ils ont fait! — A Jérusalem! dans le Saint-Sépulcre!... Oh! oui, ils le crucifiaient une seconde fois.

Un Juif s'était glissé dans le temple; on l'a reconnu, on l'a saisi, on l'a battu. Il s'échappait, les moines l'ont repris et l'ont rendu à la rage des pèlerins; sans un soldat turc, qui l'a emporté au péril de sa vie, qui a reçu d'un *moine grec* le coup de couteau destiné à l'Israélite, celui-ci était assassiné. On l'a jeté en prison, il se verra dépouillé de tout ce qu'il possède, heureux de s'en tirer à si bon marché. — Ce matin, un moine latin saisit le sabre d'un janissaire et fond sur un Turc avec lequel il avait quelque différend; le chancelier du consulat se place devant le Turc, arrache le sabre des mains du moine, et le moine irrité, se plaint hautement de son intervention! — L'homme à Jérusalem, l'homme à Paris, est effrayant..... Eh! quand je regarde à mon propre cœur, ne suis-je pas effrayée, moi aussi?...

Les journaux de France, arrivés hier, nous pénètrent de tristesse. L'enthousiasme s'abat, la défiance, racine de toute méchanceté, naît; la détresse est au comble; on sent, même ici, le contre-coup de la tourmente politique.

— *Mà fisch Sùltàn, mà fisch Sùltàn !* — dit le pacha en montrant l'Europe, et il lève les épaules. — *Mùch tayb !* — Plus de sultan, plus de sultan; mauvais. —

La réponse de M. Jorelle est jolie.

— Aujourd'hui, *mà fisch Sùltàn !* c'est vrai. Mais quand *Buonabardi* débarquait en Syrie: *mà fisch Sùltàn !* quand il prenait l'Égypte: *mà fisch Sùltàn, mà fisch Sùltàn !*

Le pacha a paru très étonné.

Les pachas de Syrie s'inquiètent en général fort peu des ordres de la Porte. L'année dernière, un respectable médecin anglais fut appelé chez le commandant de Jérusalem. Le corps de logis qu'habite le commandant touche à la mosquée d'Omar. On laisse entrer le docteur; c'était de jour; la nuit tombe pendant qu'il donne ses soins au malade; il se présente à la porte pour sortir, escorté d'un janissaire. Les *noirs* qui gardent la mosquée lui tombent dessus et le tuent presque sous leurs coups[1]. Plainte est portée au Sultan; le Sultan enjoint au pacha de châtier les noirs; le pacha n'en fait rien, et le Sultan s'en tire en envoyant au docteur la décoration du *Nitchan*.

L'an dernier encore, les Arméniens du Liban,

[1] Il n'est pas permis aux chrétiens d'entrer dans la mosquée d'Omar

évangélisés par la mission Américaine, obtiennent à Constantinople un firman protecteur. En vertu de ce firman remis à l'un deux, le pacha de Damas est tenu de leur prêter aide et soutien. L'Arménien, tout joyeux, se rend à Damas, il montre son firman; le pacha porte le firman à son front, le parcourt, fait immédiatement coffrer l'Arménien, court au Liban, et met la congrégation sous les verroux. Constantinople s'est fâchée; on a rendu la liberté aux Arméniens, et c'est tout.

Les clergés Grec, Arménien et Latin soudoient les pachas, cela est de notoriété publique. Les pachas appartiennent en tout et pour tout au plus offrant et dernier enchérisseur.

Dimanche de Pâques, 23 avril 1848. — Ce beau jour s'est levé radieux sur Jérusalem. Nous en avons passé les premières heures avec nos frères; nous avons communié avec eux au corps et au sang du Seigneur. C'est une grâce immense.

Au matin d'une journée toute pareille, Marie et Marie-Madeleine se hâtaient vers le sépulcre. En marchant, elles se demandaient avec inquiétude : «Qui nous ôtera la pierre[1]?» — Qui m'ôtera la pierre? qui me tirera de cette obscurité? qui mettra mon cœur au large? qui me délivrera de mon égoïsme?

[1] Marc XVI. 3.

« Et ayant regardé, elles virent que *la pierre était ôtée. Or elle était fort grande*[1]. »

Les diverses apparitions de Jésus après sa victoire m'émeuvent toutes. C'est qu'elles sont empreintes d'une ineffable tendresse. Ce seul mot : *Marie !* est peut-être l'appel le plus puissant qui ait été adressé, la consolation la plus touchante qui ait été donnée.

Et les disciples d'Emmaüs !... Jésus *faisait semblant d'aller plus loin*, mais ils le *contraignirent* de *s'arrêter*[2]. — C'était à soixante stades de Jérusalem; probablement au travers de ces larges, de ces tristes ondulations du sol qui s'étendent vers l'ouest et vers le nord. Mais alors une belle verdure, les oliviers, les myrtes, les champs et les villages couvraient la campagne.

Après le culte, nous avons été nous asseoir sous un vieux arbre, non loin du cimetière turc qui entoure l'étang supérieur de Guihon, en face des murs crénelés de Sion et de sa forteresse. Des pierres antiques, des tronçons de colonnes restent incrustés dans la muraille; on ne voit qu'elle, le château de David et la flèche des minarets. La vallée se creuse autour du mont de Sion; quelques chemins montent ou descendent; il n'y passe personne, on n'y entend pas une voix : quatre paysannes pauvrement vêtues qui venaient de vendre du lait, ont seules traversé le sentier.

[1] Marc XVI, 4. — [2] Luc, XXIV.

Que de douleurs au pied de cette colline de Sion!
Dans la vallée, pleurs de ceux qu'on emmenait en
captivité; sur les remparts, pleurs de ceux qu'assiégeait l'ennemi, que tourmentait la famine; derrière
les murs, cris de ceux qu'égorgeait le fer des Assyriens, des Romains, des Croisés, des Arabes!... Je
ne crois pas qu'il y ait une place au monde, plus
abreuvée de larmes et de sang. A présent, c'est un
silence, c'est une solitude qui tiennent du prodige,
aux portes d'une ville de vingt mille âmes; de vingt-cinq mille si l'on compte les pèlerins.

A côté du Juif prosélyte baptisé avant-hier, se
trouvait ce matin, au temple, un autre Juif, converti depuis plusieurs années. La rencontre de ces
deux chrétiens a quelque chose de frappant. L'un
d'eux, le plus ancien dans la foi, avait connu jadis
le *Chaucheit* à Londres; il lui avait parlé selon que
son cœur lui disait, puis il l'avait perdu de vue. Il
l'aperçoit dans une rue de Jérusalem, il le retrouve
disciple de Jésus, croyant, baptisé! — Chaque semence, si petite soit-elle, porte avec elle son germe
fécondant; il y a dans la moindre comme dans la
plus grosse, des racines, des feuilles, des fleurs et des
fruits. Qui nous dit que ce n'est pas de cette parole
prononcée à lèvres tremblantes, mais prononcée pour
l'amour du Christ, que sortira la bénédiction?

Nous partons demain matin pour faire une excursion de trois jours à la mer Morte.

Mardi, 25 avril 1848. — J'étais déjà souffrante dimanche; hier il a fallu me soigner pour tout de bon. Nous essayons d'aller à petits pas jusqu'au mont des Oliviers; mais nous sommes forcés de revenir à moitié chemin. Avec le secours du Seigneur, cela passera. En me reposant demain, peut-être pourrons-nous partir jeudi pour la mer Morte et le Jourdain. On dit la course fatigante à cause de l'extrême chaleur. Hier le thermomètre marquait cinquante degrés au soleil. Nos petites chambres restent fraîches; voûtées comme toutes celles de Jérusalem et bâties de murs énormes, elles gardent une température modérée : trente à trente-cinq degrés.

Du haut de notre terrasse, nous embrassons l'ensemble de Jérusalem. A vrai dire, une seule et profonde vallée traverse la ville; c'est le *Tyropéon*, qui va du nord au sud, et qui laisse à sa droite la colline de *Bezetha*, le mont de Sion; à sa gauche *Morija*, *Ophel*, l'*Akra* supérieur, sur lequel nous sommes perchés, et qui n'est que l'extrémité de Morija. Jérusalem, aujourd'hui comme au temps de David, s'étend au nord de Sion[1]. Nous dominons cette immense agglomération de basses coupoles qui donnent à Jérusalem un caractère unique au monde, et d'où sortent les grands dômes des mosquées, ceux des églises chrétiennes, les minarets

---

[1] « Délices de toute la terre, le mont de Sion s'élève magnifique sur ses flancs au nord, il porte la ville du Grand Roi. » (Psaume XLVIII.)

aigus. — Au delà des murs : quelques arbres clairsemés, des oliviers, un pin solitaire, de rares habitations en ruines.

Hier au soir, nous avons longtemps regardé de notre terrasse les millions d'étoiles qui brillaient au ciel. Ces mêmes étoiles, le Seigneur les a vues disposées dans le même ordre, sur la même voûte des cieux, quand il se rendait au mont des Oliviers pour y passer la nuit en prières. Et ces mondes qu'il avait créés, ont, eux aussi, vu son humanité, vu son agonie. Ils ont vu la gloire de Jérusalem; ils ont vu ses destructions successives, depuis le jour où Nebucadnetzar, faisant égorger les fils de Sédécias en sa présence, brûla le temple, mit le feu aux maisons des grands, démolit les murailles, transporta le peuple à Babylone, ne laissant que quelques pauvres pour être laboureurs et vignerons [1]; jusqu'au jour où Saladin y entra, où ceux des chrétiens qui pouvaient se racheter — les autres restaient en esclavage — passèrent devant le Sultan assis sur son trône: le Patriarche suivi de son clergé, portant les vases sacrés et les ornements d'église, la reine de Jérusalem, accompagnée des principaux chevaliers et des barons, après elle les femmes, les mères éplorées dont les enfants et les maris étaient captifs. — Elles trouvèrent plus grand merci auprès de Saladin, que les musulmans n'en avaient trouvé

[1] 2 Rois, XXV.

auprès des croisés : Saladin leur rendit leurs époux et leurs fils.

Pas une prophétie qui n'ait été accomplie dans ces murailles ! En présence de la Jérusalem de 1848, paisible bien que soumise à Mahomet, nous pouvons dire avec Ésaïe : « Sion est devenue un désert, et Jérusalem une désolation [1]. »

Hélas ! le temps a fui où l'argent était, à Jérusalem, aussi commun que *les pierres*, où Salomon se bâtissait quatre mille écuries, où il mangeait dans la vaisselle d'or, *car l'argent alors n'était point estimé* [2]. Mais le jour n'est pas loin peut-être, où l'on appellera Jérusalem le trône de l'Éternel, où toutes les nations s'assembleront vers elle [3], où la douleur et le gémissement s'enfuiront, où les rachetés de l'Éternel retourneront et viendront à lui avec un chant de triomphe, avec une allégresse éternelle. « Jérusalem sera habitée sans murailles à cause de la multitude d'hommes et de bêtes qui seront au milieu d'elle, et je lui serai, dit l'Éternel, une muraille de feu tout autour, et je serai glorifié au milieu d'elle [4]. »

Il faudrait citer toute la Bible, si l'on voulait rapporter les pages relatives à Jérusalem. — Les prophètes criaient par les rues de la ville les arrêts de l'Éternel. Les chrétiens ont fait là leurs premières armes. Les belles confessions d'Étienne, de Pierre,

---

[1] Ésaïe LXIV, 10. — [2] 2 Chroniques, IX. — [3] Jérémie, III. — [4] Zacharie, II.

les premières souffrances endurées pour l'amour de Jésus, les premiers miracles opérés par sa puissance, ont eu Jérusalem pour témoin.

Tous les détails de la vie rappellent ici un souvenir biblique.

Les habitants n'ont d'autres ressources contre la disette d'eau que des citernes; elles reçoivent les pluies abondantes de l'hiver; chaque maison possède la sienne, la nôtre comme les autres : « Ils sont allés aux citernes et n'y ont point trouvé d'eau; ils en sont revenus leurs vases vides, ils ont été rendus honteux et confus, et ils ont couvert leur tête [1]. C'est sur les lieux mêmes qu'on comprend la force de ces comparaisons, toutes tirées d'usages simples et vrais, qui ne sont, pour les Européens, qu'une image ajoutée à une autre image.

Les orges jaunissent sur le penchant de Sion et de Morija. En descendant ce matin au milieu des champs, il nous semblait voir les apôtres suivre le Seigneur par quelqu'un de ces sentiers raides, et froisser les épis dans leurs mains.

Sur ce mont de Morija s'étendait, au temps de David, une aire à fouler le blé. C'était l'aire d'Ornan, Jébusien. David avait irrité Dieu par un de ces péchés dont nous ne saisissons pas bien la gravité, mais qui sont en abomination devant l'Éternel, parce qu'ils viennent de l'orgueil de la vie : il avait fait le

[1] Jérémie XIV, 3.

dénombrement de son peuple, il s'était complu, comme plus tard Ézéchias, dans la contemplation de sa grandeur; il avait peut-être dit, dans son for intérieur : c'est bien, mon âme, tu as des provisions pour plusieurs années, mange et réjouis-toi. Et Dieu lui avait envoyé Gad, son prophète, pour lui donner le choix entre trois châtiments : la guerre, la famine, ou l'épée de l'Éternel.

« — Je suis dans une très grande angoisse. Que je tombe, je te prie, entre les mains de l'Éternel; car ses compassions sont en très grand nombre. Que je ne tombe point entre les mains des hommes! » — La mortalité se déclare, soixante et dix mille personnes meurent en Israël, et comme l'ange de l'Éternel s'approchait de Jérusalem pour la ravager, que le cœur du Père céleste s'était déjà repenti de ce mal, David élevant les yeux, voit l'ange qui se tient entre le ciel et la terre, sur l'aire d'Ornan, ayant son épée nue en sa main. « Et David et les anciens, couverts de sacs, tombèrent sur leurs faces... N'est-ce pas moi qui ai commandé qu'on fît le dénombrement du peuple? C'est moi qui ai péché et qui ai très mal fait; mais ces brebis, qu'ont-elles fait? Éternel mon Dieu! je te prie, que ta main soit sur moi. » — L'ange commande à David de dresser un autel sur l'aire; Ornan qui se tenait caché avec ses quatre fils à cause de la frayeur que lui causait l'ange, sort à la rencontre de David, il lui offre en don, et l'aire, et les taureaux qui foulaient, pour servir d'holocauste; et le blé, pour pétrir le gâteau : Non, dit David, je n'offrirai point à l'Éternel un holocauste *qui ne me coûte rien*[1]. — Il achète l'aire, l'ange remet l'épée dans le fourreau, et dès cet instant, David déclare qu'ici sera la maison de l'Éternel[2]. C'est donc sur la montagne de Morija, au lieu que David avait préparé, dans l'aire d'Ornan[3], dominant la profonde vallée de Josaphat et les jardins des rois; c'est là que s'éleva le temple : — édifice prodigieux, composé suivant toute apparence de ces blocs dont il reste quelques-uns dans la muraille. Les pierres étaient taillées d'avance, de sorte qu'en bâtissant on n'entendait ni le marteau, ni la hache. On conçoit que ces masses superposées, formassent par leur seul poids, un corps inébranlable comme le rocher.

L'intérieur du temple éblouissait par sa magnificence; les lambris formés de bois rares étaient sculptés en boutons de fleurs épanouies; l'or couvrait l'autel; la pourpre, les métaux précieux, les pierreries étincelaient partout. Aussi les Juifs, se confiant en ces splendeurs, s'écriaient : *C'est ici le temple de l'Éternel! le temple de l'Éternel! le temple de l'Éternel!*[4] Et le temple fut ravagé, il fut souillé; les rois de Babylone emportèrent les vases sacrés, ils y trempèrent leurs lèvres dans l'ivresse de l'orgie. — Hélas! les multitudes

[1] 1 Chroniques XXI. — [2] Ibid. XXII. — [3] 2 Chroniques III. — [4] Jér. VII, 4.

n'y montent plus pour adorer; on ne voit plus le penchant de Morija, la vallée de Josaphat, le mont des Oliviers, le vallon des fils de Hinnom, la vaste plaine des Réphaïms, se revêtir au temps de la fête des Tabernacles de vertes cabanes de feuillée; non, le muezzin monte sur le minaret, et il envoie aux échos des tombes d'Asalom et de Josaphat son cri d'infidèle: « Dieu seul est Dieu, Mahomet est son prophète! »

Il en est du Temple comme de Jérusalem: les souvenirs y écrasent la pensée. Parmi tant de scènes, quelques-unes se détachent d'une manière toute particulière. C'est Athalie qui s'avance vers la colonne où se tient Joas, la couronne en tête, entouré de ses capitaines, au bruit des fanfares: « *Conjuration, Conjuration*[1] *!* » — C'est Siméon qui prend entre ses bras le petit enfant: « *Mes yeux ont vu ton salut*[2] *!* » — C'est un jeune garçon assis au milieu des docteurs; il les écoute, il leur adresse des questions; ceux qui l'entendent sont ravis de sa sagesse, et quand ses parents en peine lui adressent ce doux reproche: « Pourquoi as-tu ainsi agi avec « nous? » — « *Ne saviez-vous pas qu'il me faut être oc-« cupé aux affaires de mon père*[3] *?*... » — C'est un homme debout sur le faîte du temple: Satan se tient derrière lui; il lui montre la profondeur de Josaphat: « Si tu « es le fils de Dieu, jette-toi en bas. » — « *Il est*

---

[1] 2 Chroniques, XXIII. — [2] Luc, II. — [3] *Ibid.*

« *écrit : Tu ne tenteras point le Seigneur ton Dieu*[1] ! »
— C'est cet homme encore ; il est armé d'un fouet, il renverse les tables des marchands et des changeurs ; son regard les effraie plus que son geste : « *Ma maison sera appelée une maison de prière, mais vous en avez fait une caverne de voleurs*[2] ! » — C'est toujours cet homme ; une foule tumultueuse l'environne ; debout devant lui, une femme baisse la tête ; toutes les mains la lui désignent, mais lui, écrivant avec son doigt sur la terre, prononce quelques mots : les vieillards interdits sortent un à un, les jeunes gens après ; la femme reste seule, cet homme se relève : « Nul ne t'a-t-il condamnée ? — Nul Seigneur. — Je ne te condamne pas non plus : va, et ne pèche plus[3]... »

Mercredi, 26 avril 1848. — La chaleur a fait monter hier le thermomètre si haut, que le tube se serait rompu si nous ne l'avions retiré ; il marquait 64 degrés.

Plusieurs cas de choléra sporadique se sont déclarés dans la ville. On a ramené du Jourdain un pauvre voyageur, que la chaleur avait fait tomber comme mort de son cheval. C'est la température du mois d'Août, arrivant sans transition en Avril : on espère un changement ce soir.

En attendant, je n'ai pu quitter le logis ; mon

[1] Luc, IV. — [2] Matthieu, XXI. — [3] Jean, VIII.

mari a visité seul les établissements de la mission.

L'École ouverte aux enfants Juifs, Chrétiens et Musulmans, contient une pension qui compte six jeunes filles, et plusieurs externes, parmi lesquels quelques petits garçons. La pension, comme l'école, est dirigée par M#le# Harding, qui consacre sa vie à cette œuvre. L'enseignement se donne en anglais. Mon mari assiste aux leçons de ce matin; une explication de l'Évangile précède les exercices. Les enfants sont heureux, bien disposés; M#lle# Harding les entend souvent à la promenade et dans les récréations, s'entretenir de la parabole ou du point d'histoire qu'elle a lus le matin. L'établissement est d'une exquise propreté, gai, soigné, fini dans les détails, tel que les Anglais savent seuls les fonder et les entretenir. L'intelligence des enfants est constamment en jeu dans la classe, leur activité y trouve un plein essor, l'esprit de Christ y règne avec sa liberté. Ceux qui envoient leurs enfants à l'école, savent d'avance qu'ils les envoient à l'Évangile; l'Évangile forme la base et le couronnement de l'édifice.

Le second établissement fondé par la mission est un hôpital pour les Juifs. Les Juifs seuls y sont admis, des Juifs seuls le desservent. Il n'y a de chrétiens que le docteur Mac-Gowan, sa femme, et le directeur de la maison; cet hôpital pourrait servir de modèle par sa tenue. — Le prosélytisme y est formellement interdit : pas un mot de Christ ni aux malades, ni aux convalescents; on se borne à guérir le corps. Après un mûr examen, la mission s'est arrêtée à ce parti. Je ne sais si elle a raison, j'ai bien envie de trouver qu'elle a tort; cependant, le christianisme qui se manifeste par la charité n'est pas un christianisme muet; d'ailleurs, les Juifs n'auraient jamais consenti à se faire traiter dans un hospice où leur foi aurait été compromise. Les deux œuvres, celle qui s'adresse au corps, celle qui s'adresse à l'âme, restent distinctes. Les missionnaires visitent les Juifs bien portants chez eux, ils y sont cordialement reçus : nulle part la discussion n'est aussi franche, n'est aussi libre qu'à Jérusalem.

Le personnel de la mission se compose de M. Gobat, évêque; de son chapelain, M. Weicht; de MM. Éwald et Nicolaïsson, missionnaires, et du docteur Mac-Gowan, médecin. Mlle Harding tient la pension et l'école. — Si je l'osais, je dirais que ce personnel me semble trop considérable, tant que l'évangélisation ne s'étend pas aux chrétiens et aux Arabes. M. Éwald, qui pense comme nous, va quitter Jérusalem, pour porter son travail sur quelque point dépourvu d'ouvriers.

La grande affaire ici, c'est de visiter les Juifs, de converser avec eux, de leur prêcher d'exemple par la simplicité de la vie, par le renoncement, par la dépense de soi-même.

Bientôt les travaux rayonneront en tous sens.

Notre excellent ami, M. Gobat, songe à faire évangéliser par un missionnaire itinérant, les populations chrétiennes de la Judée; il y a une grande lassitude de Rome chez les âmes qui lui sont encore assujetties : qu'on sache lire, qu'on possède la Bible, et la réforme se fera toute seule. Les explications familières, les courses évangéliques de celui qui a si longtemps annoncé Christ en Abyssinie, agiront, j'en ai la certitude, avec une grande puissance.

Il y a un abîme en effet, et il faut qu'on le voie, entre les Patriarches Grec, Arménien, Latin, renfermés dans leurs couvents, plus encore dans leur dignité; et l'Évêque, c'est-à-dire le pasteur paissant lui-même son troupeau, allant et venant la houlette en main, courant après celui-ci, jetant une motte à celui-là, portant les faibles, accessible à tous, comme un vrai berger.

A propos de l'église Grecque, voici ce qu'on affirme ici. Il y a au delà du Jourdain des villages chrétiens Grecs, où le prêtre, quand une femme est restée trois ans sans donner d'enfants à son mari, *bénit*, à la demande de celui-ci, son union avec une seconde femme, sans que la mort, le divorce, ou une séparation quelconque, l'ait dépossédé de la première. En Abyssinie le même fait se reproduit, avec cette différence que le prêtre ne sanctionne pas cette seconde union, et qu'elle reste par conséquent illégitime, quoique consacrée par l'usage. Le Patriarche Grec ignore, dit-on, ces scandaleuses complaisances, achetées à prix d'argent.

La mission parmi les Juifs, devra lutter longtemps encore contre une difficulté sérieuse. Les Juifs, en se convertissant, perdent tout droit aux subventions considérables que reçoivent d'Europe les Israélites résidant à Jérusalem; ils deviennent un objet de haine pour leurs anciens frères, et se trouvent sans moyen de subsistance. En vérité, je ne saurais m'affliger beaucoup de ce que la conversion est entourée d'épines. La vraie foi ne se découragera pas, l'hypocrisie tournera le dos; quoi de mieux? Nous ne voulons pas de chrétiens de nom, nous voulons des chrétiens de fait; c'est une grâce de Dieu, quand naturellement, sans que l'homme s'en mêle, le crible ne laisse passer que les pierres fines.

La mission s'occupe de faire enseigner des métiers aux prosélytes.

La société anglicane ne fournit de fonds que pour l'œuvre parmi les Juifs: ce serait donc agir dans l'intérêt de l'Évangile, ce serait aider M. Gobat à se placer sur le vrai terrain missionnaire, que de lui envoyer des dons portant une désignation spéciale; de la sorte, nous, chrétiens d'Europe, nous soutiendrions les mains et nous fortifierions le cœur de notre représentant à Jérusalem.

LA MER MORTE ET LE JOURDAIN.

Bir el Bagoub, jeudi 27 avril 1848. — Par un effet de la bonté de Dieu, nous sommes sur la route de la mer Morte. Me voici assise dans un de ces ravins que j'aime tant, avec un vent impétueux que je n'aime guère, mais qui rafraîchit l'atmosphère et nous a permis de partir. Devant moi, à côté, derrière, se dressent de hautes montagnes crayeuses; une herbe jaune et rare les couvre par places; c'est encore le désert, le désert soulevé en ondes immenses. Plus de végétation, pas une seule de ces fleurs aux couleurs vives qui naissaient dans le sable; quelques chardons épanouis au milieu de leurs piquants desséchés, quelques petites immortelles d'un blanc bleuâtre, et c'est tout. Eh bien, telle que la voilà, je préfère cette nature aux cités; même quand les cités s'appellent *Jérusalem*. Ah! les cieux ouverts, les grands horizons devant le regard, l'air libre autour de soi, la vie simple, débarrassée des convenances sociales, qu'est-ce qui vaut un tel bonheur?...

Le climat de Jérusalem est malsain, les fièvres d'accès y règnent durant tout l'Été, et l'Été a commencé depuis une semaine. On ne peut expliquer que par la présence de citernes remplies d'une eau plus ou moins pure, cette insalubrité d'une ville placée sur le point culminant du pays, balayée par tous les vents, également éloignée de la mer et des marais.

Nous sortons de Jérusalem par la porte de Sion; nous suivons la vallée des fils de Hinnom; quelques femmes descendent enveloppées de leurs voiles blancs, un Arabe au long fusil les escorte. Tout est vert, tout est riant, les troupeaux de chèvres courent et bêlent sur la pente des montagnes, les biquets cabriolent après leurs mères, les champs jaunissent, et lorsque le vent froisse leurs épis barbus, on dirait le bruit frais d'un ruisseau qui tombe sur la roue du moulin. Les figuiers déploient leurs larges feuilles, le vert tendre des abricotiers se détache sur le vert glauque des oliviers, quelques rouges boutons de grenadiers s'ouvrent au milieu des pousses vermeilles; la paix de cette vallée contraste fortement avec les souvenirs qu'elle évoque.

Le démon assujettit ceux qu'il tient à une rude servitude; nous avons peur du service de Dieu à cause des sacrifices qu'il entraîne, et nous ne pensons jamais aux exigences du diable. L'Éternel au mont de Morija arrête le bras d'Abraham levé sur son fils unique ! Lequel de ces rois, qui dans la vallée de Hinnom faisaient passer leurs fils par le feu, Satan a-t-il jamais arrêté ?

Notre escorte nous attend vers le puits de Néhémie, là où le lit desséché du Cédron prend son chemin vers la mer Morte.

L'an dernier, les Bédouins dépouillèrent *radicalement* un Anglais qui s'était écarté de la grande caravane du Jourdain; ces maîtres voleurs, la fidélité même lorsqu'on les prend pour gardiens, épient sans cesse le voyageur sur ces routes solitaires.

Notre escorte se compose de six Arabes armés de fusils et de poignards; ils portent pour vêtement unique la chemise blanche que retient une ceinture de cuir, et le mouchoir jaune et rouge que fixe autour de la tête une corde en poil de chameau. Ils courent comme des lièvres, sautent comme des chèvres; ils ont le regard franc, le rire droit. Nous vivons, cela va de soi, dans une parfaite harmonie avec eux.

Bétùni, le pendant d'Hassanin; *Bétùni* à la veste de nécromant, *Bétùni* notre *Mûkre à toujours,* pilote la caravane. Il est posé sur son âne, raide, les jambes et les bras écartés : on dirait un homme de bois. L'âne trotte en tordant un peu les oreilles; Bétùni qui dort dessus, se maintient par une espèce de tour de force inconscient et perpétuel; sa tête va et vient comme la tête branlante d'un lapin de plâtre, et Bétûni n'ouvre pas les yeux, pas même quand Antonio l'appelle d'une voix de tonnerre, *pour lui procurer des émotions.* Le Noir de Bétûni vient après, soigneusement plié dans son étui rouge à pointe de perles. Nous avons encore un haut et puissant personnage : le copropriétaire du patron de Bétûni; mais celui-là ressemble à tous les Arabes.

Les montagnes conservent quelque temps une apparence de fertilité : des champs dans les vallées, des chèvres avec des brebis éparpillées sur les pentes; cela ne dure pas. — Au loin, vers le sud-est, nous découvrons *Tekoha*, la patrie d'Amos; « Amos était parmi les bergers de Tekoha[1]. — Nous quittons la végétation près d'un campement de Bédouins, placé sur la limite des plantes et des cailloux. Leurs tentes noires, allongées, s'étagent dans un ravin; les vaches, les chameaux, les ânes paissent plus bas; les femmes se tiennent debout à la porte des tentes, et les enfants crient : «*Eddini Bakschich!*» — A partir de là, sauf les mille-pieds noirs qui se traînent sur les rochers, nous ne trouvons plus un être vivant. Il n'y a que de la craie, des tubes de graminées desséchés, et quelques rudes plantes de l'espèce des chardons, des immortelles ou des sauges odorantes.

[1] Amos I, 1.

Des piles de pierres s'élèvent près du sentier. Les Bédouins les construisent lorsqu'il y a un malade dans la tribu. Si un passant renverse le tas, la maladie quitte le malade pour s'emparer du passant : nos Bédouins se gardent bien d'y toucher.

De hautes montagnes blanches, arides et désertes se dressent des deux côtés du sentier; nous suivons le fond des vallées; parfois, nous trouvons un réservoir d'eau le long des rochers. Ces eaux-là, qui proviennent comme celles de Jérusalem des pluies de l'hiver, valent mieux : on n'y voit pas tourbillonner des myriades de rotatoires et de petits poissons. — Au milieu de la chaîne, vers le nord-est, se dessine la mosquée de *Nebi Mùssa :* le tombeau de Moïse, d'après les musulmans. Ils le vénèrent et y font des pèlerinages qui, cette année, se plaçaient précisément au moment de la semaine sainte.

A notre droite, voici le chemin de *Mar Saba* — couvent de Saint-Saba. — Antonio nous propose d'envoyer les bagages vers un puits situé sur la route directe qui descend à la mer Morte; nous monterons au couvent, je l'esquisserai, nous rejoindrons la caravane au campement, et ce sera une heure d'épargnée pour la journée de demain.

Approuvé.

Habib prend avec les Bédouins le chemin du puits, et nous celui du monastère, sous la direction de Bétûni, séparé pour la première fois de *son Noir*.

Ici le Cédron s'encaisse tout à coup entre deux parois de rochers, parois vives, percées de cavernes prodigieuses de hardiesse. Nous suivons la crête de cette muraille; le torrent d'air roule ses vagues au fond, il a les rumeurs, la voix précipitée, les bruissements de l'eau; telle est l'identité des sons, qu'à chaque instant nous nous penchons sur le gouffre, pour nous convaincre que ce lit de gravier n'est pas lavé par les flots.

Le site est désolé, mais empreint de ce caractère de grandeur qu'on retrouve partout autour de Jérusalem. Le couvent nous apparaît derrière une sauvage arête : assises formidables, qui prennent pied au niveau du torrent et qui s'élèvent droites, appliquées au roc, jusqu'à mi-hauteur; terrasses par-dessus terrasses, corps de logis par-dessus corps de logis, tout cela grimpant le long de la montagne et s'accrochant aux parois de pierre, comme les loges des abeilles maçonnes. Quelques tours carrées protègent le corps entier du monastère; un mur crénelé l'embrasse d'une double enceinte; des fossés, des contre-forts, des épaulements en font une imprenable citadelle : c'est du roc sur du roc. Cette masse grise, solitaire, se profile sur le précipice gris comme elle, sur la montagne solitaire aussi; pas un murmure, pas même le cri des grillets ou le gazouillement de l'alouette : au grillet, il faut les sillons, à l'alouette, il faut les blés. Quelques cigognes, qui planent dans les airs, se laissent emporter çà et là par les courants. De longues figures passent sur les terrasses, sortent par une porte et rentrent par l'autre. Dans un fossé, cinq ou six figuiers étendent leurs branches sur une terre brûlante; deux nopals élargissent leurs tristes raquettes auprès d'un escalier taillé dans le roc. C'est tout.

Les moines appartiennent à la communion Grecque; ils gardent la clôture et reçoivent de Jérusalem les provisions nécessaires à leur subsistance.

Nous nous arrêtons au pied d'une tour bâtie depuis peu pour recevoir les pèlerines. Le couvent est *luogo santo;* les femmes, par conséquent, n'y entrent pas : cette *conséquence*-là m'a toujours paru d'une souveraine outrecuidance.

Des restes de maçonnerie garnissent les cavernes qui s'ouvrent sur le torrent; elles ont servi de retraite aux premiers solitaires.

Cette courte contemplation ne me réconcilie pas avec la vie monastique; cette vie peut être un supplice, elle peut être l'erreur d'une âme très dévouée, très pieuse; elle est souvent une hypocrisie, plus souvent encore un mensonge à la conscience : mais ce qu'à coup sûr elle sera toujours, c'est la plus déplorable des *vanités* : la vanité spirituelle.

Nous redescendons, préparés à marcher une heure et demie encore, lorsque nous découvrons nos tentes. Il a fallu s'arrêter auprès du premier puits venu, celui qu'on avait en vue est fermé, les Arabes en réservent l'eau pour les mois de juillet et d'août.

Le soleil est couché; un merle, le seul oiseau qui charme ce désert, chante à plein gosier : cela vaut une cascade et sa brillante pluie.

Au bord du Jourdain, vendredi, 28 avril 1848. — Il faut, avant tout, que je parle de ce que je vois.

Après avoir passé six heures dans les montagnes d'argile et de craie, dans les plaines éblouissantes de sel; une ligne verte, d'un vert frais, de ce vert du printemps, verni, tendre au regard, nous apparaît entre deux profonds ravins. On n'aperçoit que la cime des arbres; on entend déjà le gazouillement des oiseaux; nous courons vers cet oasis : c'est le Jourdain ! Le Jourdain, profondément encaissé, roulant ses eaux abondantes et jaunâtres sous un fourré de saules, de peupliers, de trembles et de tamarisques[1] ! Des lianes aux larges feuilles s'entrelacent à toutes les branches, passent d'une cime à l'autre,

---

[1] Les saules et les peupliers du Jourdain, je l'ai appris depuis, ne sont qu'un même arbre : le peuplier. La jeune feuille du peuplier affecte la forme élancée de la feuille du saule : de là naît l'erreur.

pendent en longues tresses mêlées avec les rameaux du peuplier; des roseaux immenses trempent leur pied dans les belles eaux et balancent leurs aigrettes argentées le long du fleuve; les oiseaux chantent sous l'épaisseur du bois.

Dans les pays les plus frais, cela serait idéalement beau; beau de désordre, d'effet, d'ombre, de lumière. Après un jour et demi de désert, c'est un enchantement.

Et puis, ces eaux bruissent, elles frémissent autour des troncs, elles agitent éternellement les flexibles rameaux des saules, elles caressent les grands roseaux. Et puis, ce fleuve trace des méandres admirables; ici, il se perd tout entier sous l'oasis; là, il s'étend au soleil et miroite entre ses deux rives ombreuses; je le vois, au travers d'une trouée, s'arrondir comme un lac; un peuplier d'Italie qui laisse tomber toutes ses branches le voile aux trois quarts. Que cela est beau! Merci, mon Dieu, de nous avoir permis de contempler ton fleuve, d'en rassasier nos yeux, d'y tremper nos fronts et nos mains.

Près d'ici, un peu plus haut, ces eaux baignèrent Jésus; il s'avançait sous des ombrages pareils, quand le Précurseur s'écria : « Voici venir l'Agneau de Dieu, qui ôte les péchés du monde. » Et en même temps ces cieux, ce beau ciel serein s'ouvrit, une forme de colombe en descendit, et l'on entendit une voix qui disait : « C'est ici mon fils bien aimé, en qui j'ai mis toute mon affection[1]. »

Grand prophète, que celui qui, pénétrant la mission toute spirituelle du Christ, pouvait dire de Jésus : « Voici l'Agneau de Dieu qui ôte les péchés du monde. »

L'histoire du peuple Juif passe et repasse sans cesse le Jourdain, le fleuve est pour ainsi dire tressé avec elle. — Loth, quand il se sépare d'Abraham, regarde du côté de l'Orient, il voit la plaine du Jourdain arrosée partout, *comme le jardin de l'Éternel et comme le pays d'Égypte*, et il la choisit pour le lieu de sa demeure[2].

Sous Moïse, les enfants d'Israël refusent de passer le fleuve; sous Josué, ils obéissent. Dieu ordonne à son capitaine de faire porter l'arche devant le peuple; sitôt que les pieds des douze sacrificateurs sont mouillés par le courant, les eaux qui descendent de la source s'arrêtent en un monceau, celles qui vont à la mer Morte s'écoulent, et les sacrificateurs s'arrêtent sur le sec, au milieu du fleuve, pendant que les colonnes d'Israël traversent le lit du Jourdain. Josué y dressa douze pierres[3].

Après une scène de délivrance, une scène de carnage! C'est Jephté, qui dans sa guerre contre Éphraïm, s'est emparé de toutes les issues. « Quand quelqu'un de ceux d'Éphraïm qui étaient échappés

---

[1] Jean, I. — [2] Genèse, XIII. — [3] Josué, III et IV.

disait : Que je passe? les gens de Galaad lui disaient : Es-tu Éphraïtien? Et il répondait : Non. Alors ils lui disaient : Dis un peu *Schibboleth*, et il disait : *Sibboleth* et ne pouvait point prononcer Schibboleth. Sur quoi, se saisissant de lui, ils le mettaient à mort au passage du Jourdain[1]. »

Une fois encore, les eaux du Jourdain sont refoulées au nord et au midi. Deux hommes s'approchent de ses rives : l'un d'eux est triste, inquiet, il marche après l'autre. Le fleuve est là; il barre le chemin; le plus âgé des deux, celui qui va le premier saisit son manteau, il en frappe le courant, le courant se déchire; cet homme passe à pied sec, son compagnon le suit. Quelques heures, et les eaux sont de nouveau partagées; ils allaient deux, un seul revient, un seul passe : Élisée a vu Élie monter au ciel, emporté par un tourbillon : « Mon père, mon père, chariot d'Israël et sa cavalerie! » Il déchire ses vêtements, il emporte avec lui le manteau d'Élie; et voici, il a reçu l'esprit d'*Élie*, la chose *difficile* lui a été accordée[2].

Plus tard, Naaman le lépreux descend au fleuve, il en sort nettoyé; il s'était indigné de la simplicité du remède, et le remède, lorsqu'il l'applique d'un cœur simple, le guérit : Croix de Jésus, salut gratuit, c'est là tout ton mystère.

[1] Juges, XII. — [2] 2 Rois, II.

Près d'ici, dans une terre grasse, entre *Succoth* et *Tsartan,* Salomon fit fondre les ustensiles de la maison de l'Éternel.

Voilà donc quels souvenirs se groupent vers ces eaux profondes que je ne me lasserai jamais de voir couler, d'entendre bruire sous l'épaisse feuillée qui rappelle à la fois et les jongles indiennes, et les savannes d'Amérique.

Levés à deux heures ce matin, nous avons traversé le massif de montagnes qui nous séparait de la mer Morte. D'abord des sommets élevés, puis un large plateau maintenant désert, qui a pu jadis et qui pourrait encore aujourd'hui recevoir des cultures. Après le plateau, deux lieues d'arêtes, de ravins blancs et secs; enfin la mer Morte, que nous avions aperçue de la cime du versant oriental.

De Jérusalem à la mer Morte, sauf la vaste plaine qui divise les montagnes en deux étages, le sol est tour à tour soulevé et déchiré; rien qui rappelle les basses et riantes montagnes de Juda. Les proportions sont ici très grandes, les replis larges, les sommets élevés, les gorges profondes : c'est solennel et triste.

La mer s'étend, longue tache bleue, entre la chaîne que nous traversons et les noirs remparts de Moab. Au bas de la dernière pente nous entrons dans une plaine couverte d'efflorescences salines; les roseaux, les tamarisques, les bruyères y croissent,

C'est encadrée par cette large bordure verte, que nous apparaît la mer Morte.

Dix Arabes sortent inopinément d'une touffe de roseaux; Antonio s'avance le premier, on échange le *Salam* et l'on reste bons amis.

Depuis notre arrivée à Jérusalem, nous sommes *Hadji* pour tous les Bédouins : *Salam Hadji*, — salut pèlerin, ou saint.

Nous arrivons à la rive, elle est couverte de troncs, de racines desséchées que le Jourdain charrie dans la mer, et que la mer ramène sur la plage. Les eaux, d'un bleu blanchâtre, opaque, ressemblent à celles des lacs sulfureux qu'on voit entre Rome et Tivoli. De notre côté, à l'occident, de belles montagnes jettent dans la mer leurs caps qui en découpent les bords à larges coups. En face, à l'orient, les monts de Moab ferment l'horizon comme une muraille. La vallée du Jourdain, une grande plaine de sel remontent vers le nord. La mer repose dans ce vase immense. Un promontoire délié s'avance près de nous, deux oiseux pêcheurs montés sur de hautes pattes s'y dessinent. Tel est l'aspect. Je ne sais si cela tient à ce que nous sortons des déserts de *Mar Saba*, mais il ne nous paraît ni lugubre, ni même très sévère. Le ciel rit dans ces flots mous, les tamarisques, les roseaux, des fleurs un peu sèches de tissu mais fraîches de nuances, arrivent à la mer par une large *ouadi*;

nous ne pouvons nous empêcher d'admirer et de nous réjouir.

L'eau est pesante, une cravache garnie de métal y surnage; quant à la saveur, elle est la plus amère, la plus détestable que j'aie jamais goûtée.

Les plantes poussent auprès de la mer Morte; les insectes y prospèrent : des troupes de sauterelles volent autour de nous. Les oiseaux n'y tombent pas en syncopes : à *preuve* les deux pélicans, ou grues, ou *oiseaux de la mer*, comme les appellent nos Bédouins, qui respirent tranquillement ses pestilentielles exhalaisons. Il n'y a pas de poissons dans cette eau saturée de sel, au point que le sel lui-même y reste suspendu sans se dissoudre : les rares coquillages qu'on y a trouvé proviennent évidemment du Jourdain.

Cette réalité si belle, ne nous empêche pas de regarder avec un saint effroi les abîmes qui cachent Sodome et Gomorrhe. — La mer doit recouvrir aussi les puits de bitume où tombèrent les rois mis en fuite par Kédor Lahomer.

— *Esmou è dé?* — qu'est cela? comment appelez-vous cela? — demandons-nous à nos Bédouins en leur montrant la mer.

— *Baar Lot!* — la mer de Lot.

Nous passons le gros du jour sur les rives du Jourdain, assis au pied des peupliers, sous les lianes à feuilles en fer de lance, auprès de ce fleuve cher et sacré, qui ne sortira jamais de notre mémoire. En lui tout est splendide : le passé, le présent, et aussi l'avenir. — Oui, les jeunes filles d'Israël reviendront sous tes saules ; elles n'y viendront pas en cohortes effrayées, poussées plutôt que gardées par une bande de soldats turcs : elles y viendront paisibles, joyeuses, elles rempliront leurs urnes dans tes eaux, elles y baigneront leurs pieds, elles se reposeront dans tes bois ombreux ; elles reviendront non plus en esclaves mais en princesses, car elles auront reconnu ce Roi de gloire que les mains de leurs pères avaient percé.

Jéricho, près de la fontaine d'Élisée. Le soir. — Nous quittons le Jourdain. Son courant sans rapides proprement dits, est d'une grande vitesse. A quelques pas au-dessous de l'endroit où nous étions placés, l'eau se précipite avec violence dans une espèce de trou. Le plus habile nageur, dit-on, ne résisterait pas à ce tourbillon : c'est là que périssent chaque année plusieurs pèlerins de la grande caravane.

La chaleur est extrême ; nous garnissons nos chapeaux de feuilles, Bétûni plante sur sa tête une forêt de saules, Habib disparaît dans la ramée, Antonio se perd sous une triple couronne de lianes.

Nous traversons quelques monticules d'argile, puis la plaine sans bornes qui s'étend du Jourdain à Jéricho. Elle est grise, déserte : des bras, et elle deviendrait admirable de fertilité; les champs de blé et d'orge qui croissent à une lieue de Jéricho, en témoignent.

Guilgal devait être dans cette plaine, sur la route que nous suivons. *Guilgal*, le premier campement des Israélites après le passage du fleuve, la première localité où ils trouvèrent du blé, celle où la manne cessa[1].

Là Saül fut sacré roi, et là il commit un de ces péchés dont je parlais l'autre jour : petit péché aux yeux de ceux qui ne regardent qu'à la superficie, grand péché aux yeux de Celui qui pénètre les cœurs. — Samuel ordonne à Saül de l'attendre sept jours à Guilgal; ce temps écoulé le prophète reviendra, il offrira des holocaustes; Dieu bénira les armes de Saül. Saül attend sept jours, le prophète tarde, le peuple s'écarte de Saül, et Saül ose sacrifier lui-même : rébellion par défiance, un des crimes que l'Éternel pardonne le moins. Samuel paraît, le roi se hâte à sa rencontre. « — Qu'as-tu fait ?...

— Parce que je voyais que le peuple s'écartait d'avec moi, et que tu ne venais point au jour assigné, et que les Philistins étaient assemblées à *Micmas*, j'ai dit: Les Philistins descendront maintenant contre nous à Guilgal, *et je n'ai point supplié l'Éter-*

---

[1] Josué, V.

nel; et après m'être retenu quelque temps, j'ai enfin offert l'holocauste.

— Tu as agi follement, en ce que tu n'as point gardé le commandement que l'Éternel ton Dieu t'avait ordonné....., maintenant ton règne ne sera point affermi : l'Éternel s'est cherché un homme selon son cœur[1]. »

La caravane suit le lit d'un ruisseau maintenant tari, planté d'arbrisseaux parmi lesquels se trouve le *Nùgùb*, l'arbre à fruits ronds de *Ouadi Feyran*.

Nous voici dans Jéricho. — A notre gauche, une vieille tour que la tradition n'a pas manqué de nommer *Maison de Zachée*, quelques tentes noires remplies d'Arabes et d'armes liées en faisceaux, quelques masures bâties de pierres anciennement taillées, s'élèvent au milieu des champs verts, des champs dorés, des aires couvertes de javelles, des figuiers et des Nùgùbs : c'est là Jéricho, la ville qui comptait cinquante stades de tour, et que remplissaient les théâtres, les cirques, les palais!

La plaine, qui pourrait devenir une autre Égypte si l'on prenait pour l'arroser les eaux de son Nil: le Jourdain; la plaine est malsaine; les champs sont cultivés par les Bédouins des montagnes; ils descendent pour ensemencer et pour récolter, ils donnent aux quelques familles qui habitent Jéricho

---

[1] 1 Samuel, XIII.

un quart du produit, un autre quart au gouvernement, et gardent la moitié qui reste. On a attribué ce fait de la culture par les Bédouins à l'extrême paresse des gens du pays; mais il n'y a peut-être pas vingt hommes valides dans les masures qui se groupent au pied de la tour. Et puis ce qui se passe à Jéricho, n'est que ce qui se passe dans les maremmes romaines. Là comme ici, les gens de la montagne viennent semer et recueillir : mêmes conditions, même procédé.

Une demi-lieue plus haut, nous rencontrons un ruisseau limpide, qui se perd sous un fourré de grands arbres, de hautes plantes, de joncs et d'arbustes. Nous venons camper près de la source : la fontaine dont Élisée adoucit les eaux amères. — « La demeure de cette ville est bonne comme mon Seigneur voit; mais les eaux en sont mauvaises; et la terre en est stérile[1]. » — Élisée les purifia miraculeusement en y jetant du sel.

Sur la colline s'étagent des ruines évidemment fort anciennes. Les restes d'un aqueduc traversent la vallée[2]. On pense généralement qu'ici se trouve le véritable emplacement de Jéricho.

---

[1] 2 Rois, II.

[2] Cet aqueduc portait ses eaux à un moulin dont on voit les murs sur la hauteur. Ce moulin, qui se nomme encore aujourd'hui *moulin des Cannes*, a fait penser qu'autrefois, au temps des Arabes, la canne à sucre était cultivée dans la vallée du Jourdain. Ce pourrait bien être le roseau mielleux dont parlaient les pèlerins, qui y voyaient le *miel découlant du pays*.

Comme Josué sort devant Jéricho, — les Israélites venaient de camper à Guilgal — un homme se présente debout près de lui, son épée nue dans la main :
« — Es-tu des nôtres, ou de nos ennemis ?
— Je suis le chef de l'armée de l'Éternel. »
Josué se jette sur le visage.
« — Regarde, j'ai livré entre tes mains Jéricho et son roi, et ses hommes forts et vaillants [1]. »
L'armée fait sept fois le tour de la ville; au septième, les sacrificateurs *sonnent le cor en long*... les murs s'écroulent. « Par la foi les murs de Jéricho tombèrent,..., par la foi Rahab, l'hôtelière ne périt point avec les incrédules... »

Par la foi aussi, les deux aveugles qui criaient assis au bord du chemin : « Jésus, fils de David, aye pitié de nous [2], » recouvrèrent la vue.

C'est encore par la foi que ce pauvre petit Zachée, qui était monté sur un Sycomore pour mieux voir le Seigneur, de péager, d'homme de mauvais renom qu'il était, devint un racheté de Christ [3]. Il n'y a plus de Sycomores à Jéricho.

« Maudit sera devant l'Éternel, l'homme qui se mettra à rebâtir cette ville de Jéricho. Il la fondera sur son premier-né, et il mettra ses portes sur le plus jeune de ses enfants [4]. » Hiel de Béthel, qui reconstruisit la ville condamnée, la fonda sur Abiram

---

[1] Josué, V, VI. — [2] Matthieu, XX. — [3] Luc, XIX. — [4] Josué VI, 26.

son aîné, et posa les portes sur Ségub son puiné[1]. »

Plus tard, obéissant à la parole du prophète Hoded, Samarie qui s'était levée contre Juda et qui emmenait ses frères prisonniers, « les couvrit de vêtements, leur rendit le butin, et les reconduisit à Jéricho[2]. »

Jésus a passé sur la route que nous venons de parcourir. Il y a passé après son baptême. Il y a passé au retour de sa prédication du Jourdain, lorsque, marchant devant ses disciples, il prenait à part les douze et leur annonçait *qu'il fallait qu'il souffrît beaucoup*[3].

Saisissant contraste que celui des paisibles visites du Seigneur à Jéricho, avec la mort horrible d'Hérode; d'Hérode en proie aux furies, d'Hérode qui veut marquer son dernier soupir par le massacre des milliers de Juifs renfermés dans l'hippodrome.

Élisée suivait ce sentier avec Élie, alors que les fils des prophètes sortant de Jéricho, lui criaient: « Ne sais-tu pas bien que l'Éternel va enlever aujourd'hui ton maître d'avec toi? » — « Je le sais bien aussi; taisez-vous[4]. » — Dieu nous garde de ces malencontreux amis, qui, lorsque notre cœur est plein de tristesse, lorsque la prévision d'un grand malheur l'accable, viennent nous exprimer avec des mots, ce qu'à peine nous osions effleurer de la pensée.

[1] Rois, XVI, 34. — [2] Chroniques, XXVIII. — [3] Marc, X. — [4] 2 Rois, II.

La fontaine d'Elisée murmure près de la tente; les branches d'un immense Nùgùb se recourbent sur le campement; de l'autre côté, un fourré d'herbes, de menthes et de buissons. — Allons respirer [1].

Jérusalem, samedi 20 avril 1848. — Hier au soir, nous sommes allés nous asseoir vers la source, nappe claire qui s'étend sous un grand figuier; nous y sommes allés armés jusqu'aux dents. La source coule à deux pas de nos tentes, mais le pays est mal famé; quelques Bédouins étendus sous les arbres, chacun son mousquet couché près de lui, suivent avec curiosité les mouvements du camp. — La contrée n'était pas beaucoup plus sûre au temps du Seigneur, puisqu'il place sur le chemin de Jérusalem à Jéricho, l'épisode du voyageur assassiné par les brigands et recueilli par le Samaritain.

Il y a huit jours, deux Anglais campés à la même place, se détachent de leur caravane pour se rendre sans escorte à la source. Ils s'asseyent sous le figuier; à peine assis, un coup de fusil part, ils entendent siffler la balle; ils se lèvent un peu émus, reviennent aux tentes, appellent le Scheik, et lui ordonnent de monter sur la hauteur. Le Scheik obéit. Comme il se profile sur l'horizon, l'un des gentle-

---

[1] On dit avoir retrouvé non loin d'ici les restes d'une digue destinée, dans les temps antiques, à retenir les eaux du Jourdain pour en arroser la vallée.

men prend son fusil, l'arme, et ajuste le Scheik.

« — *Do you not let go? Sir!* — » dit froidement l'autre.

— No. —

Le drogman accourt « — Monsieur, que faites-vous? prenez garde! ne plaisantons pas avec ces gens-là!

Le gentleman baisse, relève son arme, enjoue trois fois le Scheik qui ne se rend pas bien compte de la manœuvre, mais qui, la trouvant au moins étrange, finit par descendre.

— Est-ce qu'ils sont fous ces *Caavaja* ?

Le drogman s'adresse au gentleman ; il demande une explication.

— J'essayais mon fusil; voilà tout.

La nuit se passe. Le lendemain, comme la caravane arrive à Béthanie : « — Voulez-vous savoir, s'écrie tout à coup le gentleman, voulez-vous savoir pourquoi, hier, j'ai couché en joue le Scheik? — et il raconte son histoire.

— Mais Monsieur, si un Bédouin de Jéricho a tiré, ce n'est pas la faute du Scheik.

— N'importe, il est responsable!..... D'ailleurs, un de ses Arabes avait disparu.

— Monsieur, il était allé chercher du lait.

— N'importe! le Scheik, *il été responsabel.* »

Le Scheik a eu beaucoup de peine à comprendre, et l'étendue de sa responsabilité, et cette application à la seconde puissance de la loi du talion.

On avait, hier au soir, dressé notre table sous le Nâgûb, au bord du ruisseau. Les étoiles sortaient une à une du ciel, l'eau courait claire sous les cailloux, la fraîcheur se répandait dans l'air, les *lucioles* voltigeaient autour de nous.

Nos Bédouins ont allumé de grands feux sous la feuillée, les hurlements de vingt chakals ont tout à coup éclaté sur l'autre rive. Antonio, Bétûni, la caravane entière s'est écriée, les chakals ont fait silence; on a, quelque temps encore, entendu l'étrille d'*Abdallah* — le Noir de Bétûni — se promener sur le dos de *Zost* — mon cheval — et de ses compagnons, en faisant gaiement sonner sa garniture d'anneaux de cuivre; et puis, l'étrille elle-même s'est tue, et le rossignol seul a chanté. — Il a chanté toute la nuit. Oh! qui dira le charme de ces belles nuits sous la tente, avec le vent frais qui l'agite, avec le bruit si doux de l'eau qui glisse à côté, avec le frôlement des feuilles, le reflet des feux; et, quand il n'y a ni feuilles, ni eau, ni les notes tour à tour plaintives et brillantes du rossignol; le ciel au moins, toujours le ciel, et toujours la terre, sur laquelle on dort si bien !...

On nous réveille à une heure et demie; nous partons à trois. Le croissant de la lune est si brillant qu'il éteint les étoiles; il monte à l'Orient, elles se réfugient à l'Occident où elles étincellent; la grande ourse se jette la tête la première derrière les montagnes; une bande claire s'étend le long de la chaîne de Moab; à mesure que vient l'aube, l'arc de la lune blanchit jusqu'à ce que la rouge aurore lui donne la transparence d'un nuage qui flotte dans le ciel.

Nous laissons derrière nous la montagne de la *Quarantaine*, toute percée de cavernes que la main de l'homme a régularisées, et que les solitaires habitaient au cinquième siècle. La tradition fixe là le lieu du jeûne de notre Sauveur. Le désert où il passa quarante jours doit se trouver entre le Jourdain et Jérusalem. Est-il ici? n'est-il point dans les solitudes désolées des monts de Saint-Saba? Nous penchons vers cette dernière hypothèse. La chaîne de Saint-Saba mérite mieux que celle-ci le nom de désert. Du côté de Jéricho, les grandes déchirures des premiers contre-forts une fois franchies, les pentes se font plus douces, les croupes plus larges, les cimes plus arrondies; une herbe fluette croît partout; elle est verte en hiver, et la tribu des *Samanehs*—c'est le nom des Bédouins qui nous accompagnent,— y mène paître ses troupeaux, qu'elle fait remonter en Été dans les pâturages qui avoisinent Jérusalem. Une épaisse couche de terre revêt ces montagnes; les blés qui mûrissent trois lieues plus haut ne sortent pas d'un sol plus gras. Il ne manque à ce pays qu'une population et de l'eau. De l'eau... il y en a dans les citernes; il y en avait ailleurs autrefois, car pendant plus de deux heures nous suivons les restes d'un aqueduc.

Bientôt nous rencontrons des troupeaux : troupeaux de chamelles et de chamelets sur les crêtes des montagnes, troupeaux de moutons à queue phénoménale dans les replis du terrain, troupeaux de chèvres et de biquets sur les pentes : les mères à part, les chevreaux à part, d'une façon toute *socialiste*.

Lorsque le Seigneur se rendit pour la dernière fois de Jéricho à Jérusalem pour y être reçu en roi, quelques jours après, crucifié, il montait par ce chemin. Il montait à pied, la foule se pressait sur ses pas, les disciples le suivaient étonnés, craintifs, sachant que quelque chose de solennel et de terrible allait se passer.

La forteresse de montagnes au milieu de laquelle siége la ville sainte, se dresse devant nous. Notre caravane la gravit par un sentier raide. Près de la dernière cime, sur le revers du mont des Olives, doit se trouver Béthanie : on ne la découvre qu'en y arrivant. Béthanie se cache au fond d'un repli. Quelques maisons modestes que dominent deux tours ruinées, un ancien couvent fortifié, la maison ou plutôt le *château* de Lazare, — suivant la tradition — se groupent au milieu des oliviers et des grenadiers.

La situation parle au cœur. Tout y est paisible,

abrité. C'est bien là que nous aimons à placer les plus doux souvenirs de l'Évangile; c'est bien là, sous ces vergers, dans ce petit coin vert, que le Seigneur se reposait; c'est bien là, dans quelques pauvres maisons pareilles à celles que nous voyons: grises, avec un escalier en dehors et une terrasse que caressent les branches des amandiers. Là, il goûtait les plus pures joies des hommes, le bonheur par lequel ils touchent au ciel. Il entrait chez Lazare, et Marthe affairée disposait tout pour recevoir le Seigneur, et Marie s'asseyait à ses pieds pour l'écouter mieux. Il entrait chez le lépreux Simon, et Simon lui faisait fête; on dressait la table, Lazare s'y asseyait, Marthe servait, et Marie venait répandre sur la tête, sur les pieds du Maître, du Seigneur, du frère, le précieux parfum de nard pur[1]. Ici le Seigneur était plus homme qu'ailleurs. Ici, oh! oui; devant cet humble village, nous voyons le fils de Dieu descendre des lointaines hauteurs où notre indifférence le relègue; Il entre chez nous, Il vient s'y délasser: nous sentons pour Lui des mouvements que nous n'avions jamais éprouvé.

Un jour, Jésus passe sous les vergers, Il s'approche du village: Marthe va seule au-devant de Lui,

---

[1] Je ne sais pourquoi l'on confond Marie avec la femme pécheresse, dont un trait pareil nous est raconté par saint Luc. C'est dans la ville de Naïn, chez un pharisien nommé Simon comme le lépreux, que la pécheresse de saint Luc a dû oindre les pieds du Seigneur d'une huile odoriférante, les baigner de ses larmes et les essuyer de ses cheveux.

elle est triste.. Il y a presque une semaine que Marthe et Marie ont envoyé dire au Seigneur : Celui que tu aimes est malade! Mais le Seigneur n'est pas venu, et pourtant *il aimait Marthe, et sa sœur et Lazare.* Or, Lazare est mort, et on l'a mis au sépulcre.

Marthe ne prononce que ces mots : « Seigneur, si tu eusses été ici, mon frère ne serait pas mort; mais je sais que maintenant même, tout ce que tu demanderas à Dieu, Dieu te l'accordera.

— Ton frère ressuscitera!

— Je sais qu'il ressuscitera en la résurrection, au dernier jour.

— Je suis la résurrection et la vie : celui qui croit en moi vivra, quand même il serait mort; quiconque vit et croit en moi ne mourra point pour toujours!... Crois-tu cela?...

— Oui, Seigneur! Je sais que tu es le Christ, le fils de Dieu, qui devait venir au monde! »

Elle court chercher Marie : « Le Maître est ici, il t'appelle. » Marie se lève; les Juifs qui la consolaient pensent qu'elle retourne au sépulcre, ils la suivent; elle se jette aux pieds de Jésus.

Quand Jésus la vit pleurer, il frémit en lui-même:
« — Où l'avez-vous mis?

« — Seigneur, viens et vois[1]! »

---

[1] Jean XI.

Et Jésus pleura! — Oh! larmes de Jésus, sur combien de cœurs n'êtes-vous pas tombées comme une rosée bénie! Les consolations des amis nous froissaient, mais les larmes de Jésus! elles nous ont dit tout ce que nous voulons savoir : *homme de douleur, sachant ce que c'est que la langueur.*

Les Arabes appellent encore aujourd'hui ce village, *village de Lazare.* On nous montre son tombeau; nous n'y échappons pas. Une voûte creusée dans le roc aboutit à un terre-plein; là se trouve une espèce d'autel. Lazare — dit la tradition — s'assit sur ce bloc pendant qu'on le dépouillait du linceul. Les chrétiens et les musulmans viennent lorsqu'ils sont malades, s'y étendre une nuit dans l'espoir d'y recouvrer la santé : profondément séparés quand il s'agit de croyance, unis quand il s'agit de superstition. Ce phénomène n'est pas si surprenant qu'il semble; le cœur *naturel* ne bat-il pas sous le Croissant comme sous la Croix?

Quelques marches nous conduisent à un caveau situé plus bas : c'est le tombeau proprement dit.

La condition de Lazare paraît avoir été médiocre; les soins auxquels se livrait Marthe, ces paroles : « ne considères-tu pas que ma sœur *me laisse servir toute seule*[1], » l'humble attitude qu'elle prend

---

[1] Luc X, 40.

chez Simon le lépreux, « et Marthe *servait*[1], » tout le donne à croire. Le tombeau qu'on attribue à Lazare, ne peut être, si c'est un tombeau, que le sépulcre d'un homme opulent; il suppose des frais de construction qu'un riche seul se permet. La définition que nous en donne l'Évangile s'appliquerait mal d'ailleurs au caveau dont nous sortons. Le tombeau de Lazare était *une grotte* et non pas une cave. « On avait mis une pierre dessus. » il n'y a pas moyen de mettre une pierre sur le caveau, qui a dû se fermer par une porte dont on voit encore les rainures : « Lazare, sors dehors. » Et le mort *sortit*, ayant les mains et les pieds liés de bandes, et le visage enveloppé d'un linge. Jésus leur dit : « Déliez-le, et le laissez aller[2]. » Il aurait été matériellement impossible à un homme lié de bandes, le visage enveloppé d'un linge, de monter les trente ou quarante marches que nous venons de gravir.

Laissons la tradition, et suivons ce sentier, qui va franchir la croupe du mont des Oliviers. Le village de Lazare disparaît sous les bosquets. — N'y a-t-il pas quelque chose d'humain et de profondément tendre, dans ce fait, que Jésus ramène ses disciples à Béthanie pour les rendre témoins de son ascension; que c'est de là qu'il veut se séparer d'eux, quitter la terre, comme pour réunir sous un seul regard ce qu'il y a possédé de plus cher?

[1] Jean XII, 2. — [2] *Ibid.* XI.

A notre gauche s'ouvre un vallon tout vert d'amandiers, d'abricotiers et de grenadiers. Je ne sais, mais nous aimons à nous représenter là, couronnant cette petite vallée, tourné vers la chaîne de montagnes qui s'abaisse jusqu'à la plaine de Jéricho, ce *Bethphagé*, dont le nom est presque toujours uni à celui de Béthanie. Peut-être est-ce un figuier pareil à ceux-ci, admirable de feuillage, exubérant de sève, qui sécha sous la malédiction du Seigneur[1].

Dès que nos pieds touchent le sommet du mont des Olives, la gloire de Jérusalem éclate dans sa splendeur. Nous descendons le regard fixé sur cette cité reine. A mesure que nous nous abaissons elle se rétrécit, jusqu'au moment où l'on n'aperçoit plus que la mosquée d'Omar et les murs crénelés. Ce que nous voyons d'en haut, c'est la promesse; ce que nous voyons d'en bas, c'est la condamnation.

Les lettres que nous recevrons demain décideront de notre excursion à Damas.

Lundi matin, 1ᵉʳ mai 1848. — Point de courrier hier, point aujourd'hui, et il faut partir. Que nous nous rendions directement à Beyrouth pour nous embarquer le 16, que nous y allions par Damas pour nous embarquer le 20, il ne nous est pas permis de perdre un jour. Quelle perplexité ! Le Seigneur nous montrera notre chemin.

[1] Marc XI, 13, 14.

Si nous nous embarquons le 26, nous voyons Damas, Balbec, les cèdres du Liban, notre voyage de Syrie est complet. Si nous nous mettons en mer le 16, nous manquons tout cela, notre voyage est mutilé... et nous ne reviendrons pas.

Nos chevaux et nous, l'ont risqué belle : le Pacha partait pour Jaffa ce matin, on a fait main basse sur tous les quadrupèdes ; il a fallu l'intervention du consulat pour sauver nos bêtes, retenues et payées d'avance.

Nous prenons congé de M. et Mme Jorelle. Indépendamment de tout le reste, ils ont à un haut degré cette amabilité que donne une parfaite simplicité de manières et une parfaite droiture de cœur.

Il faut nous séparer aussi de nos amis M. et Mme Gobat. Vraiment les rachetés du Sauveur sont frères et sœurs ; je n'avais jamais vu Mme Gobat, eh bien je n'ai pu la quitter sans une vive émotion ; on sent en elle une de ces âmes fidèles au Maître, qui le suivent dans la crainte en même temps que dans l'amour. L'affection n'est pas le seul mouvement qu'on éprouve en présence de M. et Mme Gobat, il s'y joint un profond respect : tous deux ont souffert, souffert beaucoup pour l'amour du Seigneur. M. Gobat est allé deux fois en Abyssinie, une fois célibataire, l'autre fois marié ; il y a toujours confessé son Maître dans la maladie et dans les privations. Voici quelques épisodes de son premier séjour. Je ne parle pas de ses rencontres avec les bêtes féroces, d'une nuit passée entre une hyène et un léopard; *cela n'est rien*, dit M. Gobat; de loin cela épouvante, de près cela s'efface devant d'autres inconvénients de misère et de saleté, bien plus redoutables : « Les grosses bêtes ne me font pas peur, ce sont les petites. »

A commencer par ces petites, M. Gobat, lorsqu'il dut quitter l'Abyssinie, avait passé deux ans sans recevoir ni une lettre ni un sou d'Europe; il ne possédait que trente écus, don d'un chef Abyssin. Avec cela, il fallait arriver à Gedda; M. Gobat ne pouvant, vu sa pauvreté, louer une cabine sur l'une des grandes barques qui traversent la mer Rouge, y retint comme le font les Arabes, un espace de *six pieds de long* sur *trois de large*; il resta là pendant vingt-deux jours, exposé au soleil d'Arabie, sans abri, couvert des plaies que lui faisait la vermine, presque immobile dans ses *six pieds* sur *trois*. Il me semble que cela peut aller de pair avec les supplices de l'Inquisition.

Pendant sa première mission, M. Gobat ne vivait guère que de ce qu'on lui donnait; cependant il ne demandait jamais rien à personne. Tout le monde connaît le récit touchant du voyage qu'il fit dans l'intérieur du pays avec treize Abyssins, voyage durant lequel il reçut chaque jour son pain des mains de Dieu.

Les Abyssins sont paresseux et mendiants, M. Gobat les mettait en garde contre ces défauts : « — Il parle bien, » disaient ses disciples, « mais s'il était pauvre, il ferait comme nous ! » On lui croyait les poches pleines d'or. Lorsqu'il entreprit son excursion avec les treize Abyssins, le peu qu'il avait apporté d'Europe était dépensé. Il part avec de la farine pour dix jours ; la farine achevée, on continue ; M. Gobat n'a pas une fois tendu la main, et tous les soirs, le Seigneur a touché quelque cœur en sa faveur ; tous les soirs, les indigènes lui apportent de la nourriture. Cette fidélité de Dieu convertit un de ses compagnons de voyage.

Durant cette première mission, M. Gobat ne possédait qu'une robe — le vêtement du pays — qu'il allait laver derrière les rochers lorsqu'elle était sale. Pendant quatre mois il n'a mangé que de l'orge grillée. Il a jeûné une fois cinquante deux heures en *marchant* : voici le fait. Le roi du Tigré en guerre contre ses voisins, avait dû fuir : son peuple se sauvait et M. Gobat avec le peuple. Dans sa précipitation, il n'avait emmené pour lui et les quelques personnes, qui l'accompagnaient, qu'un mouton vivant. Le soir on arrive dans un vallon ; on est trop las pour tuer le mouton ; on s'étend sur la terre et l'on dort. Le matin, point de mouton, les hyènes l'ont dévoré ; il faut encore marcher tout le jour. « —Mais, dit M. Gobat, nous buvions à chaque ruisseau ; cela nous ôtait la faim. » — Voilà des jeûnes, voilà des macérations, mais simples, mais naturelles, mais envoyées une à une par Jésus ; je les aime mieux, je les crois plus salutaires à l'âme que les haires, que les cilices et que les abstinences de Rome.

Mme Gobat a nommé son fils aîné *Bénoni* — fils d'amertume — c'est le nom que donna Rachel mourante à son enfant. Je lui demandais hier le motif de ce choix singulier.

« — Je vais vous le dire : Je venais à peine de me marier, que je suivis mon mari en Abyssinie : là, pendant ma grossesse, M. Gobat fut toujours à la mort. Il était venu pour évangéliser, et il ne pouvait prononcer une parole ; il demeurait couché, sans mouvement ; chaque jour je croyais le perdre ; son inaction le tourmentait. Il n'y avait dans le pays ni riz, ni légumes, ni fruits que je pusse faire cuire et lui donner pour apaiser la fièvre qui le dévorait ; nous n'avions pour nourriture que de la viande : quelque chèvre ou quelque mouton qu'on tuait ; mais il ne la supportait pas. Je possédais une seule paire de draps, je la lui réservais, m'entortillant de mon mieux dans une couverture. Je pris deux fois le choléra durant ce temps. L'abandon forcé de l'œuvre, un voyage de trois mois sur la mer Rouge, termina ces épreuves. Je n'ai mis au monde mon enfant qu'après notre arrivée. »

L'Évêque de Jérusalem marche avec prudence, mais il marche avec fermeté ; ses pas ont de la sûreté parce qu'il les mesure d'avance. M. Gobat va commencer l'évangélisation des chrétiens par le village de *Ramlah*. Plusieurs habitants de cette localité sont venus le solliciter d'établir une école chez eux. M. Gobat a voulu sonder leurs motifs.

— Vous désirez une école; c'est bien... Voyons un peu ce qu'on y enseignera. La lecture,... l'écriture,... le calcul,... quelques éléments de géographie?... — Ils écoutaient sans donner un signe de satisfaction.

— La Bible?

— Oui, la Bible! c'est cela que nous voulons, c'est cela que nous venons demander; quant au reste, nous ne nous en inquiétons pas.

La mission de Jérusalem peut devenir une admirable mission; elle a tout ce qu'il faut pour cela : un chef qui aime Christ, et un champ sans limites. Mais il lui faut des secours : c'est à nous, chrétiens d'Europe, de nous souvenir des chrétiens de Palestine et des Arabes du Jourdain[1].

[1] La mission a établi deux réunions du soir, dans lesquelles on lit la Parole de Dieu; chacun fait ses réflexions, on cause fraternellement; les Juifs convertis y prennent part et se fortifient ainsi dans la foi, en même temps qu'ils se lient d'une manière plus intime avec leurs pasteurs.

BEEROTH.

Le soir. — Notre excellent ami, M. Gobat, nous accompagne pendant deux heures; il nous montre, assez près de la route, le lieu que l'on assigne au village de *Nob*, que Saül fit passer au fil de l'épée. « Les hommes et les femmes, les grands et ceux qui tètent, même il fit passer les bœufs, les ânes et le menu bétail au fil de l'épée. » Il en avait fait égorger auparavant les sacrificateurs, au nombre de quatre-vingt cinq, pour avoir donné les pains de proposition à David et à sa troupe affamée [1].

Nous montons sur une hauteur d'où nous voyons Jérusalem pour la dernière fois; elle ne s'étend pas fière comme du haut du mont des Oliviers, elle se serre craintive, humiliée, entre les murailles et la vallée de Josaphat. Les montagnes descendent à l'orient jusqu'à la mer Morte; la plaine blanche du

[1] 1 Samuel, XXI.

Jourdain fait ressortir le bleu mat des eaux. Devant nous, sur une colline qui se relève au milieu d'arides vallées : *Hanathoth*, maintenant : *Hanatha*. En la voyant si misérable, grise sur ses rochers gris, n'ayant pas même tiré sur elle un pli de ce vêtement de blé vert qui s'étend sur toutes les plaines, on comprend bien l'expression biblique : *pauvre Hanathoth*[1].

Jérusalem, adieu ! Adieu jusqu'au moment où ton Roi descendra des cieux, où Il t'apportera une gloire nouvelle, où tous ses enfants seront convoqués pour être témoins de ton triomphe : *Si je t'oublie, ô Jérusalem, que ma droite s'oublie elle-même*[2] *!*

Sur le sommet d'un coteau qui se relève à l'occident, on distingue une ruine ; quelques arbres se dessinent sur le profil de la pente, un village se cache derrière ; c'est *Mitspa*. Samuel y passait tous les ans pour juger Israël.

Cette campagne a un grand caractère, mais un caractère triste. De larges plateaux se succèdent, uniformément couverts de champs d'où sort la tête pierreuse de sommités à peine accusées ; les ondulations sont vastes, uniformes ; il n'y a pas d'arbres, excepté dans le lointain, autour de quelque hameau perché sur la pointe d'une montagne ; point de fleurs, si ce n'est au fond d'une petite vallée, la seule qui

---

[1] Ésaïe X, 30. — [2] Psaume CXXXVII, 5.

ait accidenté notre route. Là, croissent sur le sol desséché l'immortelle rouge, de petites fleurs roses qui vivent en famille, des clochettes bleues parmi les blés, et le pâle cyclamen abrité sous les roches.

Le vent du nord s'est levé, il fait froid, je puis à peine guider ma plume tant j'ai les doigts engourdis; des nuages couvrent le ciel et jettent leurs grandes ombres sur les grands replis. Si le soleil brillait, si de tièdes haleines courbaient les épis, si les alouettes en s'élevant des blés chantaient sur le soir un hymne au Seigneur, peut-être cette solennelle et mélancolique étendue pénétrerait-elle nos cœurs de pensers riants.

Ramah — éminence, hauteur, — maintenant *er Ram*, se présente à notre orient, assez près de nous; elle est en effet bâtie sur un lieu très élevé; quelques oliviers descendent au-dessous de ses habitations; elle domine les champs verts. La position est pittoresque. Anne y demeurait [1]; Samuel, son fils, y avait sa maison [2]: c'est là que montèrent les anciens pour lui demander un roi [3]. — Dans ce temps, c'était des rois qu'on voulait, les républiques n'avaient pas de crédit. Mais je crois qu'au fond, ce qu'on voulait alors ressemble beaucoup à ce qu'on veut aujourd'hui : secouer le joug et ne relever que de soi. L'Éternel pénétrait bien leur pensée: « Ce

---

[1] 1 Samuel I, 19. — [2] Ibid. VII, 17. — [3] Ibid. VIII.

n'est pas toi qu'ils ont rejeté, dit-il à Samuel, c'est moi qu'ils ont rejeté afin que je ne règne point sur eux¹. » — David, lorsque Saül cherchait à le faire mourir, se réfugie vers Samuel à *Ramah*². Saül envoie trois fois ses gens de guerre après lui, trois fois l'Esprit de Dieu qui descend sur eux les contraint à prophétiser; Saül y vient, l'Esprit le saisit à son tour. « Il fit le prophète lui-même en la présence de Samuel..... C'est pourquoi on dit: Saül aussi est-il entre les prophètes³. »

On ne sait pas si la prophétie de Jérémie: « Une voix très amère de pleurs et de lamentations a été ouïe dans Ramah, Rachel pleurant ses enfans a refusé d'être consolée⁴, » concerne ce village, ou quelqu'autre portant le même nom, situé plus près de Bethléem, et dont il ne serait pas resté de traces. L'éloignement même où se trouve Ramah de Bethléem, me semble fait pour rendre la prophétie plus saisissante. Cette voix très amère de lamentation et de pleurs traverse les montagnes, elle se répand par les plaines, elle va frapper Ramah, la demeure du prophète qui fit les rois bien à contre-cœur; c'est une dernière sanction à ces paroles: « En ce jour-là, vous crierez à cause de votre roi que vous vous serez choisi, mais l'Éternel ne vous exaucera point! « Et pourtant l'Éternel ne garde point sa colère

¹ 1 Samuel, VIII, 7. — ² Ibid. XIX. — ³ Ibid. — ⁴ Jérémie XXXI, 15.

à jamais : » Il y a de l'espérance pour tes derniers jours... et tes enfants retourneront en leurs quartiers [1]. »

Nous campons sur le revers du coteau où s'assied *Beeroth* que les Arabes appellent *Bir*. Il n'a de remarquable que sa situation : les profils de montagnes et de villages sont toujours beaux. Deux grandes voûtes, restes de quelque église du temps des croisades, lui donnent du caractère. *Beeroth* a l'air pauvre, perché qu'il est sur le sommet d'une pente rocailleuse, entouré de ses deux ou trois oliviers sous lesquels paissent de maigres troupeaux de brebis, de chèvres et de vaches, petites comme toutes celles de la Judée. *Beeroth* était une des villes de ces Héviens qui trompèrent Josué sur la distance où se trouvait leur pays, en arrivant à *Guilgal* chaussés de souliers percés et leur bissac plein de pain moisi ; Josué, « qui ne consulta point la bouche de l'Éternel [2], » se laissa prendre à leur ruse : c'est là le secret de nos plus grandes sottises.

Les chèvres qui nous ont apporté leur lait agitent leurs clochettes autour des tentes ; il en naît une harmonie agreste que je me délecte à entendre. Quelques familles Juives campent près de nous. Leur établissement est bien simple : trois ou quatre pieux fichés en terre, une mince toile blanche par-

---

[1] Jérémie XXXI, 17. — [2] Josué IX, 14.

dessus, et d'épaisses couvertures dans lesquelles on se roule tout habillé.

Le thermomètre descend à 12 degrés; l'autre jour à midi, il en marquait 64 au soleil; le soir à huit heures, 25. Passer de 64 à 12, presque sans transition, c'est un peu rude; mais on vit de cela dans les pays chauds.

NAPLOUSE.

Mardi, 2 mai 1848. — A demi-lieue environ du champ de pierres où nous avons passé la nuit avec trois cents perce-oreilles, araignées et mille-pieds, nos hôtes habituels, on nous montre à l'orient, sur l'arête d'un mont dépouillé, deux ruines arabes ou franques entourées de quelques masures : c'est *Bétin*, l'emplacement de *Béthel*. Les alentours en sont déserts, les Arabes n'y viennent que pendant la moisson et l'abandonnent dès qu'ils ont recueilli le blé. Des croupes nues, des vallées où s'étendent des champs verts et des champs labourés, pas d'arbres, voilà le cadre de Béthel. Et pourtant : « C'est ici la maison de Dieu, et c'est ici la porte des cieux [1]. »

L'échelle miraculeuse appuyait ses pieds sur cette colline, les anges descendaient et montaient auprès d'un pauvre voyageur qui dormait la tête appuyée

---

[1] Genèse, XXVIII, 17.

contre une pierre ; et la voix de l'Éternel lui fit cette promesse : « Voici, je suis avec toi, et je te garderai partout où tu iras [1]. » Jacob dresse la pierre de son chevet, verse de l'huile dessus et appelle ce lieu-là *Béthel* — maison de Dieu — au lieu de *Luz* qu'il se nommait. A son retour de Mésopotamie, il monte encore à Béthel ; il y bâtit un autel *au Dieu fort qui l'a délivré* [2], à ce Dieu qui dit de lui-même : « *Je suis le Dieu fort de Béthel* [3]. »

Hélas ! d'autres autels y furent dressés ! Jéroboam, premier roi d'Israël, sous lequel toutes les tribus s'étaient rangées à l'exception de Juda, seule fidèle au fils de Salomon ; Jéroboam fit deux veaux d'or, mit l'un à Dan, l'autre à Béthel : « Car, dit-il en lui-même, si le peuple monte à Jérusalem pour faire des sacrifices en la maison de l'Éternel, le cœur de ce peuple se tournera vers son seigneur Roboam, roi de Juda [4]... » et après qu'il eut établi le veau d'or : « Ce vous est trop de peine de monter à Jérusalem ! crie-t-il au peuple, voici tes dieux ô Israël, qui t'ont fait monter hors du pays d'Égypte [5]. »

Et le peuple adore les idoles, et ce peuple qui pensait avec Jéroboam que ce lui était *trop de peine* de monter jusqu'à Jérusalem, ce peuple va *jusqu'à Dan*, pour se prosterner devant l'un des veaux [6]. — Joug de Christ, tu nous laisses libres dans la mesure de

---

[1] Genèse XXVIII, 15. — [2] *Ibid.* XXXV, 3. — [3] *Ibid.* XXXI, 13. — [4] 1 Rois, XII, 27. — [5] *Ibid.* 28. — [6] *Ibid.* 30.

notre vrai bien; joug du diable, tu nous ploies jusqu'à terre.

L'Éternel ne laisse pas pécher Jéroboam sans l'avertir; comme le roi se tient debout près de l'autel pour y faire des encensements, un prophète arrive de Juda : « Autel! autel! ainsi a dit l'Éternel; voici, un fils naîtra à la maison de David, qui aura nom Josias; il immolera sur toi les sacrificateurs des hauts lieux, qui font des encensements sur toi[1]. »

« Saisissez-le! » — Et Jéroboam étend la main vers l'audacieux; mais voici, cette main devient pesante, elle se dessèche : « Je te prie, qu'il te plaise de supplier ton Dieu, et de faire prière pour moi, afin que ma main retourne à moi. »

Le même prophète, après avoir refusé d'entrer chez le roi, parce que Dieu lui avait défendu de s'arrêter dans ce lieu, d'y *manger du pain et d'y boire de l'eau*, le même homme se rend à l'invitation d'un vieux prophète; il écoute ses paroles mensongères, il s'assied sous son toit, et comme il est à table : « Parce que tu as été rebelle au commandement de l'Éternel, s'écrie tout à coup la bouche qui l'avait séduit, ton corps n'entrera point au sépulcre de tes pères. » Or, quand il revient le soir, un lion le rencontre et le tue. Encore un de ces actes que notre conscience à gros grains se résout

[1] 1 Rois, XIII.

difficilement à nommer *péché*. Celui-ci ressemblait au crime de Balaam : rébellion intime sous les dehors de l'obéissance. L'un avait consulté vingt fois l'Éternel dans l'espoir de tourner la volonté du Maître; l'autre avait trop aisément écouté celui qui, au nom de Dieu, lui tenait le langage de ses secrets désirs.

Élisée gravit ce même coteau, suivi de la troupe des enfants qui crient : « Monte chauve, monte chauve! » Il les maudit, deux ourses sortent de la forêt et les déchirent[1]. — Aux temps bibliques, ces cimes rocailleuses étaient revêtues de forêts, et Jonathan qui battit les Philistins de *Micmas* à *Ajalon*, à l'orient et à l'occident de Béthel, trouva dans les bois qui couvraient la contrée, ce miel dont il mangea, lui et toute sa troupe, violant un vœu qu'il ignorait.

A Béthel encore, s'élevait le tombeau de Débora la prophétesse.

Je ne dis rien de Scilo, où l'arche demeura longtemps; nous en voyons la place un peu après Béthel, à l'orient.

Voici le caractère de la contrée : grandes vallées plates, semées de blé, entourées de montagnes à base large, à dos arrondi, quelques-unes entièrement rocailleuses et stériles, la plupart cultivées

[1] 2 Rois, II.

jusqu'au sommet, quoique laissant ressortir çà et là leurs ossements de pierre. Les cols succèdent aux cols, les vallées aux vallées, sans que cette physionomie générale se modifie. Cependant, une lieue environ au delà du village de *Aïn ye brâd — fontaine fraîche —* que nous laissons à gauche, parvenus au sommet de la montagne, nous nous trouvons tout à coup sous un véritable bois de figuiers; ils couvrent le versant par lequel nous allons descendre, enfermés au nombre de plusieurs mille dans de petits enclos entourés de murs. Je ne vis jamais de sol si pierreux, je n'en vis jamais de si merveilleusement cultivé; c'est un miracle de travail. Chaque toise est conquise sur la roche; les figuiers, toujours plantés par paire, entrelacent leurs deux troncs qui projettent des branches robustes et un feuillage exubérant. Comme les cailloux surabondent et que les murs qui enferment chaque propriété ne suffisent pas à les employer, les Arabes ont construit des murailles transversales; ils ont établi des ceps de chaque côté, et les pampres viennent étaler sur ces jetées la richesse de leurs feuilles épanouies et de leurs grappes en boutons.

Je m'étais, d'après les livres, figuré la Palestine uniformément aride; nous trouvons un pays cultivé, du blé partout, partout des laboureurs, même sur les plus hautes cimes; nous voyons des plantations d'arbres, elles sont rares, il est vrai, cependant nous les

royons jusque dans des localités où, pour les faire
venir, il faut des prodiges de persévérance. Au mois
d'août, quand les récoltes sont faites, quand l'ardeur de l'Été a brûlé les fleurs et l'herbe des vallées,
l'aspect doit se faire sévère; mais la stérilité n'existe
pas, puisque l'orge, le maïs, les lentilles croissent
sur toute la surface du pays. Les paysans, nous
dit-on, possèdent chacun un morceau de terre; ils
ne sont pas misérables, les plus pauvres d'entre eux
mangent de la viande une ou deux fois par semaine.

La journée du travailleur de terre se paie cinq
piastres — vingt-cinq sous, — il n'est pas nourri. Il
faut tenir compte de la valeur de l'argent ici. Cinq
piastres en Palestine, représentent quarante sous en
France. Les femmes s'aident entre elles au temps
des récoltes, elles ne louent jamais leur travail.

Les laboureurs, vêtus de la longue robe blanche,
aiguillonnent leurs bœufs qui traînent la charrue:
charrue si légère, que l'homme au retour la porte
sur l'épaule : c'est une longue dent de fer, perpendiculairement plantée dans un timon.

Le ciel est noir, un orage se prépare, il fond sur
nous, nous recevons trois averses; la première,
abondante, compte seule pour quelque chose, le
soleil nous regarde au travers des deux autres.

Après la pluie et sur le soir, nous rencontrons
des groupes d'Arabes qui reviennent des champs;
les hommes enveloppés de la tunique de laine à

raies éclatantes, la barbe longue, l'air grave; les femmes drapées à visage découvert dans leurs voiles blancs, les cheveux ornés de longues files de *colonnades* qui encadrent merveilleusement leurs figures d'un ovale pur. Elles sont sveltes, elles ont de grands yeux qui luisent doucement sous des sourcils dont l'arc est irréprochable; il y a dans leur profil, dans ce nez droit, dans cette bouche charmante, quelque chose de sérieux à la fois et d'ingénu, qui prête à leurs traits un saisissant caractère de noblesse.

Et les fleurs du sentier, qu'elles sont jolies! chardons rouges, chardons violets, chardons roses, chardons jaunes épanouis au milieu de leurs épines étoilées; ombellifères élégantes montées sur une tige mince, arrondissant leur petit parasol azuré, doré, argenté, que composent des milliers de fleurs parfaites; églantines blanches, églantines couleur de chair, exhalant le parfum de la framboise du sein de leurs guirlandes jetées à quelques rochers; pétales lilas avec des cœurs soufre; papilionacées, crucifères, que sais-je, des trésors d'examen pour un savant, des trésors de paresseuse jouissance pour une ignorante.

Au soir, nous arrivons en face d'une vallée qui s'ouvre de l'occident à l'orient; c'est la vallée de Sichem. Elle monte entre deux montagnes. Celle qui la presse au nord, couverte de cactus jusqu'au sommet, c'est *Ébal*. L'autre, dépouillée, c'est

Garizim. Sichem, aujourd'hui *Naplouse*, se cache derrière la hauteur, au pied de Garizim.

Avant d'enfiler le vallon, nous entrons dans un champ; Antonio nous mène devant un tas de cailloux : Le puits de Jacob, le puits de la Samaritaine! Nous sautons à bas de cheval.

Le puits est sans apparence : *Rien, à le vo'r, qui le fasse désirer...* comme celui qui, étant las du chemin, s'assit auprès et dit à la femme de Sichem : « Si tu connaissais le don de Dieu, et qui est celui qui te dit, donne-moi à boire! tu lui en eusses demandé toi-même, et il t'eût donné de l'eau vive! »

Mon Sauveur fatigué s'est donc reposé près de ce pauvre puits; ici, en face de cette vallée, en face de cet *Ébal*, sur lequel les treize pierres prises au Jourdain par Josué furent dressées pour mémorial, en face de ce *Garizim*, sur lequel six tribus prononçaient les bénédictions de l'Éternel, tandis que les six autres, du haut d'*Ébal*, répondaient en proférant des malédictions! C'est dans cette petite plaine ronde, maintenant coupée de champs réguliers, qu'il attendait ses disciples. Ici, les apôtres s'étonnèrent de le voir parler avec une femme. Ici, il arrêta son pénétrant regard sur le cœur de la pauvre pécheresse. Un instant elle s'efforça d'échapper à la miséricorde du Seigneur qui cherchait son âme : « Seigneur, je vois que tu es un prophète; nos pères ont adoré sur cette montagne-là; — *Garizim*, — et

vous dites qu'à Jérusalem est le lieu où il faut adorer ! »
Un mot, un de ces mots qui vont jusqu'au fond.

« — Dieu est Esprit : il faut que ceux qui l'adorent, l'adorent en esprit et en vérité ! » — Et la femme ne raisonne plus, elle laisse sa cruche, elle court à la ville, elle annonce la venue du Christ, les habitants la suivent, le Seigneur demeure deux jours avec eux, et ils disent à la femme : « Ce n'est plus pour ta parole que nous croyons ; car nous-mêmes l'avons entendu, et savons que celui-ci est véritablement le Christ, le Sauveur du monde. »

Il n'y a pas même de margelle autour du puits, de grosses pierres en bouchent l'orifice. Mon mari, Louis, Bétuni les enlèvent, l'ouverture est déblayée : pauvre petite ouverture, qui donne jour sur un trou sans eau. « Le puits est profond, » disait la Samaritaine ; il ne l'est plus, car Bétuni y descend sans disparaître. — Mais tout s'explique ; ce n'est ici que le premier étage du réservoir ; une pierre plate, scellée par les Arabes, recouvre le puits véritable qui a gardé son antique profondeur.

Nous remontons la vallée de *Sichem* ; à quelque distance du puits, dans la vallée même, coule une source ; après la source vient un bois d'oliviers. Ces oliviers ont peut-être vu le Seigneur ; ils sont, en tous cas, les contemporains des vieux oliviers de Gethsémané. Les croisés de l'armée de Godefroy qui venaient chercher à Naplouse du bois pour la construction des machines de guerre, ont peut-être émoussé leurs haches contre ces troncs vermoulus, dont les découpures à jour indiquent la vétusté.

Au nord, on voit Naplouse, ses premiers minarets, avec un palmier, un seul, mince, élégant, qui penche son panache de feuilles gigantesques au-dessus du dôme des oliviers. Mais ceci, qui nous enchante, n'est rien encore; nous suivons la vallée; nous passons entre Naplouse et le mont *Ébal*; là s'ouvre un véritable Éden.

Naplouse — *Sichem* — s'appuie toute parsemée de bouquets d'arbres, contre le mont *Garizim*. Ses mosquées et ses places brillent au soleil. Dans le vallon qui descend à l'orient, se répandent quatre ou cinq ruisseaux limpides; ils vont chantant et bondissant le long de ce jardin; les orangers, les mûriers, les grenadiers, les amandiers, les abricotiers, les micocouliers y arrondissent leurs têtes parées de jeunes feuilles. On sent la sève courir dans ces tiges gonflées; on la sent dans ces pousses de quelques jours qui viennent se détacher sur les pousses de quelques semaines. L'arome des orangers, les parfums du printemps, cette bonne odeur de verdure et de terre arrosée, pénètrent l'air; le sol se dérobe sous les arbres.

Le contraste de cette végétation si tendre, si fraîche, avec le *Garizim* et l'*Ébal* désolés, produit un effet qui pénètre l'âme de bonheur.

Nous campons sur une éminence, nos yeux plongent dans ces intérieurs d'arbres, dans ces cultures; ils vont de la vallée à Naplouse, de Naplouse à la vallée, sans se rassasier jamais.

Naplouse est une bien plus grande ville que je ne le croyais : aussi gaie, aussi riche des dons de Dieu, que Jérusalem est triste et déshéritée.

Naplouse est à peu près la seule ville où l'on retrouve les Samaritains; ils habitent le faubourg oriental que nous avons en vue; ils adorent toujours sur le mont *Garisim* dont ils ne gravissent la cime que déchaussés.

Si le puits qu'on nous a montré est vraiment celui de Jacob, j'ai peine à croire que Naplouse occupe l'emplacement de *Sichem*. Les ruisseaux de Naplouse coulent de l'orient à l'occident, il faut vingt minutes pour se rendre de Naplouse au puits de Jacob; les habitants de *Sichem* auraient donc fait ce trajet plusieurs fois le jour, plutôt que de puiser l'eau dans leurs fontaines? — Sichem, il me semble, devait se trouver plus près de la plaine, derrière le bois d'oliviers, sur le versant oriental du vallon.

On place dans ce bois le tombeau de Joseph; nous ne l'avons pas vu.

Jacob enterra les idoles de sa famille sous un chêne[1] à Sichem, et sous un chêne aussi, peut-être

---

[1] Genèse, XXXIII, XXXV.

le même, les chefs de Sichem établirent Abiméleo pour leur roi[1], tandis que Jotham son frère, seul échappé de l'épée d'Abiméleo, récitait du haut de *Garisim*, la parabole de l'épine.

Nous avons passé neuf heures à cheval, il se fait tard : je laisse là le journal.

Un mot seulement des montagnes d'Éphraïm que nous avons traversées aujourd'hui : « Il y a un jour auquel les gardes crieront sur la montagne d'Éphraïm : Levez-vous, et montons en Sion vers l'Éternel notre Dieu[2]. »

[1] Juges IX, 6. — [2] Jérémie XXXI, 6.

DJENNIN.

Mercredi, 3 mai 1848. — A peine avions-nous dîné hier au soir, qu'un courrier arrive au grand galop : c'est le janissaire de M. Gobat; il apporte des lettres. Notre excellent ami qui a vu l'angoisse où nous jetait le retard de notre courrier, nous envoie le paquet arrivé de Beyrouth deux heures après notre départ. Nous l'ouvrons. Notre famille est sous le poids d'une épreuve. Un affreux malheur la menace, plus nous lisons, plus notre cœur se serre.

Mon mari passe la nuit à effleurer les journaux qu'il doit renvoyer ce matin. L'anarchie est partout, les ruines particulières se multiplient, la ruine publique s'avance à pas de géant; voilà un terrible commentaire à ces paroles : *Mettez votre trésor en haut.* Ah! que je les plains, ces infortunés qui voient leur existence bouleversée, qui sentent le sol trembler sous eux, et qui ne connaissent pas cet ami qui verse dans les cœurs force et joie.

Il faut nous décider ; je sens bien où est le devoir. Notre âme attristée n'a plus le courage de désirer un plaisir, mais elle n'a pas la force non plus de renoncer à un espoir. Avant de lire notre Bible, nous supplions Dieu de nous faire trouver une solution ; nous lisons, et nous trouvons. Oui, quelques mots de l'Éternel donnent toute la netteté d'une résolution à ce qui n'était qu'un instinct. Nous sacrifions Damas, Balbec, le Liban. Pendant que notre famille est dans l'angoisse, nous n'irons pas chercher un surcroît de distraction ; nos cœurs sont affligés, nous n'appliquerons pas à leur blessure le baume de l'oubli. Nous arriverons à Beyrouth pour le premier départ, celui du 16, si le paquebot nous apporte la nouvelle de la délivrance de notre famille, si la guerre ne semble pas imminente, si... bien des si ; nous irons peut-être aux Cèdres. Mais cela devient de jour en jour plus douteux.

Nous regardons avec un soupir vers Damas, vers le Liban. Ces scènes de paix, cette nature bénie, ces champs, ces troupeaux, ces souvenirs bibliques, cette vie toute poétique nous paraissent mille fois plus doux, maintenant qu'il n'y a plus devant nous qu'angoisses et que trouble. N'importe ; si nous avons quelques regrets, nous avons de la joie aussi, la joie de l'obéissance.

Un voile noir est tombé pour nous sur cette contrée; elle est encore belle au travers. Ce matin le soleil qui se lève, détache pour ainsi dire les unes des autres, toutes les nuances de ces profondeurs de verdure. La teinte bleuâtre du micocoulier, le vert pourpré du grenadier, la couleur franche et vive du mûrier, le vert foncé des noyers, la vigne jetée par-dessus en épaisses guirlandes ont des effets d'une indicible splendeur.

Vingt grands gaillards enveloppés de couvertures se rassemblent autour de nous, ils se cachent la figure pour ne pas laisser voir leurs joues rebondies, et tendent la main sous prétexte de misère. Mon mari leur donne une petite somme à partager entre eux tous; ils acceptent, s'en vont, et cinq minutes après reviennent chacun isolément, présenter de nouvelles requêtes. Faute de mieux, ils nous volent nos piquets.

Nous continuons à suivre la vallée; tantôt des forêts d'oliviers dont le vent argente les feuilles et sous lesquels miroitent les blés, descendent les montagnes et se répandent au fond des plaines; tantôt des figuiers au tronc séculaire tordent leurs fortes branches, étalent leurs feuilles vigoureuses sur les orges qui mûrissent. L'eau murmure partout, elle pleure le long de cet aqueduc dont les arceaux traversent la vallée, couvert de plantes parasites qui rompent la régularité de ses lignes; elle se répand au pied de ces grenadiers, elle court sous ces hautes herbes, elle étincelle sur le chemin, elle tombe avec un doux bruit de fontaine dans ce réservoir auprès duquel voici des bergers arabes assis, leur long bâton appuyé contre l'épaule, près de leurs chevreaux et de leurs chèvres couchés sous cet olivier. Un peu plus loin, des femmes vêtues de la tunique blanche plongent leur linge dans le ruisseau; leurs bras parfaits sortent nus jusqu'à l'épaule de leurs vastes manches qu'elles portent relevées; elles ont rejeté en arrière le voile fixé autour de leur tête par un cordon rouge; le soleil frappe les fils de colonnades qui brillent sur leur front ou qui descendent sur leurs tresses noires; quelque vieillard à barbe blanche s'arrête près d'elles. Tout cela est frappé au cachet du beau, de l'antique, de l'antiquité biblique, plus poétique mille fois que l'antiquité grecque. Les troupeaux couvrent la campagne, troupeaux de chameaux sur les hauts pâturages, troupeaux de vaches dans les terrains en jachères, troupeaux de chèvres et de moutons à la large queue partout; dans les chardons, troupeaux d'ânes qui nous rappellent les ânesses de Kis, après lesquelles courait Saül.

Il y a des localités, de petits abris de montagnes, de petits détours de sentier, de certaines pentes tournées vers l'orient, tout étoilées de fleurs. Aujourd'hui, le grand iris bleu que nous cultivons dans nos jardins, une rose trémière pyramidale, se montrent sur chaque versant, éclatants de beauté.

Je n'ai jamais vu d'aspect si pittoresque joint à une si riche végétation ; c'est plus beau que l'Égypte, parce que l'Égypte est plate et que la Syrie se relève en montagnes, se creuse en défilés ou s'abaisse en vallées ; c'est plus beau, parce que la végétation d'Égypte a quelque monotonie et que celle-ci émerveille par sa variété. — Oh! miracle de la rencontre du soleil avec l'eau !

Arrivons à Samarie — *Sébaste*. — Arrivons-y par ces vergers, par ces champs que moissonnent les Arabes courbés, la faucille en main, sur les orges qu'ils coupent près de l'épi ; arrivons-y par ces champs de lentilles qu'arrachent les femmes agenouillées. Voilà *Samarie* : une montagne basse, isolée, richement vêtue de cultures exubérantes, noyée dans les blés et dans les mûriers de sa vallée, couronnée d'oliviers, gardée par une triple ceinture de nopals dont les vieux troncs s'avancent sur le chemin, dont les feuilles s'entourent d'une auréole de fleurs dorées. La voilà portant au front la ruine de son église de Saint-Jean, et tout autour de sa cime, comme un bandeau royal, les colonnades encore debout dont l'a parée le grand Hérode.

L'église des Chevaliers n'a conservé que quelques pans de murs et les assises, bâties de blocs énormes évidemment dérobés à quelque construction juive.

Les colonnes, d'abord ensevelies, couchées, puis droites, rangées en longues files, dessinent un cercle immense autour du sommet de la montagne; du côté opposé, trois ou quatre rangs encore debout sur un plateau, semblent indiquer l'emplacement d'un temple.

C'est triste à dire, mais la méchanceté de Samarie ne m'étonne plus quand je vois sa richesse. Oui, cette ville qui embrasse d'un même regard et ces moissons, et ces vergers, et ces côteaux ruisselant d'huile, et ces eaux jaillissantes; cette ville dont chaque habitant pouvait s'asseoir sous sa vigne et sous son figuier, cette ville devait se demander dans sa folie : « Qu'ai-je à recevoir de l'Éternel, que me donnerait-il de mieux que ce qui est à moi! J'ai mes ruisseaux, et je me ris de la sécheresse! J'ai mon soleil, et je me ris des neiges! Mes montagnes sont assez élevées pour que les chèvres y bondissent, assez basses pour que la vigne y étale ses grappes d'or. Je me serai reine à moi-même, et je me ferai des dieux qui ne parlent point et qui n'entendent pas! »

Mais l'Éternel, s'il *ne pouvait* rien lui donner, lui pouvait tout ôter. — Salmanazar fond sur elle, emmène ses habitants, établit dans ses murs les Assyriens, qui deviennent les Samaritains du temps de Jésus.

L'avait-elle assez lassé! lassé par les énormités de son peuple, lassé par ses idoles, lassé par la méchanceté de ses rois; par cet Achab et par cette Jésabel dont l'effrayante image semble encore se dresser au milieu des décombres! — Et toi, Éternel, quelle patience, quelles délivrances !

Quelle délivrance, quand Éliséo, montrant à Guéhazi les milliers d'anges campés autour de lui sur les hauteurs, frappait d'aveuglement les Syriens, et les amenait prisonniers à Samarie [1]! Quelle délivrance, quand la famine désolant Samarie cernée par l'armée de Ben Hadad, quand les femmes se partageaient leurs enfants pour les tuer et les manger, quand le roi s'écriant : « Ce mal vient de l'Éternel, qu'attendrai-je plus de l'Éternel [2]? » L'Éternel, dont il veut faire égorger le prophète, lui fait crier par ce prophète même: « Ainsi a dit l'Éternel : demain à cette heure, on donnera le *sat* de farine pour un sicle, et les deux *sats* d'orge pour un sicle à la porte de Samarie [3]. » Et le Seigneur fait entendre dans le camp ennemi un bruit de chevaux, un bruit de chariots, un bruit de grande armée; il met au cœur de quatre lépreux de s'en aller vers les Syriens afin d'implorer leur pitié ou de mourir; et voici, le camp est désert, les tentes sont pleines de vivres, d'or, d'argent; le peuple sort, pille le camp, on donne le *sat* de fine farine pour un sicle, les deux *sats* d'orge pour un sicle ! — Mais le capitaine sur la main duquel Joram s'appuyait pendant qu'Élisée

[1] 2 Rois, VI. — [2] Ibid. — [3] Ibid. VII.

prophétisait l'abondance, ce capitaine qui avait douté, disant : « Quand l'Éternel ferait maintenant des ouvertures au ciel, cela arriverait-il? » Ce capitaine, selon la parole d'Élisée, le voit et n'en mange point. Le peuple qui entrait et qui sortait pour querir et pour apporter, l'écrase à la porte[1]. — Je ne connais pas de plus épouvantable châtiment à l'incrédulité : *Tu le verras de tes yeux, mais tu n'en mangeras point.* Tu verras de tes yeux la paix et la force de ceux qui ont la foi, tu verras leur consolation dans la douleur, tu verras leur gloire éternelle, tu la verras, mais tu n'en goûteras point. L'enfer de l'incrédule, ce sera de ne pouvoir garder son incrédulité à toujours; ce sera de voir, mais de voir trop tard.

Josias, ce roi de Juda qui se retourna de tout son cœur vers l'Éternel, ôta les *hauts lieux* de Samarie[2]. Cependant elle reste toujours la grande sœur pécheresse de Jérusalem[3].

Les prophéties abondent sur Samarie, l'une d'elles me frappe par son exacte réalisation : « Je réduirai Samarie comme en un monceau de pierres *ramassées* dans les champs où *l'on plante des vignes*, et je ferai rouler ces pierres dans la vallée, et je découvrirai ses fondements[4]. » On dirait, en effet, ces amas de cailloux que nous voyions hier couronnés de vignes

---

[1] 2 Rois, VII. — [2] *Ibid.* XXIII. — [3] Ézéchiel XVI, 46. — [4] Michée I, 6.

sous les figuiers de la montagne. Des entassements de débris réduits en poussière s'élèvent autour de l'église des chevaliers de saint Jean ; les masures du hameau actuel sont bâties sur ces monticules blanchâtres, et les vieux blocs taillés roulent et s'entassent au bas de la colline.

Le Seigneur passait souvent par la Samarie ; on pense que c'était dans une des bourgades de ce pays que les dix lépreux le rencontrèrent, et que s'arrêtant de loin ils élevèrent leur voix, disant : « Jésus aye pitié de nous. » Tous sont guéris, un seul revient sur ses pas pour rendre grâce ; c'est le Samaritain [1].

Les apôtres annonçaient Christ par toute la Samarie, et Simon le magicien, voyant les miracles opérés par le Saint-Esprit, offre à Pierre cet argent dont Pierre lui dit : « Qu'il périsse avec toi,... ton cœur n'est point droit devant Dieu [2]. »

Les villages sont perchés sur les cimes rocailleuses ou groupés à droite et à gauche parmi les oliviers.

Il y a deux ans qu'on ne se hasardait pas sans escorte dans ce pays ; les habitants en étaient insolents toujours, voleurs quand ils pouvaient. Le Pacha y a mis ordre ; l'insolence est restée, le brigandage a cessé : « Belle mine et mauvais cœur, » dit Antonio.

[1] Luc, XVII. — [2] Actes, VIII.

Chez les enfants, chez les jeunes gens, chez les hommes comme chez les femmes, il y a une étonnante noblesse de formes, de traits, d'attitudes; mais il y a une fierté très dédaigneuse. Les enfants nous crient des injures, les jeunes gens viennent se coucher dans l'herbe vis-à-vis de nous et fixent sur nous un œil audacieux. La population est hostile à l'étranger. Cette antipathie se trahit par le regard, par le geste, par les plus fugitives expressions de la physionomie.

Quelques cavaliers arabes nous rejoignent dans la plaine de *Sanùr*. Ils sont admirables de souplesse et de grâce sauvage, mais inouïs d'impertinence. Ils courent à franc étrier sur notre caravane, se couchent en joue au travers, arrêtent court leurs chevaux, décrivent des cercles immenses au travers des blés, gravissent la montagne, la descendent au galop, fondent sur nous et puis nous analysent avec une immobilité de prunelle qui frise l'insulte. Dans ces moments, il faut voir Antonio chantonner en balançant la tête, jouer négligemment avec le chien de son fusil, ralentir sa marche d'autant plus que les autres la pressent, et lancer de travers à nos mauvais drôles, un coup d'œil qui perce comme une lame. Bétûni trottille devant, se fait petit, et s'écrie: « — Dieu protége mon âne! »

Dans cette même plaine, l'Émir Béchir battit autrefois les Arabes de Palestine qui ne voulaient plus payer d'impôts, et qui prétendaient en lever d'arbitraires sur les passants.

Les femmes sont moins hardies; mais elles n'ont plus ces bienveillants sourires que nous rencontrions dans la Judée : celle-ci nous fait la grimace, et cette autre déclare que nous sommes, Jeannette et moi : *des hommes*. Une petite fille me montre à sa mère : « — Ça, femme ! »

« — Non ! — » reprend gravement la mère. « — Celui-ci, jeune homme ! — » et, en désignant Jeannette, « celui-là encore ! — » Il faut dire, à la justification de nos visages, qu'ils sont enveloppés de mouchoirs de mousseline. On ne voit de nous que nos yeux, nos chapeaux de castor gris, nos vestes arabes et nos robes.

Notre caravane compte vingt-neuf personnes; quatre ânes porteurs de quatre Mùkres, treize chevaux *dont sept mules,* nous six, et six Mùkres : deux en vestes de sorcier, deux dans leurs étuis rouges, Bétùni, et le chanteur. — Le chanteur est un affreux petit homme doué d'une voix admirable; il chante dans les notes les plus hautes, ce qu'Antonio appelle *la chanson de Babylone :* « — Madame comprend bien ! la chanson de Babylone, c'est la chanson de Bagdad ! — » Bagdad ou Babylone, cette chanson plaintive se mesure au pas de l'âne du chanteur : le plus philosophe, le plus résigné des ânes, avec une longue barbe, une queue taillée à quatre étages, et deux sacoches traînant par terre.

Le chanteur est campé là-dessus, jambe de ci, jambe de là; et quand de sa voix argentine, il commence la chanson de Babylone, quand ces cadences, quand ces portées immenses, quand ces retours sur les mêmes sons, sons indécis et mélancoliques, vont se perdre sous les figuiers, sous les oliviers en fleurs, je me sentirais envie de pleurer, tant c'est triste et charmant à la fois.

Nos Mùkres vont leur petit train, qui sur son âne, qui perché sur les bagages; le chanteur chantant; Bétûni planté sur son baudet dans un accès de somnambulisme perpétuel; les quatre autres fumant imperturbables leurs narguilehs de cuivre, qui ressemblent à la lyre du roi David. Entre le narguileh et la chanson, ils ne bougeraient pas d'une semelle pour rétablir une charge ou pour remettre en bon chemin une mule qui s'égare.

Plus qu'un mot sur *Zosi*. *Zosi* est mon cheval; vif, lustré, secouant à chaque pas sa tête mutine, ne se permettant pas un écart, obéissant à la main : une perfection. Les jaloux lui trouvent le cou trop court... mais ce sont des jaloux.

Un long défilé nous amène à *Djennin*. La ville s'appuie contre la montagne de *Guilboa*, où furent tués Saül et Jonathan. Elle a ses coupoles, son minaret, ses maisons à toits plats étagés sur la pente, ses trois palmiers, sa blancheur, tous les caractères qui font la physionomie des villes d'Orient.

Ce soir, au coucher du soleil, les troupeaux sont rentrés chacun sous la conduite de son berger; les chèvres de ce côté, les vaches de celui-là; et quelle affaire que d'empêcher les biquets d'une bande de se mêler avec les biquets de l'autre! Le dernier troupeau marchait, son pâtre au milieu; le pâtre jouait d'une espèce de flûte dont le son étranglé ressemble à celui de la cornemuse, les chevreaux bondissaient autour de lui, il a passé ainsi devant notre tente. Ah! gens heureux, beau pays, poésie qui déborde!... et il faut quitter tout cela pour notre Europe embrasée! — Oui, il le faut.

LE THABOR.

Jeudi, 4 mai 1848. Dabouri, au pied du Thabor.
— Il y a deux ans, mon frère fut volé devant Djennin; Antonio, qui n'a pas grande confiance en la moralité de ses habitants, monte la garde jusqu'à deux heures du matin. Un chien dont les intentions ne peuvent être que suspectes, se présente en tapinois; on lui court sus, on tire un coup de fusil en l'air : nous voilà débarrassés d'un larron. A minuit, Bétuni remplace Antonio; on lui met le fusil à deux coups en bandoulière, la crosse lui traîne entre les jambes; il se promène ainsi jusqu'à l'aube; son somnambulisme habituel en redouble, si bien que ce matin, dans un sentier plat comme la main, il se trouve tout à coup étendu devant son âne, sur le ventre, la tête la première, et les quatre membres aux quatre points cardinaux, en *Rose des vents :* cela le réveille un peu.

Nous descendons dans la plaine d'*Esdraëlon* ou de

Jizréhel. Nous y passons toute la journée ; c'est une merveille de fertilité. Trente lieues carrées de terre noire, légère, sur laquelle verdissent ou jaunissent des blés que le vent moire en courant dessus! La baie de Saint-Jean-d'Acre et la chaîne du Carmel, arête bleue qu'on voit dans le lointain, la bornent à l'ouest ; à l'est, quelques soulèvements, le petit Hermon et le Thabor ; les montagnes de Samarie l'encadrent au midi ; celles de Galilée au nord. Toutes ces chaînes sont basses et riantes, de rares villages se cachent dans leurs replis. La plaine reste déserte, silencieuse, dans la gloire de sa merveilleuse fécondité. Pas un arbre qui en rompe les lignes ; les nuages seuls, en volant par les cieux, lui jettent des ombres fugitives. De rares laboureurs crient dans le lointain, derrière quelque paire de bœufs perdus dans l'immensité ; la cigogne se lève lourdement du milieu de l'orge en rejetant ses pattes en arrière, en tendant en avant son bec orangé ; les alouettes chantent par milliers ; c'est une pleine mer de moisson ; et cette solitude, cette uniformité dans la beauté, produisent l'effet de tout ce qui est grand sans détails : on retombe sur soi-même, on vit avec ses pensées, on s'abstrait entièrement. — Cette société-là ne me valait rien aujourd'hui. Je me suis prise, oh méchanceté de mon cœur ! à regretter amèrement ce Damas, ces Cèdres, ce Liban dont le nom m'a toujours remuée et que probablement nous ne verrons pas. Je détournais les yeux de la Samarie et de la Galilée, où je passais, pour les arrêter sur ces croupes neigeuses, sur ces bosquets de Damas où je ne passerai pas. Tous les inconvénients de notre bonne résolution se présentaient à moi : « Tu vas partir, partir pour toujours; c'est le printemps, c'est la plus belle partie du voyage, ce sera peut-être le dernier temps de paisible bonheur que tu goûteras... et il ne faudrait que dix jours!... » — Enfin, c'était le diable chantant sur tous les airs : *Quoi! Dieu aurait-il dit*[1] ?

Et pourtant que de souvenirs! mais j'étais tournée au mal et ne les voulais point écouter.

L'Europe est bouleversée; cette plaine est d'un calme idéal; hélas! elle aussi a eu ses tempêtes; les armées s'y sont rencontrées, elles s'y sont exterminées. Les touffes de *gouttes de sang* qui s'épanouissent le long du chemin parmi les coupes roses des liserons, nous font penser aux torrents de sang qui ont creusé ce sol. — A *Meguiddo*, là-bas vers le Carmel, Pharaon tue le roi Josias qui s'oppose imprudemment à son passage. Ici, les Assyriens qui ont été défaits par l'Éternel devant Samarie, reviennent un an après attaquer Achab : « Car, disent-ils, leurs dieux sont des dieux de montagnes, c'est pourquoi ils ont été plus forts que nous; mais combattons

[1] Genèse III, 1.

contre eux dans la campagne, et certainement nous serons plus forts qu'eux [1]. » Et l'Éternel les bat dans la plaine comme il les a battus dans la montagne, et la muraille de la ville d'Aphek, dans laquelle s'était réfugié le reste de l'armée, l'écrase en s'écroulant.

— A la fin du siècle dernier, Napoléon livre et gagne sa fameuse bataille vers celle des extrémités de la plaine qui touche au mont Thabor; entre ces deux buttes, l'une couverte de ruines, l'autre couverte de quelques habitations : *Fûleh* et *A Fûleh*.

A notre droite, sur une ondulation du terrain qui ferme notre horizon à l'orient, se groupe le village de *Zaraïn* ; un océan de blé se déroule devant lui : c'est *Jizréhel*, le *Jizréhel* d'Achab, de Jésabel, de Naboth !

— « Cède-moi ta vigne, afin que je fasse faire un jardin de verdure, car elle est proche de ma maison, et je t'en donnerai pour celle-là une meilleure, ou si cela t'accommode mieux, je t'en donnerai l'argent qu'elle vaut.

— « A Dieu ne plaise que je te cède l'héritage de mes pères [2] ! »

Maintenant, il n'y a plus de vignes à Jizréhel; il n'y a d'autres jardins de verdure que la grande nappe verte qu'y forment les champs.

Achab vient en sa maison tout *soucieux* et *indigné*,

---

[1] 1 Rois, XX. — [2] *Ibid.* XXI.

il se couche sur son lit, il ne mange point. Jésabel entre vers lui, elle le console à la manière de Satan. « — Serais-tu roi en Israël!... Lève-toi, et que ton cœur se réjouisse, *je te ferai avoir la vigne de Naboth!* » — Quelle parole, et comme on comprend bien — hélas! je ne la comprends que trop — cette conscience coupable qui ne demande pas, qui ne veut pas savoir *par quels moyens.*

Encore du sang! Achab a la vigne de Naboth, et comme il y descend pour en prendre possession; voici venir un homme de la montagne. Le prophète n'a pas encore proféré une parole, et Achab : « — M'as-tu trouvé, toi, *mon ennemi!* »

Je ne sais, mais il me semble qu'il n'y a jamais eu de lumière si terrible jetée sur une âme rebelle. *M'as-tu trouvé, toi, mon ennemi,* c'est le cri du monde à la rencontre des chrétiens; même quand ils se taisent, ils sont des *ennemis.* On ne les déteste pas tant pour le bien qu'ils font, qu'on ne les hait pour le mal qu'on veut faire.

Effrayante histoire que celle du roi Achab! Faible, habituellement porté au bien, entraîné au mal par Jésabel fille du roi de Sidon, il servirait l'Éternel s'il ne lui en coûtait rien. Et il a une conscience, elle n'est pas étouffée, il l'écoute par moments, il revêt le sac, il se traîne sur la terre..... *Mais voilà, c'était toujours le roi Achab.*

L'heure de la vengeance a sonné. Jéhu le capitaine, vient d'empoigner son arc à *pleine main*; il en a frappé Joram, fils d'Achab, il l'a fait jeter dans le champ de Naboth, il entre à Jizréhel. Voyez-vous à cette fenêtre, une femme fardée, la tête couverte d'ornements royaux?

« — En a-t-il bien pris à Zimri qui tua son Seigneur! — » Audacieuse jusqu'au bout.

« — Qui est ici de mes gens, qui? — » Alors deux ou trois des eunuques regardèrent vers lui.

« — Jetez-la en bas. — » Et ils la jetèrent! et son sang rejaillit sur la muraille, les pieds de son cheval la foulèrent, il monta au palais, mangea et but, puis il dit: « Allez voir maintenant cette maudite, et l'ensevelissez, car elle est fille de roi. » Et ils y allèrent, mais ils n'y trouvèrent rien que le crâne, les paumes des mains et les pieds! — *Dans le champ de Jizréhel les chiens mangeront la chair de Jésabel*[1].

Derrière la montagne du petit Hermon, et j'ajoute du faux Hermon, le véritable est *Gebel-Scheik*, la plus haute cime du Liban, se cache *Dothaïn*. C'est là que Joseph trouva ses frères. Ce fut dans cette vallée qui se relie aux bords de la mer par la plaine d'*Esdraëlon*, que ses frères le vendirent aux marchands égyptiens.

Au pied du faux Hermon, regardant le Carmel

[1] 2 Rois, IX.

que sépare de lui la vallée, s'élève le village de *Sulam* — *Sunam* — demeure de la Sunamite. Ici, tout contre ces pentes un peu arides mais gaies, devant cette plaine aux horizons immenses, la Sunamite avait construit à l'homme de Dieu cette petite chambre où elle mit une table, un chandelier et une chaise. De sa maison sortait et montait comme à cette heure j'en vois sortir et monter, une fumée tranquille, diaphane, l'emblème du bonheur domestique. Voilà bien ces champs dont un jour on rapporta son enfant, son unique : — « Ma tête ! ma tête ! » — Et le père dit à l'un de ses serviteurs : — « Portez-le à sa mère ; » — sa mère le tint sur ses genoux jusqu'à midi ; puis il mourut, et montant, elle le coucha sur le lit de l'homme de Dieu. Voilà cette chaîne du Carmel où elle se fit conduire en hâte sur son ânesse, criant à son mari : « Tout va bien. » — Parole de foi, non de mensonge. La voilà encore, ramenant le prophète lui-même au lieu de son serviteur, qu'il avait essayé d'envoyer à sa place. « L'Éternel est vivant et ton âme est vivante que je ne te laisserai point. » — Il allait et venait, et priait par la maison, luttant avec l'Éternel comme la Sunamite avait lutté avec lui, jusqu'à ce qu'il l'eut emporté.

De l'autre côté du petit Hermon, sur l'autre pente : un autre fils rendu à une autre mère. C'est *Nin* — *Naïn*. — Et nous croyons voir Jésus ressusciter le fils de la pauvre veuve qui courait désolée derrière le cercueil.

Tout nous parle des gratuités de notre Dieu, tout ici nous dit qu'il est *Dieu de près*. — Dans les autres pays, on marche à côté des grands hommes; chaque localité est marquée par leurs exploits; en Palestine on marche à côté de l'Éternel, et chaque colline, chaque vallée racontent son amour avec sa force.

La montagne de Nazareth nous regarde; ses oliviers se détachent au front de la chaîne des monts de Galilée. *Endoura* — Hendor — se devine au-dessous. Saül campait à *Guilboah* pendant que les Philistins campaient à *Sunam*. En les voyant, son cœur s'effraye. Samuel est mort, il n'y a plus de prophètes en Israël, l'Éternel ne marche plus avec Saül, son âme tantôt rebelle, tantôt docile est tourmentée; il consulte Dieu, mais Dieu ne lui répond ni par des songes, ni par l'*Urim*. Alors, lui Saül, qui avait par l'ordre de l'Éternel chassé du pays les devins et les sorciers, Saül commande qu'on lui cherche une femme qui ait l'esprit de *Python*. Il en est resté une à Hendor. Le roi se déguise, il arrive de nuit chez la sorcière.

« — Fais-moi monter Samuel!

— J'ai vu un Dieu qui montait de la terre.

— Comment est-il fait?

— C'est un vieillard qui monte, et il est couvert d'un manteau. — « Et Saül connut que c'était Samuel, et s'étant baissé le visage contre terre il se prosterna.

« — Pourquoi m'as-tu troublé, me faisant monter?.....

— Je suis dans une grande angoisse, les Philistins me font la guerre..... Dieu s'est retiré de moi..... c'est pourquoi je t'ai fait appeler, afin que tu me fasses entendre ce que j'aurai à faire.

— Parce que tu n'as point obéi à la voix de l'Éternel, l'Éternel t'a fait ceci..... Vous serez demain avec moi, toi et tes fils.....[1] »

Nous arrivons au Thabor. Entre le Thabor et la montagne de Nazareth s'ouvre un défilé qui mène de la plaine d'*Esdraëlon* aux plateaux élevés de la mer de Galilée. — Des oliviers en fleurs couvrent les racines du Thabor; nous campons sous leur ombre, et puis nous montons le long des pentes.

Les chênes, les arbousiers y mêlent leurs feuilles, l'herbe y pousse fleurie, la rose trémière y dresse ses girandoles, le chèvrefeuille y suspend aux chênes ses guirlandes embaumées, le sentier y serpente dans la prairie. A mesure que nous nous élevons, les plateaux de Génésareth se découvrent; parvenus à la cime, nous dominons tous les horizons. A l'ouest, la grande vallée d'*Esdraëlon* avec son encadrement de

[1] 2 Samuel, XXVIII.

montagnes ; l'étroite et longue vallée du Jourdain à l'orient avec les monts de Moab ; et, au nord, un lambeau bleu de la mer de Galilée, de la mer du Sauveur, de ces eaux qui baignèrent la barque de Simon le pêcheur, la barque d'André et de Jean, qui baignent aujourd'hui les rives de Bethsaïda, de Capernaüm, de Tibériade ! Au fond, derrière le lac, isolée, la pyramide neigeuse du Liban : l'Hermon de la Bible — *Gebel Scheik !* — Le Liban, la neige, les Alpes de Syrie, et ici les montagnes de Nazareth, et derrière ce pli : *Cana*, et cette moisson de souvenirs, et cette patrie de Jésus dans laquelle nous allons entrer !

Le sommet du Thabor est plus élevé que nous ne le pensions ; il s'étage en trois ou quatre plateaux semés d'orge, entourés de bosquets irréguliers et couronnés de ruines. Ces ruines sont presque enfouies sous les pampres, sous les arbres et sous les hautes herbes. Du temps du Seigneur il y avait là une ville et une forteresse ; l'historien Josèphe répara cette dernière. Les Croisés l'assiégèrent, poussèrent les Sarrasins jusqu'aux murailles ; puis, saisis d'une panique, se sauvèrent à la débandade. On voit encore des voûtes que remplissent les arbustes, des puits immenses dans lesquels croissent des chênes dont la tête effleure le sol. La présence d'une ville, d'une citadelle sur le mont Thabor, contredit la tradition qui place la scène de la transfiguration sur ce sommet. L'Évangile nous dit que Jésus mena ses disciples sur une *haute montagne*, qu'il leur apparut resplendissant de lumière entre Élie et Moïse. Six jours avant, Jésus était dans le territoire de Césarée de Philippe[1]; après le miracle, il se rend dans la Galilée, à Capernaüm[2]; la haute montagne devait donc, il me semble, se trouver entre Césarée de Philippe et Capernaüm, probablement vers *Banias*.

Les dix mille hommes de Nephthali et de Zabulon que Débora fit marcher contre Sisera au torrent de Kison, se rassemblèrent sur le Thabor.

Après nous être longtemps promenés dans les bosquets qui couvrent la montagne, après nous être longtemps couchés dans l'herbe sous les grands chênes, après avoir cueilli des gerbes de chèvrefeuille à la senteur éthérée, de passeroses, d'iris bleus, nous redescendons, et je viens écrire au pied d'un olivier, un peu au-dessus de notre campement; mon mari lit près de moi, de gaies rumeurs montent du village : rires d'enfants, clochettes des troupeaux, voix des mères qui rappellent les bergers, chanson arabe du laboureur qui rentre.

Sauf quelques bandes à la lisière et quelques jachères au milieu, la plaine est entièrement cultivée; elle nourrirait facilement une population décuple

---

[1] Matthieu XVI. — [2] Marc IX 30, 33; Matthieu XVII, 22, 24.

qui viendrait lui apporter la puissance fertilisante de ses soins.

On a dit que l'étonnante variété de chardons qui croît en Judée témoigne de sa stérilité; l'observation n'est pas juste. Le chardon, — et nous en voyons aujourd'hui de prodigieux par la dimension des feuilles, par l'élévation de la tige, par l'éclat des fleurs, — le chardon, cousin germain de l'artichaut, ne vient que dans les bonnes terres. Du reste, tout le monde s'accorde à reconnaître que, depuis quinze ans, la face du pays a changé. Jaffa, dont les abords étaient inféconds comme le désert, se perd à cette heure sous une forêt d'orangers qui remplissent de leurs pommes d'or les villes et les villages de la Judée. Beyrouth a doublé. Les cultures, par toute la Syrie, remontent de la vallée aux montagnes et descendent des montagnes à la plaine; on dirait les préparatifs d'une fête royale. Si c'était celle du Grand Roi revenant à la tête de son peuple!

Mais les cigognes se groupent sur les oliviers pour y passer la nuit. — A la tente! demain il faut se lever avant l'aube; la journée sera grande et belle.

NAZARETH.

Vendredi, 5 mai 1848. — Nous quittons ce matin notre champ entouré de cactus; le bagage va nous attendre à Nazareth pendant que nous descendons à la mer de Tibériade. — Nous marchons dans l'étroite vallée qui sépare le mont Thabor des monts de Galilée; elle est pleine de grandes herbes, de moissons vertes, de chênes qui croissent par groupes au milieu des épis; dans leur feuillage épais, on entend, comme sur tout le Thabor, roucouler les tourterelles. Le soleil n'est pas levé, la rosée brille encore, l'air est vivifiant, les fleurs sont fraîches, la sérénité descend du ciel dans le cœur.

Montagnes, vallées de Syrie, troupeaux de chèvres couchés vers les grands réservoirs, végétation du midi et du nord, hameaux bibliques penchés au flancs des collines, je ne vous quitterai qu'avec des larmes!

A l'extrémité du vallon s'ouvre la grande plaine qui descend en deux ou trois étages au lac de Génézareth ; on ne découvre celui-ci que du dernier plan. La terre est inculte, mais d'une étonnante fertilité ; les Bédouins en ont fait leur domaine privé. Il n'y a que deux villages au bord du lac : *Tabaria — Tibériade —* et *Magdala* ; ils travaillent autour d'eux quelques portions du sol, le reste est un vaste pâturage. Parfois les Bédouins en sèment quelques parcelles, plus souvent ils le laissent en jachère. La plaine s'abaisse donc, couverte d'un fourré d'herbes et de fleurs. Une butte de pierres envahie par les plantes sauvages, signale de temps à autre l'emplacement des nombreux villages qui s'y élevaient autrefois. Au sortir du défilé, Antonio nous fait remarquer les ruines d'un *Han*, on dirait plutôt les ruines d'une forteresse ; ce Han servait de marché aux bestiaux ; les marchands qui s'y réunissent plusieurs fois l'an, y enfermaient leurs chevaux et leurs bœufs : « —Alors, » dit Antonio, « il y avait des voleurs... et Dieu merci il n'en manque pas aujourd'hui ! voilà pourquoi le Han est fortifié !... » Si le Han n'existe plus, la foire existe encore ; on se rassemble tous les quinze jours autour de ces murailles qu'envahissent les buissons ; Bédouins et Arabes y échangent leurs troupeaux.

La plaine est déserte, le Thabor disparaît derrière un repli, les montagnes de Galilée continuent à faire le fond du tableau. *Gebel Scheik* avec sa base immense et bleue, son cône tronqué couvert de neige, domine l'amphithéâtre des montagnes qui s'arrondissent entre ses racines et le lac. Parfois un Bédouin à cheval, sa longue lance appuyée sur l'épaule, galope au travers des herbes ou suit lentement, en se dessinant sur l'horizon clair, la crête du plan qui s'incline vers le lac. Quel abandon, et quelle puissance de production! Deux Arabes: un homme dans la force de l'âge, avec son beau costume, sa grande barbe, ses traits purs; sa femme la tête ornée de bandelettes de pièces d'argent, la robe retenue à la taille et formant des plis droits qui s'allient merveilleusement avec le caractère noble et saint de la figure; leur petit enfant, presque nu, beau comme tous les enfants de Palestine, sortent d'un champ qu'ils viennent de labourer; leurs outils, qu'ils chargent sur un âne, disent tout sur la légèreté du sol; ce sont de petites pelles et de petites pioches, qui chez nous serviraient de jouet.

Nous arrivons à l'extrémité du dernier plateau. Voici le lac! le voici dans sa pureté, le voici dans sa solitude. Pour premier plan, une prairie qui descend vers les eaux avec ses épis d'orge, de folle avoine, ses scabieuses roses, ses ombellifères blanches et jaunes; très bas à nos pieds, le lac, bleu, calme, limpide comme une glace. Vis-à-vis, une rive étroite, basse, verte par place, le dentelle en formant des caps et des anses ; derrière se relève une côte rapide que sillonnnent des ravins, sa couleur dorée indique des prés dont les fleurs commencent à jaunir ; une chaîne de montagnes à sommets allongés s'étend un peu au-dessus ; le grand *Gebel Scheik* — l'Hermon — pose ses larges assises sur la tête de ce dernier contre-fort. A notre gauche, vers l'ouest, une pente verte descend du plateau, s'avance dans le lac, et nous cache *Magdala* ; cette pente laisse entre elle et le versant sur lequel nous sommes arrêtés, une fertile vallée qui va mourir dans les eaux. Voilà ce que nous voyons, et nous restons pensifs devant cette mer de Galilée où se sont presque entièrement écoulées les trois années du ministère de Jésus.

Capernaüm, dont il ne reste plus rien, c'est ce petit promontoire vert, en face de nous : le Capernaüm du centenier, le Capernaüm de Pierre, le Capernaüm du paralytique. Après Capernaüm, plus au nord, on place *Chorazin*. « Malheur à toi Chorazin ! malheur à toi Bethsaïda ! » Après *Chorazin*, toujours en marchant vers le nord, *Bethsaïda* ; mais il y a deux Bethsaïda, on ne sait où se trouve celle du Seigneur. Au fond du golfe, *Magdala*, la ville de cette Marie dont le Seigneur chassa sept démons, de cette Marie dont on a fait je ne sais pourquoi, le type des pécheresses repentantes, de cette Marie à laquelle Jésus apparut le jour de sa résurrection.

Mais ces localités particulières qu'on ne saurait déterminer avec une parfaite exactitude, me touchent moins que l'ensemble du tableau, que ce lac si tranquille, que ces rives dont chacune redit un souvenir.

Où que je me tourne, sur quelque bord que j'arrête mes yeux, je trouve mon Sauveur. Il marche le long de la mer, il appelle quatre pêcheurs; ces pêcheurs quittent leurs filets, leur barque, leur vieux père, et vont après lui. Il cherche avec quelques disciples un lieu solitaire, il monte par une de ces échancrures sur ce premier plateau de montagnes, et la foule qui sait que le Maître est là, lui amène ses malades : tu les regardes, Seigneur, tu dis un mot, ils sont guéris, ils sont sauvés. Puis, tu les fais asseoir sur cette pelouse, en face de la mer, tu fais approcher l'enfant qui porte cinq petits poissons, les milliers qui te suivent se rangent en longues bandes sur l'herbe, tu remercies ton Père de ce qu'il t'exauce toujours, et tu nourris la multitude : on remporte des corbeilles pleines. — Si mon regard descend de ces montagnes sur ces belles eaux, je t'y rencontre encore, Seigneur! Tu es assis sur la barque de Pierre, là, dans cette zone paisible, huilée, et les troupes se pressent sur le rivage pour t'entendre. Tu es vêtu comme ces pêcheurs, comme ces laboureurs qui t'entourent, comme ceux qui passent près de nous; tu portes cette ample, cette simple robe qui depuis des siècles — rien ne change en Orient — a dû former le vêtement des gens de la campagne; tu as en face de toi ces champs verts que je vois d'ici, et tu récites la belle parabole du semeur.

Mais il fait nuit, le ciel est noir, le vent se dévale sur le lac par toutes les gorges, les eaux fouettées par ce courant qui vient des montagnes de Galilée, balayées par cet autre qui descend de l'Hermon, s'entre-choquent et se soulèvent. Une barque flotte à l'aventure, elle plonge, elle tourne, les vagues la recouvrent, les pêcheurs qui la montent, tout habitués qu'ils sont aux fureurs du lac, se regardent effrayés; un homme dort sur la proue. « — Maître, Maître, sauve-nous! nous périssons!... » Cet homme se lève, il tance les vents et la mer : les vents rentrent dans les montagnes, la mer s'abaisse, il se fait un grand calme : « Pourquoi avez-vous peur, gens de peu de foi ? »

La mer est encore houleuse, les ténèbres ensevelissent encore les rives et le lac dans une même ombre, une barque vogue encore sur les flots; mais cette fois, personne ne sommeille, ceux qui la montent font effort contre l'ouragan; leur Maître, leur Seigneur, celui auquel les vents mêmes et la mer obéissent, leur *Maître* les a laissés. Et voici, sur la quatrième veille de la nuit, comme un fantôme qui s'avance au milieu de la tempête; les mariniers s'écrient d'épouvante :

« — Rassurez-vous, c'est moi, n'ayez point de peur ! »

Parmi tant et de si douces images, deux scènes me pénètrent d'une émotion toute particulière : l'une se place au commencement de la carrière du Seigneur, l'autre à la fin, au moment où déjà revêtu du corps glorieux, Celui qui est les prémices de la résurrection va s'asseoir à la droite de l'Éternel. C'est encore auprès des eaux; Simon lave ses filets sur le bord de la mer, Jésus pressé par la foule monte dans une nacelle, dans celle de Simon; il s'assied, il enseigne les troupes, et quand il a cessé de parler :

« — Mène en pleine eau, et lâchez vos filets.

— Maître, nous avons travaillé toute la nuit sans rien prendre, toutefois à ta parole, je lâcherai les filets. »

Les filets plongent, on essaye de les retirer, ils rompent; les pêcheurs appellent leurs compagnons — Jacques et Jean; — les nacelles enfoncent sous le poids, et Simon Pierre se jetant aux pieds de Jésus : « Seigneur, retire-toi de moi, car je suis un homme pécheur.

— N'aie point de peur ! Dorénavant tu seras pêcheur d'hommes vivants.

Voici l'autre scène. C'est le soir; Simon Pierre,

Nathanaël de Cana, Thomas et deux autres disciples conversent ensemble. Pierre dit : « — Je vais pêcher. » — « Nous y allons avec toi. » — Ils montent dans la nacelle, mais cette nuit-là ils ne prennent rien. Le matin, un homme se montre sur le rivage; le jour n'est pas encore clair, les pêcheurs sont loin de la rive : — « Mes enfants, avez-vous quelques petits poissons à manger?

— Non.

— Jetez les filets au côté droit de la nacelle et vous en trouverez... »

Le filet, cette fois aussi, menace de rompre sous la charge.

« — C'est le Seigneur! » Pierre se jette à la mer; il y a de la braise sur le rivage et des poissons mis dessus avec du pain : « — Venez et mangez. » Et les disciples sont là, le cœur gonflé d'émotion, interdits, n'osant lui demander : « Qui es-tu?... » car ils voient bien que c'est le Seigneur. Alors Jésus prend du pain et des poissons, et leur en donne; puis :

« — Simon, fils de Jonas, m'aimes-tu plus que ne font ceux-ci?...

— Oui, Seigneur, tu sais que je t'aime!

— Pais mes agneaux! »

Et trois fois la même question, jusqu'à ce que Pierre attristé : « Seigneur, tu sais toutes choses, tu sais que je t'aime. »

Vis-à-vis de nous, un peu sur la droite, à l'orient,

se relèvent les côtes arides du pays des *Gergéséniens*, ces côtes du haut desquelles les pourceaux, gardés et nourris malgré la loi de Moïse, se précipitèrent à la voix de Jésus.

« — Qu'y a-t-il entre moi et toi, Jésus, fils du Dieu Sauveur? Je t'en prie, ne me tourmente point. » — Le peuple pas plus que le démoniaque, ne veut du Sauveur. *Ne me tourmente point!* l'homme possédé du diable le dit crûment; les gens sensés y mettent des formes; le fond reste le même. Chose surprenante! le démoniaque est plutôt gagné que les gens sages; il reconnaît la puissance de Jésus; pour les autres, Jésus ne sera jamais qu'un visiteur fâcheux.

Quelques familles arabes passent sur la route, nous échangeons le *Salam.* Les physionomies sont toujours fières, mais elles ne sont plus hostiles. Voici la forme d'une de ces salutations bédouines : « *El aouaf ya Zenat* — Dieu vous soit en aide, STATUES! — *Statue!* c'est, dans la langue arabe, la dénomination la plus noble, l'expression la plus flatteuse.

Près de nous passe une espèce de santon ou de psylle, qui tire inopinément de son sac un serpent [1]. — Un peu plus loin, un prêtre du Liban monté sur un âne, avec son turban noir et sa barbe vénérable,

---

[1] L'art de charmer les serpents remonte à la plus haute antiquité : « Ils ont un venin semblable au venin du serpent, et ils sont comme l'aspic sourd, qui bouche son oreille; qui n'écoute point la *voix des enchanteurs,* la *voix du charmeur, fort expert en charmes.* » Psaume LVIII, 4 et 5.

puis quelques femmes coiffées du haut bonnet pointu que recouvre le voile blanc; elles viennent de *Saphed*, au nord de la Galilée.

Le tournant de la montagne nous amène au-dessus de Tibériade, en face de l'extrémité méridionale du lac. Les remparts crénelés, les tours ruinées de la ville de Tancrède se profilent sur le lac; un minaret, quelques palmiers passent par-dessus les murs, de grandes brèches les déchirent. Il n'y a d'arbres au bord du lac qu'un bouquet d'oliviers près de Capernaüm et ces palmiers, qui inclinent leurs panaches sur les toits en terrasse de *Tubaria*.

Nous entrons par une vieille porte; tout est décombre; les châteaux, les murailles antiques laissent tomber leurs pierres; et pourtant tout est riant. Les Arabes vont, viennent, vendent et achètent des légumes, des fruits ou du poisson; car il y a encore des barques à Tibériade. Les maisons sont blanches, basses; sur les toits s'élèvent des pavillons de feuillage, les habitants y dorment la nuit; des femmes à la robe éclatante, à la veste aux longues manches, le front entouré d'une écharpe roulée qui laisse voir les cheveux, nous regardent passer. Nous traversons le quartier juif; là, d'autres figures : blondes, pâles, effilées; tantôt le bonnet fourré des Polonais, tantôt le turban blanc lamé de raies rouges des Espagnols, toujours les deux boucles soyeuses et minces le long des joues. Les femmes juives, richement vêtues, le teint délicat, les yeux bleus, le visage entièrement découvert, se montrent sur le seuil de leurs portes. Quand nous regardons dans les habitations, nous sommes frappés de la propreté de ces grandes salles dallées en pierre.

Les rides du lac arrivent l'une après l'autre sur le gravier de la plage. Nos chevaux y entrent, nous buvons de ces belles eaux, nous contemplons longtemps cette nappe, nous y baignons nos fronts et nos mains. Après, nous remontons le long des plateaux par un autre chemin, tristes de quitter ce petit coin de terre et d'eau que nous aimions depuis si longtemps, que nous n'aurons vu qu'un jour.

J'abrége, il est tard, nous avons marché douze heures; mon malheureux journal pèse sur la caravane entière; il n'y a guère que *Zosi*, ses compagnons et les ânes qui n'en souffrent pas. Nous nous dirigeons vers les montagnes, laissant à gauche le plateau de *Batùff*, où Guy de Lusignan perdit la Palestine. Le vent soufflait à la figure des chrétiens, le feu mis aux herbes les étouffait, les cordes des tentes ne suffisaient pas à lier les prisonniers ; quarante chevaliers étaient attachés ensemble par une seule chaîne, deux cents gardés par un seul homme; on donna un chevalier pour une chaussure !

Bétùni, à qui Antonio a prêté son cheval, exécute sans étriers des *fantasia* au travers des pierres, des prés, des collines et des vallées. Cet homme, qu'on dirait posé sur son âne comme une bûche, lance son cheval à fond de train, vole par la campagne, tourne, pirouette, caracole, avec le seul secours de la voix et de la bride : « — *Tayb, tayb, Betûni! Bene! Verygood! Sehr wohl!* » Car Bétûni est censé parler toutes les langues... y compris le Russe. Nous courons après lui, et Bétûni, l'âme éprise de gloire, pousse de plus belle, galope par le plus rapide; on dirait qu'il va se partager en quatre : point, il s'arrête net et rit. Qui n'a pas vu rire Bétûni, avec ces yeux fixes, cette bouche grande ouverte, cette langue épanouie entre deux rangées de dents espacées, n'a rien vu.

Cana se présente au milieu de la chaîne de Galilée. Une vieille église, un ou deux pans de vieux murs aux trois quarts enfouis dans la terre, se cachent sous les plantes grimpantes. Les oliviers et les grenadiers croissent autour de la vallée, des cimes basses l'enferment; le froment caresse de ses épis les branches des grenadiers, un caroubier au sombre feuillage s'arrondit au milieu. Vers l'extrémité du village, deux canaux versent dans un grand réservoir deux sources limpides; les enfants remplissent les abreuvoirs, les vaches et les chèvres se serrent autour, les femmes descendent et remontent, l'urne noire sur la tête. *Cana*, l'humble hameau, sourit à sa charmante vallée, à ses beaux grenadiers, à ses troupeaux, à ses eaux courantes. Elle devait ainsi sourire ce beau jour des noces où le Seigneur arriva par le chemin que nous prenons, où il changea en vin, l'eau de cette même source.

D'autres vallées, un autre village, un sol mouvementé charment l'œil. Des nopals, des oliviers, des grenadiers, des fontaines, et la pittoresque population, et les scènes du soir ! toujours les vues agrestes, toujours les fleurs dans le sentier, toujours l'air parfumé des montagnes ! Ce qui fait de la Syrie un pays enchanté, c'est ce mélange de la chaude couleur méridionale avec les tons moelleux du Nord. Les cactus, les grenadiers en fleurs, les oliviers, les yeux noirs, les costumes d'Orient, et puis l'herbe, *l'herbe haute*, la fraîcheur des sommets, les chênes, la végétation presque Alpine.

— Vous êtes au printemps, vous voyez tout en vert ! mais le mois d'août !...

Le mois d'août n'est beau nulle part, — la Suisse exceptée. — Et puis, c'est vrai..... au pays de la promesse, il faut la saison des promesses.

Un dernier col : voici *Nazareth*. Le Seigneur passa trente années de sa vie, dans cette vallée qui s'arrondit verte de champs, autour d'un bouquet d'oliviers et de grenadiers, tandis que cette Nazareth *d'où il ne pouvait rien venir de bon*, se suspend au flanc rapide de la montagne. — Du haut du col, on découvre la plaine d'Esdraélon, la chaîne du *Carmel*, un lambeau de mer ; une fois dans la vallée, on ne voit plus que les pentes ondulées, verdoyantes, et la vieille cité : elle fait le fond du tableau.

Près de nous coule une fontaine; au coucher du soleil les troupeaux s'y sont rassemblés, ils descendaient de la montagne, le troupeau de cavales et de poulains au galop, comme une avalanche, un peu après le troupeau des ânes à l'allure philosophique, et puis les vaches, et puis les chèvres et les brebis; tout cela s'est lentement abreuvé. Les enfants venaient curieusement regarder dans la tente, les femmes regardaient aussi, mais d'un peu plus loin; les hommes s'asseyaient au bord de la fontaine. Et c'est tout cela qui fait l'*Orient*; cette vie, cette couleur, ce quelque chose de profondément *autre* que ce que nous avons vu, que ce que nous sommes destinés à voir dans notre Europe pourrie; ce quelque chose de primitif à la fois et de jeune, d'antique par les souvenirs, de frais par les souvenirs encore, que nous aimions avant de l'avoir vu, que nous aimons bien plus après.

LE CARMEL.

Samedi, 16 mai 1848. Couvent du Carmel. — Hier soir, le cri des chakals pour nous endormir, le gémissement plaintif de quelque oiseau de nuit, et la *chanson de Babylone* murmurée à demi-voix dans les tons mineurs, avec des ritournelles que varient chaque fois des nuances à peine saisissables. Notre chanteur veille jusqu'à deux heures, Bétûni lui succédera. Qu'il dorme debout, traversé par le fusil d'Antonio; qu'il dorme roulé dans sa couververture : c'est tout un. Nous voici dans le pays des larrons. Hier, entre Naplouse et *Djennin*, trois mauvais drôles ont dévalisé un colporteur. — A deux heures Bétûni commence la veillée; chevaux et mulets sont attachés par un licol à deux longues cordes fixées en terre. L'aube paraît ; il manque un cheval : celui de Jeannette; il était placé au milieu de ses compagnons! on l'a détaché, emmené sans bruit sous le nez de Bétùni; cela s'est fait à la manière arabe, vers le matin. — Bétùni, Abdallah, les Mùkres en vestes de sorciers, les Mùkres en étuis rouges, le chanteur de Babylone, tous, quittant cette fois leurs nargilehs, enfourchent chacun sa bête, et galopent sur tous les chemins, par toutes les montagnes: ni cheval, ni Bédouin! — car c'est un Bédouin, on n'en doute pas, qui a pratiqué le *vol au bonjour*. — Antonio se rend chez le Gouverneur, il y formule sa plainte : « — *Trouvez le larron*, répond le Gouverneur, et je lui fais administrer autant de coups de bâton qu'il vous plaira; *trouvez la bête* et je vous la fais rendre. » — Oh sagesse de Salomon !... Si on trouve le Bédouin, Antonio se charge de lui frotter les oreilles, et si on trouve la bête, nous la prendrons sans autre forme de procès.

Nazareth est habitée par des chrétiens, des juifs et des musulmans; elle se dresse en échelle contre les bancs de rochers qui forment la montagne; elle est blanche, entourée de haies de cactus qui bordent les terrasses. Les femmes portent tantôt le costume des champs : la robe blanche flottante; tantôt le costume citadin : la robe de couleur vive fendue des deux côtés, les pantalons amples, la veste à taille longue ouverte sur la poitrine, les manches serrées du haut, larges et pendantes du bas. Cette population est belle comme toutes les populations de la Palestine; les enfants ont de jolis visages ronds, bruns, avec des yeux brillants, des cheveux bouclés, des membres délicats: ils rappellent les saints Jean et les anges des grands peintres italiens: Raphaël et le Guide.

Le Seigneur était *enfant* parmi les enfants; il est venu, lui aussi, auprès de cette source qui coule devant la ville, qu'entourent les mères, les jeunes filles et les jeunes garçons.

Il a été enfant... Quel mystère!... pour ma part je n'ai jamais essayé de le sonder, je ne puis me représenter, et qui le pourrait? cette plénitude de la divinité qui se rapetisse à la mesure d'homme, d'*enfant*; cette Parole qui a tout créé, consentant à s'enfermer dans les cachots de l'âme humaine, consentant à passer par les développements successifs du premier, du second âge! — Je sens qu'il y a là un abîme d'amour, d'humilité, et je demande un cœur simple qui l'adore.

Il était donc là, enfant; là il croissait en stature, en sagesse, en grâce devant Dieu et devant les hommes; là il était soumis à Marie et à Joseph; là il vécut trente années inconnu au monde. — Quel mystère encore! que se passait-il dans l'âme de mon Dieu Sauveur, lorsque, pauvre charpentier à Nazareth, gagnant son pain par son travail, il vivait de la vie de tous? Nous n'avons aucun détail sur les années de sa jeunesse, les Évangiles ne nous rapportent pas un de ses discours, pas un de ses actes; mais qui voudrait, je ne dis pas qui oserait, retrancher ces trente années de la vie du Seigneur? Ce silence même, cette existence cachée ne parlent-ils pas? ne ramènent-ils pas à l'ombre et à la paix, nos esprits altérés de grand jour et de bruyant travail?

Marie habitait Nazareth, lorsque l'ange vint lui annoncer qu'elle était bénie entre toutes les femmes : Marie fut *fort troublée;*

« — Ne *crains* point, car tu as trouvé grâce devant Dieu. » Et Marie : « — Voici la servante du Seigneur, qu'il me soit fait selon ta parole[1]. »

Pourquoi n'avons-nous pas cette soumission simple, droite, qui laisse voir naïvement l'inquiétude, qui demande naïvement des explications : *comment cela arrivera-t-il?* et puis qui s'en remet confiante au bon plaisir de Dieu, tel un navire qui plie ses voiles en entrant dans le port.

Le Seigneur ne fit ici que peu de miracles : *aucun prophète n'est bien reçu en son pays*, et ceux qui l'avaient vu grandir, qui tous les jours rencontraient ses frères, ses sœurs et sa mère, ne pouvaient croire que cet homme de peu d'apparence fût le Messie, le Christ, Dieu fait homme.

« — Il y avait plusieurs veuves en Israël du temps

---

[1] Luc, I.

d'Élie, lorsque le ciel fut fermé trois ans et six mois, de sorte qu'il y eut une grande famine par tout le pays. Et toutefois Élie ne fut envoyé vers aucune d'elles, mais seulement vers une femme veuve dans Sarepta de Sidon. Il y avait aussi plusieurs lépreux du temps d'Élisée; toutefois, pas un d'eux ne fut guéri, mais seulement Naaman le Syrien. » — A l'ouïe de ce discours, les Nazaréens se lèvent en tumulte; ils entraînent Jésus *hors de la ville*, ils le mènent au bord de la montagne sur laquelle *leur ville était bâtie*, ils vont le précipiter, mais Jésus passe au milieu d'eux et se rend à Capernaüm[1]. — Une partie de Nazareth est bâtie sur les escarpements, c'est celle qui grimpe le long d'un plan rapide et dont les maisons se superposent les unes aux autres. Si la ville est peu à peu descendue dans la vallée, le rocher maintenant couvert d'habitations devait, au temps du Seigneur, se trouver en dehors des murs.

Aujourd'hui encore, on nous appelle en Orient *Nazaréens — Nazaraa.* —

Ce matin, nous regagnons la plaine en passant de vallée en vallée au travers des montagnes. Dans chaque vallon, un village, un réservoir avec ses troupeaux et ses bergers. Nous rencontrons quelques Bédouins à la longue lance ferrée, au mouchoir jaune et rouge flottant sur les épaules; souvent des

---

[1] Luc, IV.

vieillards trottant sur quelque âne avec deux enfants, l'un en croupe, l'autre devant eux.

Au milieu de la plaine, vers l'extrémité occidentale, se soulève une longue colline herbeuse et boisée; là nous retrouvons les prés en fleurs, les chênes qui baignent leurs branches dans les herbes, le roucoulement des tourterelles sous tous les abris de feuillage, les scabieuses roses, les liserons blancs et jaunes, les mauves à la large coupe, les splendides girandoles de roses trémières, et puis les mouvements de terrain, les sentiers qui serpentent : ce qu'il y a de plus riant et ce qu'il y a de plus agreste.

La chaîne du Carmel, contre laquelle va mourir la plaine d'Esdraélon au midi, se termine par un mamelon plus bas que les autres, il se dérobe derrière la dernière cime : c'est le Carmel proprement dit. Quelques villages s'appuient contre la base de la chaîne; chaque maison porte le pavillon de branchages sous lequel on passe la nuit : on dirait la fête des Tabernacles.

Nous traversons les sources du torrent de *Kiscon*; elles sortent au pied des montagnes.

Voilà donc ce torrent de Kiscon dont les eaux gonflées emportèrent l'armée de Sisera. En hiver, d'autres courants qui descendent des montagnes de Galilée viennent s'y joindre et convertissent fréquemment l'extrémité de la plaine en un lac profond. L'armée turque battue par Bonaparte entre

Fuleh et *a Fuleh* se noya dans le torrent de Kison qui envahissait alors la plaine.

Ce fut près de ces eaux tranquilles qu'Élie fit égorger les quatre cent cinquante prophètes de Bahal.

La plaine s'unit à la mer entre les deux longs remparts que forme la chaîne du Carmel au midi, et la chaîne des montagnes de Galilée au nord. La baie de Saint-Jean-d'Acre s'ouvre là. Nous cheminions derrière les jardins d'orangers de *Kaïffa*; les citronniers chargés de fruits se pressent entre les montagnes et le golfe, quelques beaux palmiers sortent au milieu, les grandes eaux viennent baiser cette rive odorante. Nous passons une haute porte en ogive, dans l'ombre de laquelle dorment et le Bédouin qui arrive de la montagne et le cheval qui l'a porté. Kaïffa est au dedans vide et triste : espaces immenses, pauvres masures, murs d'enceinte énormes, et puis deux grosses maisons carrées, disproportionnées, espèces de casernes désertes qui servent de consulats et qui ont l'air de prisons.

Nous tournons ici la pointe de la chaîne du Carmel; le mamelon qui porte le monastère se découvre tout à coup, il assied sa base sur la plage et se relève par une pente raide jusqu'au plateau que couronne le couvent; c'est une vue unique; à mesure que nous montons, elle s'étend; nous planons sur la mer, Saint-Jean-d'Acre brille comme une perle à la pointe du promontoire qui nous fait face : en bas, les jardins, les murs, les minarets et les consulats de Kaïffa; un petit bâtiment de guerre se balance dans ses eaux, les plages sous-marines tachent la mer de bleu foncé et de vert vif. Au bout du sentier, le monastère, une cour, des bâtiments neufs, devant nous la Méditerranée sans bornes, la baie et les montagnes au nord.

Frère Charles, en robe de capucin, vient nous recevoir.

— Bonne arrivée !

Et bonne réception. Frère Charles nous conduit dans une vaste chambre. Nous faisons avec quelques messieurs anglais un dîner maigre mais excellent. Frère Charles nous tient compagnie, il nous sert les haricots du Carmel, les petits pois du Carmel, dont les graines lui ont été données en France par la *princesse* une telle, par la *marquise* une autre. Frère Charles a visité la France, il l'aime, il y connaît tout le monde; Napolitain de naissance, il est Français de cœur. Nous parlons d'Europe, et puis nous allons nous coucher; ce ne sera pas de trop, la chaleur nous a suffoqués aujourd'hui.

J'oubliais notre déjeuner; nous l'avons mangé au bout de la plaine d'Esdraélon, dans de hautes herbes où nos chevaux disparaissaient entièrement. Zosi en était réduit à brouter au-dessus de sa tête.

Ici, terreur panique d'Antonio.

Antonio est resté en arrière, il escorte les bagages; nous le voyons qui descend les collines, et nous laissons Bétûni, son âne et le bissac, avec ordre d'attendre Antonio pour lui remettre sa pitance.

Nous n'avons pas tourné bride que Bétûni ronfle dans le fourré, que l'âne paît à l'aventure. Antonio, qui ne nous aperçoit pas et qui a l'imagination noircie par le vol du cheval, voit l'âne abandonné. « — C'est bien l'âne de Bétûni !... Bétûni était avec Monsieur et Madame... » — Il presse le pas; les grandes herbes sont froissées, foulées; il se hâte. — « Bétûni !... » Bétûni est étendu sans mouvement, la tête tordue, le visage au soleil, une ligne rouge autour du cou. — « Seigneur ! on a étranglé Bétûni, on l'a égorgé, on l'a assassiné !... Et Monsieur ! et Madame !... » — Antonio arrive à franc étrier. Bétûni se lève à demi, ouvre la bouche, ouvre les yeux, écarte son tarbousch qui lui est tombé sur le cou, rit en étalant sa langue et se tourne de l'autre côté.

A propos de Zosi, on nourrit nos chevaux avec cinp litres d'orge mêlés de paille hâchée, et donnés en deux fois : le matin avant le départ, le soir à l'arrivée.

A propos de plaine, celle d'Esdraëlon appartient au gouvernement ainsi que les plateaux qui descendent au lac de Tibériade; ce sont les Bédouins qui cultivent ces terres; ils payent au gouvernement un cinquième ou un tiers du revenu.

Il y a cinq ou six ans, le Sultan eut l'excellente

idée de partager le sol entre les habitants de la contrée; les gouverneurs des villes s'y opposèrent : — « Cela a toujours été ainsi, il faut que cela reste ainsi. » — Les *bornes* sont de tous les pays.

Frère Charles affirme, contrairement à Antonio, que le gouvernement possède non-seulement les plaines que je viens de nommer, mais le territoire entier de la Palestine, à l'exception de quelques jardins autour des villages. J'ai peine à le croire; si le Sultan était seul propriétaire, si les Syriens n'étaient partout que tenanciers, je doute que l'on vit les montagnes cultivées jusqu'à la cime, les parois les plus rocailleuses plantées de figuiers, des carrés de quelques pieds semés de froment, tandis que de grands lambeaux d'un sol bien plus fertile, restent sans culture dans les vallées.

Dimanche 7 mai 1848. Couvent du Mont Carmel. — Il fait un *Kamsin* brûlant qui remplit l'air de brume, et qui ôte à la vue du Carmel quelque chose de sa splendeur. Elle reste pourtant idéale; le couvent domine la montagne : promontoire redressé dont le sommet s'aplatit et fuit derrière le monastère; quelques jardins en terrasse s'abaissent devant le principal bâtiment; en face, la mer sans bornes; à droite, le golfe, Kaiffa tout près, Saint-Jean-d'Acre au loin; — la Ptolémaïs de Saladin et de Richard — à gauche, la pente raide, quelques dentelures de la rive, et Césarée qu'on ne voit pas mais dont on peut fixer la position. La cime est aride, couverte à peine de quelques buissons bas. La prophétie qu'Amos avait proférée au temps du roi Hosias, d'Hosias l'agriculteur qui avait des laboureurs et des vignerons en Carmel [1], cette prophétie s'est accomplie : « Le sommet du Carmel séchera [2]. »

Je ne m'attendais pas à trouver ainsi bâtie et civilisée la montagne où Élie, seul fidèle au milieu d'un peuple idolâtre, dressa son autel en face de l'autel froid et morne des quatre cents cinquante prêtres de Bahal. J'aurais mieux aimé le sommet dont parle le prophète : chauve, solitaire, son pied lavé par la mer ; j'y aurais mieux conversé avec les souvenirs de cette grande scène.

Les faux prophètes ont crié, ils se sont fait des incisions : « — Il est Dieu, mais il pense à quelque chose, ou il est après quelque affaire, ou il est en voyage ; peut-être qu'il dort, et il s'éveillera !... »

Le soleil baisse à l'occident, le temps de l'oblation du soir approche, nulle voix ne répond, nulle flamme ne descend sur l'autel ; alors Élie fait approcher le peuple, ce peuple apostat qui tremble devant Jésabel ; il répare l'autel démoli de l'Éternel, il creuse un canal tout autour, il met le veau en pièces, il verse l'eau sur l'holocauste, sur le bois,

[1] 2 Chroniques XXVI. — [2] Amos I, 2.

elle ruisselle partout; à ce moment : « O Éternel, Dieu d'Abraham, d'Isaac et d'Israël, qu'on connaisse aujourd'hui que tu es Dieu en Israël, et que je suis ton serviteur, et que j'ai fait toutes ces choses selon ta parole! Exauce-moi Éternel, exauce-moi, et que ce peuple connaisse que tu es l'Éternel Dieu, et que tu convertisses leur cœur! » Le feu de l'Éternel sillonne l'air, il embrase l'holocauste : *C'est l'Éternel qui est Dieu, c'est l'Éternel qui est Dieu!* — Quelle scène !

Élie a la foi, il a la foi parce que son âme est droite; notre foi ne vacille que parce que notre cœur cloche des deux côtés! Pourtant cet homme qui brave la nation, les prêtres, Achab, cet homme, le même jour s'enfuira dans l'amertume de son angoisse, parce qu'une femme méchante aura proféré des menaces contre lui. Il faisait front à des milliers, il se sauve devant une parole! Eh bien, ces défaites des hommes de Dieu me fortifient encore plus que leurs exploits; lorsque je vois saint Pierre renier le Sauveur, et pleurer, et rentrer en grâce; lorsque je vois Jonas refuser de porter le message à Ninive, et se repentir, et recevoir la bénédiction de Dieu; lorsque je vois David succomber aux tentations, et l'Éternel avoir pitié; alors je sens en moi bonne espérance. La sainteté de tes enfants m'écrase, Seigneur; leurs chutes et les compassions, voilà ce qui me rend courage.

Tout à l'heure, je dessinais sur la terrasse du bâtiment destiné à la réception des Arabes; une odeur de pluie montait de la mer; la brume s'obscurcissait à l'horizon; je me rappelais ces paroles d'Élie : « — Monte, mange et bois, car on entend le bruit d'une grande pluie! » — Voici! une nuée comme la paume de la main sort de la mer : « Attelle ton chariot, de peur que la pluie ne te surprenne! » Et le prophète court devant Achab jusqu'à l'entrée de Jizréhel [1].

Frère Charles montre le couvent à mon mari; les femmes n'y sont pas admises. On y voit la caverne d'Élie, pour lequel les musulmans ont autant de vénération que les chrétiens. Il n'est pas question de caverne dans l'Écriture; qu'importe à la tradition?

Les frères sont quinze : le Carmel, la gloire du Carmel, l'embellissement du Carmel, voilà leur *dada*. Frère Charles reçoit les voyageurs, les autres disent les offices, travaillent au jardin, surveillent quelques cultures. L'un d'eux, architecte, fort âgé, dirige la construction d'une aile nouvelle. Ils ont l'air heureux, suivent leur règle, — la règle des carmes déchaussés, — sortent dans la montagne quand ils veulent, demandent permission pour descendre à la ville, font maigre toute l'année en mangeant du poisson, gardent le silence... plus ou

[1] I Rois, XVIII.

moins, et vivent un jour comme l'autre, ce qui est plus facile et plus doux qu'on ne pense.

Quant à la spiritualité, ce n'est pas dans la vie monastique qu'il faut la chercher ; les règles matérialisent la piété : on exécute ponctuellement son programme de chaque jour, et l'âme s'échappe par dessous ou s'endort.

Les frères ont l'air d'excellentes gens ; en les voyant je renouvelle mon éternelle question : « Que font-ils là ? à quoi bon ? est-ce là le service de Dieu ? » Qu'il faut avoir alambiqué la foi, pour en être venu à substituer ces pratiques, cette abstention des devoirs naturels, à la vie chrétienne telle que nous la voyons dans la primitive Église.

Tout cela ne m'empêche pas d'aimer les moines... et c'est justement parce que j'aime les moines, que je n'aime pas l'état monastique.

Frère Charles est plein de naïveté fine, de bonhomie spirituelle. Lorsque nous dînons, il se lève à chaque instant pour nous servir ; il le fait non par ostentation d'humilité, mais parce que *Constantini*, pauvre Polonais tout noir de barbe, qui n'entend ni le français, ni l'anglais, ni l'arabe, ni l'italien, se trouble et perd la tête à la vue de tant de visages nouveaux. Frère Charles et Constantini, l'un riant, servant, racontant ; l'autre éperdu, courant autour de la table en ouvrant de grands yeux de carpe frite, forment deux pendants à peindre.

— Constantini !

— Commandi !

— I piatti ! — et Constantini se sauve dans la cuisine.

— Constantini !

— Commandi !

— Pane, pane figliuolo ! — et Constantini cherche le pain partout où il n'est pas, particulièrement dans la burette d'huile et dans la pile d'assiettes sales, jusqu'à ce que frère Charles y coure et l'apporte.

Frère Charles nous dit ses voyages en France, son séjour à Paris. Il s'agissait d'avoir de l'argent : frère Charles s'adresse aux notabilités de toute espèce, artistes, hommes politiques, légitimistes, constitutionnels, femmes du monde ; chacun le fête : frère Charles était *un lion*, il ne s'en doute pas encore. On lui organise une loterie, un concert. Les artistes promettent des merveilles : tableaux *inédits*, vers *inédits*, musique *inédite* ; seulement ils oublient un peu de tenir. « — Sans les dames, s'écrie frère Charles, jamais nous ne marchions ! » On forme un comité pour relancer les gens à courte mémoire, les billets se placent, les lots arrivent.

— Croyez-moi, dit un auteur célèbre, vendez tous les tableaux de prix... tirez le reste !

La bonne foi de frère Charles s'effarouche.

— Mais *figlio mio*, les gens qui nous ont pris des billets, ne les ont pris que dans l'espoir d'avoir une toile d'Horace Vernet, un autographe d'Hugo !

— Bah, bah ! on n'en fait pas d'autres !

Frère Charles qui n'est pas encore *faiseur*, résiste, et pour la première fois peut-être, les détenteurs de billets résolvent le problème si souvent posé : *de la bonne affaire unie à la bonne action.*

Après la loterie, le concert ; promesses, comme toujours, et cent bonnes raisons pour ne pas tenir. Enfin, enfin, à force de visites, de lettres et de comités, le grand jour arrive. C'est à l'Odéon. Frère Charles se tenait tranquillement au Luxembourg chez la duchesse Decazes, lorsqu'arrive un des commissaires.

— Il faut venir avec moi sur l'heure.

— Où ?

— A l'Odéon.

— Comment à l'Odéon ? au théâtre ! moi, frère du Carmel, moine !

— Eh bien justement.

— Mais moi je ne vais pas au concert, mon affaire est finie, je reste ici.

— Le comité vous demande.

— Le comité ! bon ! encore quelque difficulté ; dans ce cas, c'est différent : allons.

On arrive à l'Odéon, on monte un petit escalier sombre ; frère Charles passe le seuil d'une porte, il salue son comité, tous gens qu'il connaît, avec lesquels il s'est réuni trois fois la semaine pendant les six derniers mois; il relève la tête et se voit : « Sur le *palco scénique!*.. Sur le *palco scénique* Madame! au milieu de l'orchestre, en face du parterre, devant cinq rangées de loges garnies d'auditeurs ! — » Encore un coup de faiseur!

Frère Charles a conservé sa bonne foi, mais je le soupçonne d'avoir compris dès lors les *arcani* de la charité parisiennne.

Le plus joli, c'est sa visite à M. Thiers. — M. Thiers était à la tête de l'opposition; M. Guizot, au ministère des affaires étrangères.

— Monsieur Thiers, j'ai besoin de votre secours.

— Que vous faut-il, mon père; de l'argent?...

— Non, pas d'argent; du moins, pas de vous; il me faut autre chose.

— Quoi donc?

— Il faut que vous nous fassiez obtenir un secours du *ministère des affaires étrangères !...*

— Bon!...

— Voyez, moi je suis inconnu : un pauvre moine qu'on laisserait moisir dans les antichambres; venez avec moi chez M. Guizot.

M. Thiers fait un saut sur sa chaise.

— Mais savez-vous bien ce que vous me demandez là?... *le savez-vous?...*

— Je ne sais rien. Je ne sais pas si vous êtes *ami avec* M. Guizot, ou si vous ne l'êtes pas; tout ce que je sais, c'est que vous, Monsieur Thiers, vous êtes le *protecteur* du Carmel ; je viens à vous comme au PROTECTEUR du Carmel, et vous viendrez avec moi comme PROTECTEUR du Carmel !

M. Thiers réfléchit un instant, se lève, met son paletot, accompagne frère Charles au ministère, y est reçu comme on reçoit un ennemi politique quand il vient solliciter une faveur... et le couvent gagne vingt mille piastres à la rencontre des deux puissances parlementaires.

Frère Charles, que les affaires de la France intéressent au plus haut point et qui a vainement sollicité de ses amis l'envoi de quelque journal, frère Charles nous fait vider notre sac de nouvelles. Ce matin, il nous demande si M. *Cochon* n'a pas de portefeuille.

— M. Cochon ! s'écrie mon mari, je ne connais pas de M. Cochon au ministère... mais encore, quel M. Cochon ?

— M. Cochon de Mer !

— M. *Cochon de Mer ?*

— Eh oui ! M. Cochon de Mer. Il n'est pas ministre ?... il avait pourtant des tendances républicaines !

— Je ne sais pas si M. *Cochon de Mer* a des tendances républicaines, mais je vous certifie qu'il n'est pas ministre. D'ailleurs, Cochon... *Cochon de Mer*... c'est un nom...

— Eh ! c'est un nom très connu Cochon de Mer !

A force de chercher, nous découvrons que frère Charles, qui a l'accent italien, veut dire : M. *Cauchois Lemaire*. Frère Charles ne comprendra jamais nos accès de rire fou.

Les frères vivent donc là, spectateurs tranquilles des événements d'Europe. « — En 1840, disait frère Charles, nous voyions de notre terrasse bombarder Saint-Jean-d'Acre; cela a duré trois heures; c'était beau! A présent, — et frère Charles se frotte les mains, — à présent, nous allons voir ce qu'ils vont faire en Europe!... » Seulement, si frère Charles avait un journal, cela aiderait bien les pères à garder la règle du silence.

Nous essayons vainement d'entamer une conversation plus sérieuse; ce qui sort de l'observance n'est pas entendu. Nous disons quelques mots de la prière spontanée, de la foi; frère Charles nous répond *tradition*, *offices*, ou plutôt ne répond guère. Et puis, frère Charles, qui est accommodant, qui a mis dans son comité, comme il le dit lui-même : « tout le monde; des catholiques, des protestants, *des bons* et *des mauvais*, » frère Charles ne veut contrarier personne; il est même prêt à trouver que chacun a raison, pourvu que la nouvelle aile se bâtisse, que le mur d'enceinte destiné à protéger le couvent *contre les panthères* se construise, pourvu que la France *protège le Carmel* et que les voyageurs le visitent. — Quel bien cela fait aux âmes, quelle gloire Dieu en retire, en quoi cela ressemble au ministère de Pierre, l'homme marié, le pêcheur; en quoi cela ressemble à la vocation des premiers chrétiens, vivant de la vie de tous, je crois que frère Charles ne se l'est jamais demandé.

Il faut que je rende ici justice à la parfaite obligeance de nos compagnons de pèlerinage au Carmel: quatre gentlemen anglais, qui se sont entassés dans deux petites chambres, afin de laisser libre notre seule pièce de dégagement. La vérité, toute la vérité, rien que la vérité, même sur les Anglais.

PTOLÉMAÏS.

Lundi, 8 mai 1848, Ras el Nakhora. — Le cheval volé est retrouvé. Après sa visite au gouverneur, Antonio s'était rendu chez un ex-brigand célèbre qui tient un café à Nazareth.

— Si tu me fais retrouver le cheval, il y a cent piastres pour toi!

Là-dessus on part. Abdallah, le noir en étui rouge de Bétùni, reste à Nazareth; il va voir à son tour le brigand, il s'assied, fume le narguileh et attend. Un homme entre.

— Suis cet homme, dit l'ex-brigand, lui seul est capable de te faire découvrir ton cheval.

Le nègre et l'Arabe partent; ils parcourent les montagnes de Galilée, ils fouillent les cavernes : pas de cheval. Enfin, ils montent au Thabor; ici, dans ce recoin, l'herbe est foulée : un trou, une grotte, et le cheval qui mange tranquillement une botte de foin vert.

— Ce n'est pas tout; nous avons le cheval, le voleur manque; je vais te procurer le voleur.

— Merci, le cheval me suffit; partons.

Ils sont partis, et je ne puis me représenter sans rire le scandale du voleur lorsque, se glissant dans sa caverne et se trouvant seul en face de la botte de foin, il se sera vu *volé*.

L'autre soir, toujours à Nazareth, on a enlevé les sacs de nuit de M. et de Mme ***. — Mme *** a senti une main passer sur sa figure; avant qu'elle ait pu crier, que son mari se soit réveillé, que les Mùkres soient sortis de leurs couvertures, le voleur disparaissait avec les sacs.

Nous quittons ce matin le Carmel, après avoir déposé notre offrande dans les mains de frère Charles. Nous lui donnons aussi un Nouveau Testament, que nous prions le Seigneur de bénir. Avant de partir, nous échangeons mille vœux, et nous visitons l'église, chef-d'œuvre de frère Jean-Baptiste. Alexandre Dumas a fait connaître, dans une notice colorée comme tout ce qu'il écrit, l'étonnante force de volonté de frère Jean-Baptiste, qui seul, sans argent, sans protection, a réédifié le couvent détruit de fond en comble par les Turcs.

Il souffle un brûlant schirocco, le courant d'air est embrasé, les horizons sont brumeux comme si la pluie tombait à torrents. Nous traversons Kaïffa, et nous voilà marchant en silence le long de la plage.

La grande plaine d'Esdraélon arrive jusqu'à la mer avec ses moissons et ses landes; une zone de sable blanc, frange d'argent au bord de ce vert tapis l'en sépare seule; les vagues déferlent mollement sur la rive; l'eau qui l'a trempée retourne en bouillonnant par de petits canaux qu'elle creuse dans le sable; l'atmosphère semble pleine de fumée; sauf la chaleur, on dirait l'Océan près de Nantes ou d'Anvers. Les mouettes blanches aux ailes découpées planent dans l'air; de temps à autre nous rencontrons quelque grosse tortue de mer échouée sur le rivage; un Arabe passe vers nous, portant sur l'épaule son bâton court que termine une boule de bois dur taillée à angles aigus. — Et la grande voix de la mer, triste, monotone, redisant à tous les bouts de l'horizon sa plainte immense, jette notre âme dans des pensers tristes et monotones comme elle. Nous décrivons sans cesse le même orbe autour des mêmes idées ou plutôt des mêmes impressions; ces rumeurs puissantes qui encouragent une sorte de rêverie, magnétisent l'intelligence.

Sur cette même plage passait en désordre l'armée des Croisés après la conquête de Ptolémaïs. Elle s'était amollie dans les délices de la victoire; Philippe-Auguste venait de repartir pour la France; Richard Cœur-de-Lion, qui allait un peu plus loin gagner la triple bataille d'*Arsur* contre Saladin et ses nuées de Bédouins, d'Éthiopiens, de Scythes à la longue chevelure; Richard conduisait les Croisés à Jaffa. Une flotte chargée de munitions les accompagnait; au milieu de l'armée s'avançait le char qui portait l'étendard de la guerre sainte; la marche était difficile; les chrétiens, chargés d'armes pesantes, ne faisaient que peu de chemin; les Sarrasins les harcelaient en avant et en arrière, des insectes venimeux les piquaient, la route se faisait difficile, et lorsqu'un pèlerin rendait le dernier soupir, les troupes, qui l'ensevelissaient au lieu même où il venait d'expirer, poursuivaient leur chemin en chantant les hymnes des morts. Le vent devait, comme aujourd'hui sortir d'une fournaise, le ciel être obscurci d'une vapeur jaune, la mer avoir ces accents désolés.

Nous passons à gué le Kisçon, plus loin le *Bélus* qui vient à la mer en traçant des méandres gracieux. Des mariniers avaient fait du feu sur le sable, vers son embouchure; le feu éteint, on trouve une composition brillante, transparente: le verre; on vint longtemps le faire à l'embouchure du Bélus.

Saint-Jean-d'Acre s'avance dans les eaux, sur une langue de terre que de ce côté elle couvre entièrement; elle a une longue ceinture de murailles, de vieilles tours ruinées qui sortent de la mer, des minarets, des coupoles et des maisons à toits plats. Quelques cavaliers arabes galopent sur ses plages; quelques pauvres femmes enveloppées de pièces de toile bleue, errent près de ses murs; quelques Égyptiens bronzés, déserteurs de l'armée d'Ibrahim, poussent leurs ânes vers ses portes désertes. Qu'il y avait plus de bruit autour de tes remparts, Ptolémaïs, alors que Richard, que Philippe, que Léopold d'Autriche t'étreignaient de leurs bras de fer, alors que Saladin, que Malek Adel te défendaient, qu'on proclamait les trêves, et qu'émirs et chevaliers portant la croix, joûtaient sous tes murailles! Querelles entre les rois chrétiens, hauts faits d'armes, foi, débordement de vices, luxe effréné chez les serviteurs du pauvre charpentier, simplicité noble chez les sectateurs du faux prophète, cruautés au nom de Jésus; on y rencontre tous les contrastes qui se heurtaient dans l'exécution de l'entreprise, comme ils se heurtaient dans son esprit.

Là, Richard et le conseil des chefs de l'armée font sortir le vendredi après l'Assomption, 2700 Sarrasins auxquels on tranche la tête. Avant l'arrivée des rois, alors que Guy de Lusignan assiége seul Ptolémaïs, Saladin fait décapiter, dans sa propre tente, le Grand Maître des templiers. Que de souffrances au sein de cette armée sans chef, sans discipline, où chaque nation ne relevait que d'elle, où bientôt la disette devint telle, que les intestins d'un cheval se vendaient dix sous d'or!

Ceci se passait en 1189. Soixante ans plus tard, il y a encore une armée de croisés à Ptolémaïs; pauvre armée, décimée, malade; elle arrive d'Égypte, elle y a été battue; sept à huit cents chevaliers tout au plus la composent; elle en voit de temps en temps venir d'Égypte, mais vieux et cassés. Il y a un roi aussi, saint Louis, le valeureux, le chevaleresque, le roi chrétien, secoué par l'épreuve, toujours ferme dans la foi. — Blanche le rappelle en France, on tient conseil, tous sont d'avis de repartir; Joinville contre tous supplie le roi de rester; il lui rappelle le propos d'un sien cousin : « Vous allez outre mer, mais prenez garde au revenir, nul chevalier, ni pauvre, ni riche, ne peut retourner sans être honni, s il laisse entre les mains des Sarrasins le menu peuple, en quelle compagnie il est allé! » — Et saint Louis reste.

Je ne dis rien du siége de Napoléon, de celui d'Ibrahim, du bombardement de 1840.

Ici nous quittons la mer, nous coupons la plaine pour arriver à *Ras el Nakhora*, lieu de notre campement. Dans la campagne, près de Saint-Jean-d'Acre, s'élèvent des tours carrées; ce sont des siphons placés de distance en distance sur le canal et destinés à faire remonter les eaux à leur niveau primitif; de larges aqueducs traversent la plaine: quelques champs, beaucoup de jachères, un sol admirablement fécond; çà et là des jardins d'orangers; celui d'Abdallah Pacha et la forêt plantée par Ibrahim; mais les arbres en sont mal tenus, ils meurent par la cime. Pourtant ce sont des orangers, ils portent des pommes d'or, leurs fleurs étoilées nous envoient de suaves arômes; il en sort des oiseaux enchantés, le *Schekourrouk* bleu de roi, aux ailes frangées de noir; le *Ouar-Ouar* aux ailes d'azur avec le corps jaune d'or. Les jachères sont couvertes d'un tapis d'immortelles bleues à cœur blanc. Nous retrouvons ici notre bagage et nos Mûkres sur leurs ânes, soufflant dans leurs narguilehs comme des baleines. La saison est trop avancée pour que nous nous hasardions à passer la nuit dans les plaines que baigne la mer, nous laissons la fontaine de *Ras el Nakhora* derrière nous, pour gravir une petite montagne qui trempe son pied de craie dans les flots.

Nous y voici. D'un côté la mer bat la côte rocheuse, elle se brise entre les écueils; de l'autre, elle court le long des lignes basses de la côte. Devant nous: une large tenture de nuages, qui noircit de plus en plus; elle vient de s'entr'ouvrir, le soleil couchant paraît comme un œil de feu sous une large paupière, maintenant de grosses gouttes de pluie commencent à tomber, le tonnerre roule dans le lointain, la pluie augmente à mesure que le ciel se dégage, le rideau de brume se colore, il passe à l'orange, au pourpre, les horizons reculent, et sous le bas du rideau qui se relève, nous soupçonnons l'infini.

Plus tard. — L'orage se déclare. Seuls sur notre

pic, enveloppés de ténèbres, nous entendons la mer qui gronde autour de nous; le tonnerre se promène dans les cieux, de temps en temps un éclair splendide partage l'obscurité. Cela est solennel, on a presque peur; et, puis tout près, le grillet qui chante, cent insectes qui jouent de leurs instruments aigus sous quelque feuille de sauge ou sous quelque branche de bruyère, nous ramènent au doux sentiment du bonheur domestique et de la protection de Dieu.

TYR.

Mardi 9 mai 1848. Au-dessus de la rivière de Nar el Kamieh. — Toujours le ciel brumeux. La mer se heurte contre les rochers de la côte; les montagnes de la Galilée viennent fermer de ce côté la plaine d'Acre. Nous avons campé sur le premier mamelon, campé parmi les grosses araignées — c'est notre ordinaire, — au milieu des lucioles — ce que j'aime mieux.

Maintenant nous suivons le rivage à mi-côte, nous gravissons le cap *Ras el Abiad,* — cap blanc — les flots arrivent larges, volent en poussière contre les rochers, couvrent d'écume de petites vasques qui restent remplies lorsqu'ils se retirent, d'une eau verte et claire. Après les caps hardiment redressés, les moissons; elles touchent à la mer; cette zone est bien plus chaude que celle des montagnes.

Nous rencontrons des troupes de paysans arabes, la faucille recourbée dans une main, le narguileh dans l'autre. Ce narguileh portatif qui ne quitte jamais le Syrien, est un triangle renversé; au sommet du triangle, qui forme le bas du narguileh, se trouve une pomme creuse, en cuivre, ou en noix de coco : c'est le réservoir de l'eau, c'est là qu'elle chante et que sa chanson endort le fumeur; chacune des branches du triangle forme un tuyau; l'un se place dans la bouche, l'autre que termine un godet reçoit le tabac et le feu. A cheval, à pied, accroupi, étendu, on tire, on souffle, on fait roucouler son narguileh, et cette opération jointe à cette musique, paralyse cent fois plus les facultés que ne le fait la pipe.

Des derviches en haillons, le vase en noix de coco sur le dos, quelque médaille au cou, passent à côté de nous; ils ont des figures sombres et fières; ils ne demandent pas l'aumône, mais ils la prennent. De longues files de chameaux suivent les côtes ou gravissent les caps; dans l'aire, le moissonneur foule le blé, debout sur une planche que traînent des chevaux ou des bœufs : — Qu'y a-t-il encore? des tours antiques le long du rivage sur les rochers; tours aux trois quarts écroulées, dont la base sert de muraille à quelque masure; des entassements de pierres taillées dans les champs et sur le rivage, mêlés avec des colonnes enterrées ou brisées.

Que ces débris sur les côtes de Phénicie sont éloquents! Là siégeait, assise sur les mers, la reine du commerce. Les navires partaient, arrivaient; les marchands accouraient de l'intérieur des terres à la tête de leurs caravanes. L'Égypte lui envoyait son fin lin travaillé en broderies, et elle s'en faisait des voiles; les îles de Kittim lui envoyaient leur ivoire, et elle en faisait les bancs de ses vaisseaux; Dan et Javan lui apportaient le fer et les roseaux aromatiques; les Arabes et les principaux de Kédar lui amenaient leurs moutons et leurs boucs; ceux de Séba les pierres précieuses et l'or; les facteurs de tous les pays la fournissaient de drap de pourpre, d'escarboucles, de caisses pour les vêtements précieux, de corail et d'agate. Mais tes matelots, ô Tyr, t'ont amenée en de grosses eaux, le vent d'orient t'a brisée au cœur de la mer, et au jour de ta ruine, les mariniers, tes pilotes, ceux qui réparaient tes brèches, tes gens de guerre, la multitude qui était au dedans de toi, qui te faisait riche, belle, et que tu nourrissais; cette multitude est tombée avec toi au cœur de la mer, et ceux qui sont restés ont jeté de la cendre sur leur tête, prononçant une complainte et faisant ouïr des lamentations. Parce que ton cœur s'est élevé, ô Tyr, et que tu as dit : « Je suis le Dieu fort, et je suis assise dans le siége de Dieu ! » Tu as été jetée hors de la montagne de Dieu, tu as été détruite, *car tu as perdu ta sagesse, à cause de ton éclat*[1].

Que d'autres Prophètes ne faudrait-il pas citer à

---

[1] Ézéchiel, XXVII, XXVIII.

propos de Tyr! il n'y a pas une *sentinelle* qui ne l'ait avertie que l'ennemi s'avançait.

Nous nous élevons sur un dernier cap de craie, il jette ses arceaux dans la mer, elle bondit contre eux et jaillit en fusée; comme nous le tournons, nous voyons la plage décrire un cirque immense, et vis-à-vis de nous, détachée en apparence de la terre ferme : Tyr, la *Sûr* moderne. C'est là cette île dont parle la Bible, cette île qui faisait un avec l'antique cité : « Hurlez, ô navires de Tarscis, car elle est détruite; tellement qu'il n'y a plus de maisons et qu'on n'y viendra plus... Vous qui habitez *dans l'île*, taisez-vous [1]. »

Où se trouve l'emplacement de la Tyr maudite? nul ne le sait. Les uns le mettent vis-à-vis de l'île; d'autres aux sources de *Ras el Aïn*, un peu plus vers le midi, de notre côté par conséquent. Ces derniers s'appuient sur un passage de Diodore de Sicile, qui donne la distance et la position de Tyr à l'égard de l'île. Salmanazar l'a conquise, Nabuchodonosor l'a conquise, Alexandre l'a conquise, les Croisés l'ont prise, et les Vénitiens l'ont gardée jusqu'au bout. — Mais gare l'érudition, l'érudition des ignorants surtout, la pire espèce; celle qui a le souffle assez long pour marcher d'un air pédant au travers des souvenirs historiques, mais qui l'a trop court

---

[1] Ésaïe XXIII, 2.

pour galoper par-dessus les landes, et s'arrêter aux bons endroits.

A mesure que nous avançons, les décombres se multiplient : rocher coupé droit, pierres taillées; on sent qu'il y a eu là un centre de richesse et d'activité.

Nous arrivons au village de *Ras el Aïn* : trois réservoirs antiques, au fond desquels jaillissent des sources vives, et qui versent des rivières à la mer.

Ni les siècles, ni les milliers d'années, n'ont mordu sur ces énormes constructions de pierre et de ciment; les réservoirs contiennent aujourd'hui comme au temps de la gloire de Tyr, des masses d'une eau profonde, qui n'a pas cessé de les remplir, qui n'a pas cessé de couler. Les aqueducs tombent en ruines, leurs arceaux disparaissent sous les ronces qui les embrassent, sous les lierres qui s'y suspendent; Tyr a été *raclée*, Alexandre l'a jetée tout entière dans la mer pour en faire la digue qui relie l'île au continent; mais les réservoirs sont debout, leurs entonnoirs versent les sources aux moulins qu'a fait construire Ibrahim Pacha, et leurs canaux les transportent dans la plaine.

C'est une belle chose à voir que cette œuvre de paix restant seule de toutes les magnificences d'une ville, magnifique dans toutes ses œuvres.

Les réservoirs faisaient probablement siphons, maintenant ils mettent en mouvement les sept roues de sept moulins : cinq dans le village, deux aux bords de la mer. Les ruisseaux se répandent par le hameau; les chardonnerets aux ailes jaunes, aux casques rouges s'y baignent en y trempant le bec, en faisant couler les gouttes le long de leurs plumes dorées. A quelques pas de *Ras el Aïn* : deux réservoirs encore et deux rivières.

Quel pays que ce pays de Canaan, que ce pays des Philistins : des montagnes cultivées ou cultivables jusqu'au sommet; des plaines qui ont été, qui seront quand on le voudra des jardins; des sources sortant de la terre à chaque pas!

Je ne sais si ce bord de la mer, avec les villes d'Ako[1], de Tyr et de Sidon, a jamais appartenu aux Israélites. Ils laissèrent vivre les habitants d'Ako, qui devinrent leurs ennemis comme tous ceux qu'ils avaient épargnés en désobéissant à l'Éternel. Lors du dénombrement ordonné par David, Joab va bien *jusqu'à Tyr*[2], mais ce mot *jusqu'à*, semble indiquer que les villes et leur territoire n'étaient pas comprises dans l'opération.

Nous retrouvons la plage unie; l'île de Tyr et sa ville sortent des eaux, la digue en sort aussi, les sables qui s'y sont accumulés l'ont élargie, la finesse de la ligne s'est perdue, nous ne voyons plus qu'un isthme large et empâté.

---

[1] Ako, Saint-Jean-d'Acre.
[2] Juges I, 31. — [3] 2 Samuel XXIV, 7.

L'armée des croisés qui marchait sous Godefroy de Bouillon a passé par ces plaines. Mais il est un souvenir qui me touche plus : celui de saint Paul.

Saint Paul revenait de Macédoine, il se rendait à Jérusalem où il n'était pas retourné depuis sa conversion, où il lui tardait d'aller, lui, le persécuteur des chrétiens, confesser publiquement le nom de Christ. De ville en ville, le Saint-Esprit l'avertit que des tribulations et des liens l'attendent ; saint Paul marche toujours. Le vaisseau qui le porte avec saint Luc devait laisser sa charge à Tyr, l'apôtre et ses compagnons s'y arrêtent sept jours ; les chrétiens de Tyr le supplient de ne point monter à Jérusalem, mais Paul : « Que faites-vous en pleurant et en m'attendrissant le cœur ? pour moi je suis tout prêt, non-seulement d'être lié, mais encore de mourir à Jérusalem, pour le nom du Seigneur Jésus-Christ. »

Je suis *tout prêt*; et moi, mon Dieu ! Ah ! il est facile de tout offrir quand le Seigneur ne demande rien ; mais quand l'heure est venue !

Les sept jours sont écoulés, le navire repart, les voyageurs sortent de la ville, les disciples, leurs femmes, leurs enfants les conduisent ; ils arrivent sur la plage, sur cette plage de sable où nous marchons le long des vagues ; ils se mettent à genoux, ils font la prière, ils s'embrassent, et Paul marche à la rencontre des persécutions.

De ce côté la cité moderne est cachée; on ne voit que les vieux murs et deux fontaines. Une fois sur l'isthme, les minarets, les maisons blanches se détachent derrière les murailles; un bel arbre ombrage la porte unique par laquelle tout entre et tout sort.

Au midi de l'isthme, désert; ce n'est plus le temps où les navires du roi Hiram allaient chercher les cèdres et les sapins du Liban pour les apporter à Salomon. Au nord, vie; douze à treize vaisseaux marchands flottent dans les eaux de Sûr, les drapeaux européens ondoient sur les vices-consulats, des ruisseaux coulent sur le sable de sa plage, et ses femmes enveloppées de voiles éclatants, viennent y plonger leurs cruches.

Nous entrons dans la ville; elle ne remplit pas la moitié de son enceinte, et la moitié de ses maisons sont inhabitées, mais elle a du caractère: le caractère oriental le plus marqué; costumes à la belle coupe, aux chaudes couleurs; têtes de femmes encadrées dans des voiles qui ne cachent que le front, que la bouche, et qui laissent deviner les nobles contours de la figure; bazars couverts de feuilles de palmier, gaies boutiques, jolis enfants aux cheveux bouclés qui nous crient *Senòra, Senòra;* et puis cette lumière, cette architecture, ces palmiers, cette magnificence de teintes, ces groupes qui toujours font tableau.

Il y a un autre caractère encore, celui de la destruction : grandes places vides, maisons abandonnées ou ruinées à demi, toutes bâties de ces pierres carrées qui s'entassent sur le rivage ; colonnettes élégantes servant d'appui à des croisées modernes, rues désertes jusqu'au moment où le bruit de notre caravane fait entre-bâiller une porte qui laisse passer des visages d'enfants, quelque poétique figure de femme vêtue de la longue veste, de la juppe flottante, du large pantalon avec les sequins ou les piastres brillant sur les cheveux noirs.

Des piles de maçonnerie dressées au milieu des eaux, quelques colonnes de granit couchées sur le rivage restent seuls du vieux port. La ville se baigne au nord dans la mer. Nous suivons extérieurement le mur au midi ; là, désolation complète ; la muraille déchirée laisse tomber ses débris dans un cimetière. Le chœur de la vieille cathédrale s'ouvre au vent, les coquillages s'attachent aux colonnes éternellement lavées par le flot ; des débris de marbre blanc brillent çà et là parmi les chardons, et la mer mugit et se lamente sur cette grande infortune.

Les femmes et les enfants s'accumulent sur l'isthme pour me voir dessiner. Il faut que j'aie l'air bien absorbée, car l'une de ces femmes demande à Antonio *si je prie* ; je lui explique en lui montrant mon esquisse, que ceci est *une maison*, cela *un arbre*, ceci *la mer* : « *Masch Allah ! Masch Allah !* —

Dieu puissant, Dieu puissant. — » Elle a dû être parfaitement belle : des dents éclatantes, un nez droit, de grands yeux noirs, des bras et des mains d'une forme exquise, couverts d'anneaux et de bracelets. Tout le corps est drapé dans le voile blanc, qui de la tête descend jusqu'aux pieds en dessinant largement la taille.

Nous galopons sur la plage au grand déplaisir de Zosi ; Zosi a peur de se mouiller les pieds, et Zosi s'oublie jusqu'à faire un écart. Il regarde venir la mer, de côté, en avançant les oreilles, puis quand le mur bleu se brise, qu'il glisse en bruyante écume, qu'il s'élargit sur le sable et court après Zosi, Zosi fuit de travers, secoue la tête, et poussé dans ses derniers retranchements, fait un saut de carpe.

Deux gazelles traversent le chemin devant nous ; nous n'en avons jamais vu de si près ; elles vont au petit trot, s'arrêtent dans un champ pour nous regarder et continuent. Antonio dit que la contrée en est remplie ; elles affectionnent le bord de la mer, où elles trempent leurs pattes dans l'eau et jouent sur le sable.

Nour traversons *Nar el Kamieh* pour venir camper sur la hauteur. La mer ferme notre horizon ; ses grandes clameurs montent jusqu'ici. Dans la vallée, à nos pieds, la rivière toute bordée de lauriers roses en fleurs déroule ses replis, unie comme un miroir ; on la perd et on la retrouve sous l'herbe ;

un vieux pont jette son arche d'une rive à l'autre,
derrière se découpe sur le ciel un antique réservoir,
les troupeaux de vaches descendent des montagnes
dans la vallée, quelques familles de moissonneurs
sont assises autour d'une cabane de feuillée, à l'entrée du pont. Des voyageurs, deux derviches indiens, un prêtre grec, des cavaliers arabes passent
la nuit au-dessous de nous, dans les murs d'un Han
abandonné : tout cela est très beau ; voici de riches
journées ; eh bien ! je ne sais ce qui m'arrive,
mais je ne puis tirer trois idées de ma cervelle.
C'est justement pour cela que j'écris huit pages. Je
me prends les pattes dans la glu, les mots me fuient,
je me soucie d'écrire mon journal comme de m'aller
pendre. Je crois que c'est la faute de cette mer
houleuse qui vient nous chercher pour nous jeter
dans une plus terrible tourmente.

SIDON.

Mardi, 10 mai 1848. Au bord de la rivière El Hamy. — Deux grosses averses aujourd'hui; mais, entre deux, un beau soleil. La mer bat les côtes avec violence, une vaste ligne d'écume couvre les brisants et la plage; après, une zone vert glauque, et puis, à l'horizon, une zone indigo; les moissons arrivent jusqu'aux flots, elles dorent un premier plan de montagnes basses, derrière lesquelles se montre la chaîne du Liban.

Des ruisseaux abondants courent à la mer sous les lauriers-roses; les réservoirs antiques, un vieux château, quelques tours ruinées s'élèvent de loin en loin au milieu des blés ou sur les rochers du rivage. De grands troupeaux de vaches broutent le chaume; la vague qui se brise sur le bord leur jette quelques gouttes d'eau; les unes paissent tranquillement, les autres sont couchées et ruminent; pâtres et troupeaux se profilent sur les horizons de la mer; la plage est couverte de décombres : tantôt des amas de grosses pierres carrées, tantôt des colonnes de granit. Trois gazelles qui reviennent de la plage traversent le sentier; elles bondissent, s'arrêtent pour nous voir, et, lorsque nous avons passé, retournent à la mer. Des crabes se traînent de travers sur le sable. C'est bien la grande nature laissée à elle-même, avec sa vie originale et ses aspects magnifiques.

A moitié chemin entre Tyr et Sidon, au-dessous du village de *Sarfan*, nous remarquons une assez grande accumulation de ruines; on fixe dans ce lieu l'emplacement de *Sarepta*. Élie, sur l'ordre de l'Éternel, y vint pendant les trois années de famine qu'il avait prédites au roi Achab. Il y vint du torrent de Kérith, lorsque celui-ci fut tari. La pauvre veuve à laquelle Dieu l'envoyait, ramassait du bois à la porte de la ville : — « Apporte-moi un peu d'eau dans un vaisseau, et que je boive... » Elle y court; Élie la rappelle : « — Je t'en prie, prends en ta main une bouchée de pain pour moi. » Et la pauvre veuve, dans l'amertume de son cœur : « — L'Éternel est vivant que je n'ai aucun gâteau; je n'ai qu'une poignée de farine dans une cruche et un peu d'huile dans une fiole, et voici, j'amasse deux bûches, puis je m'en irai, et je l'apprêterai pour moi et mon fils, et nous le mangerons, et après cela nous mourrons ! »

— « Ne crains point, fais comme tu dis; mais fais-m'en premièrement un petit gâteau et apporte-le-moi; et puis tu en feras pour toi et pour ton fils; car ainsi a dit l'Éternel, le Dieu d'Israël, la farine qui est dans la cruche ne manquera point, et l'huile qui est dans la fiole ne défaudra point, jusqu'à-ce que l'Éternel donne de la pluie sur la terre ! »

Nous cueillons quelques épis mûrs, en mémoire de la veuve.

A mesure que nous approchons de Sidon, les ruisseaux se multiplient, la plaine se couvre de jardins d'orangers et de plantations de mûriers auxquels se mêle un arbre dont la fleur et le parfum rappellent le lilas. De grands tamarisques ombragent la route. Une colline se redresse au bord de la mer; elle est couronnée de murailles et de tours: Sidon est là, derrière la colline. Nous traversons des bosquets de plus en plus verts. Les bananiers étalent leurs feuilles immenses et leurs régimes dorés, les épis de blé caressent de leur barbe les oranges qui pendent au milieu des feuilles vernies. Les plantes parasites s'attachent à chaque pan de muraille antique, étreignent et revêtent de leurs guirlandes chaque fontaine massive d'où se versent les eaux. Les maisons, bâties de vieilles pierres, s'entassent à notre gauche; les colonnes de granit sont couchées le long des fossés comblés qui servent de jardins. Les minarets, les mosquées, les constructions portent un cachet tout oriental ; il n'y a rien de banal dans cette ville qui remonte à la Genèse [1].

Nous débouchons sur le port. D'un côté, une jetée dont les arches que frappent les vagues, vont relier à la ville un château fort du temps des Croisades, assis au cœur de la mer avec ses tours et ses larges fondations ; de l'autre, une ceinture de brisants noirs sur lesquels le flot exerce sa furie : il arrive puissant, rencontre le roc, jaillit, l'inonde, retombe avec le bruit d'une détonation, puis court en blanche écume le long du château, sous les arches, et vient ramener à la plage les débris qu'elle a jetés à la mer.

Les rues couvertes, étroites, arrivent perpendiculairement au port. Les habitants ont ces belles figures, ce beau costume qui nous donnent l'illusion de voyager au travers d'une galerie de tableaux des grands maîtres coloristes.

Josué traversant la chaîne du Liban, ce premier plan de montagnes et cette riche vallée, battit jusqu'à Sidon les rois qui s'étaient assemblés contre lui aux eaux de *Mérom* ; « il les poursuivit jusqu'à Sidon la grande [2]. » Jésabel en apporta le culte de Bahal à Samarie ; mais bien avant elle, du temps des Juges, les enfants d'Israël avaient servi les dieux de Sidon : « Ils recommencèrent à faire ce qui déplaît à l'É-

---

[1] Genèse X, 19. — [2] Josué, XI.

ternel, et servirent les Bahalins et Hastaroth, savoir les dieux de Syrie, les dieux de *Sidon*, les dieux de Moab, les dieux des enfants de Hammon et les dieux des Philistins, et ils abandonnèrent l'Éternel et ne le servaient plus[1]. »

Dans les quartiers de Tyr et de Sidon, peut-être sur cette plage où nous galopions ce matin, on voyait, il y a dix-huit cents ans, passer un homme : *un sage*, disaient les uns ; *un prophète*, se hasardaient à dire les autres ; *le fils de Dieu*, s'était un jour écrié Pierre. Il marchait, suivi de ses disciples, et derrière lui une pauvre femme se hâtait, étendant les mains, répétant incessamment la même prière.

« — Renvoie-la, car elle crie après nous !...

Le Seigneur se retourne : — Je ne suis envoyé qu'aux brebis perdues de la maison d'Israël !...

Mais elle se rapproche, elle l'adore : — Seigneur, assiste-moi !...

— Il ne convient pas de prendre le pain des enfants et de le jeter aux petits chiens...

— *Cela est vrai, Seigneur !...* » — *Cela est vrai !* Oh douceur, humilité ! Cela est vrai, repousse-moi, je ne m'en retournerai pas moins vers toi ; refuse-moi, je ne m'en attendrai pas moins à toi.

« — *Cela est vrai, Seigneur !* Cependant les petits

[1] Juges X, 6.

chiens mangent les miettes qui tombent de la table de leurs maîtres.

— Oh! femme, ta foi est grande!..... » et Celui qui dit : *ta foi est grande*, c'est Celui qui a déclaré *petite*, la foi de Pierre marchant sur les eaux! « — Ta foi est grande, qu'il te soit fait comme tu le souhaites¹ ! »

Le Seigneur se rappelait peut-être la Syrophénicienne, lorsqu'il disait, à propos de Chorazin et de Bethsaïda : « Si les miracles qui ont été faits au milieu de vous eussent été faits à Tyr et à Sidon, il y a longtemps qu'elles se seraient repenties en prenant le sac et la cendre; c'est pourquoi je vous dis que Tyr et Sidon seront traitées moins rigoureusement au jour du jugement que vous². »

Nous retrouvons encore ici saint Paul. Cette fois, il revient de Jérusalem; les prophéties d'Agabus se sont accomplies; il en revient lié, livré aux Gentils³. On le transporte à Rome, car il doit être présenté à César. Le Seigneur l'éprouvera par la tempête, par le naufrage; Paul confessera le nom de Jésus devant les matelots, devant les soldats romains, devant les barbares de l'île de Malte, avant de le confesser dans la ville de Néron. En attendant, le navire s'arrête à Sidon, et Jules le centenier, celui qui sauva la vie de Paul au moment du naufrage,

---

[1] Matthieu, XV. — [2] *Ibid* XI. — [3] Actes, XXI.

quand la cohorte proposait de tuer les prisonniers de peur qu'ils ne prissent la fuite; Jules, traitant humainement Paul, lui permet d'*aller vers ses amis Sidoniens, afin qu'ils aient soin de lui*[1].

Les prophéties contre Sidon sont presque partout unies aux prophéties contre Tyr. Les débris d'une prodigieuse prospérité qui couvrent les côtes, disent assez leur accomplissement.

Un dernier et touchant souvenir. Saint Louis qui fortifia Sidon, y apprit la mort de sa mère, la reine Blanche, régente de France, et régente aussi de ses volontés et de ses affections. Ce fut un coup terrible, reçu comme tous les autres sur le bouclier de la foi. Le roi se met à genoux dans sa chapelle : *son arsenal contre toutes les traverses du monde*, dit Geoffroy de Beaulieu; il se soumet, s'humilie, et donne gloire au Seigneur.

Nous campons ce soir vis-à-vis de Sidon, au bord de la rivière d'*el Hamy*; elle coule paisiblement entre deux plantations de mûriers qui se mirent dans ses eaux. La mer mugit à son embouchure, nous en entendons les clameurs; ici, tout est calme, riant, un beau figuier étend jusqu'à terre ses branches, la pluie a rendu les montagnes plus vertes. Demain, s'il plaît à Dieu, nous entrerons dans le Liban, et peut-être...

[1] Actes, XXVII.

Plus tard. — Mon mari avait envoyé du Carmel un exprès à Beyrouth, il nous rejoint ici; nous sommes navrés, Dieu a complètement appesanti sa main sur notre famille bien-aimée; l'épreuve à laquelle nous ne pouvions pas croire est consommée, et *nous ne pouvons pas y croire.* Quelle douleur, que d'avoir entre nos parents et nous cette grande mer! Mon Dieu, que tes dispensations sont mystérieuses, et qu'on a besoin de se réfugier contre les murmures dans une adoration absolue! Les douleurs des nôtres nous déchirent; nous pleurons de notre propre douleur, nous n'avons plus qu'une pensée, arriver. — Partis avec larmes, revenus avec larmes. Et pourtant, que de grâces! mon Dieu, irais-je te guerroyer de tes dons?

Mon âme se perd quand je vois les peines les plus amères fondre sur les âmes les mieux sanctifiées; cela m'étonne et cela me fait peur. — Mais Celui qui demande, donne; celui qui ôte, rendra. Oui Seigneur, tu rendras! tu rendras ceux que t'ont remis tant de fois des prières ardentes. Quant au reste, Seigneur, fais de nous ce que tu voudras.

Il me semble que de tous les bouts de la terre, devrait s'élever un immense: « Que ton règne vienne!... » il me semble que le cœur du Seigneur s'émouvrait au dedans de Lui, il me semble qu'il viendrait. —

LE LIBAN.

Jeudi, 11 mai 1848. Deïr el Kammar. — Si nous n'étions pas navrés, incapables de toute jouissance, ce serait une admirable journée. Nous marchons sous un poids de cent livres: douleurs domestiques, avenir plein d'angoisses; ah comme cela *déracine!* — Souffrirait-on autant, si les racines ne tenaient pas? Hélas je crois que plus la main de Dieu les tire, plus elles s'attachent aux roches de ce monde; elles se tordent, elles ne rompent pas.

Je ne me suis jamais sentie si étonnée des décrets de mon Dieu, si destituée de foi, si occupée de moi-même. Je regarde à ce que le Seigneur ôte aux miens, à tout ce qu'il peut m'ôter, je pleure ce qui n'est plus, je pleure ce qui n'est pas encore; je garde le nom de la piété, mais j'en ai renié la force. Si le Seigneur n'a pitié de moi, je ne servirai qu'à affaiblir celui que je dois fortifier.

Mais le Consolateur consolera, il nous préparera

pour les œuvres qu'il nous destine; il est impossible qu'il ne le fasse point : « Quand les mères oublieraient leurs enfants, moi je ne t'abandonnerai pourtant pas. »

La pluie nous retient deux heures ce matin. Notre bagage se rend directement à Beyrouth. Nous y allons par le Liban.

La rivière se cache sous les lauriers-roses, sous les grenadiers dont les fleurs écarlates paraissent parmi les grandes lianes qui jettent leurs abondantes draperies sur tous les arbres; les églantiers ouvrent leurs corolles blanches au milieu de cette fraîche verdure; l'eau roule calme et profonde; tout le long montent les plantations de mûriers et d'oliviers.

Nous entrons dans le Liban par ce défilé; voici huit heures que nous y marchons, et toujours des cimes plus élevées, plus sévères, se sont dressées derrière celles que nous venions de gravir. A cette heure j'écris devant un dernier plan à demi perdu dans les nuages. Lorsque la nuée se déchire, je vois des traces de neige descendre par toutes les gorges et par toutes les déchirures.

Mon Dieu, que tes œuvres sont belles ! que ces solitudes, que ces hauts sommets où le Seigneur se plaisait conviennent à mon âme, que je voudrais planter ma tente sur ces gazons alpins, dans cet air qui vivifie, sous ce ciel, devant ces cimes qui

vont se perdant vers les lointains horizons, au milieu des troupeaux, avec les chants à grande portée des bergers sur les croupes voisines, avec des travaux simples et primitifs! Mais serait-ce pour nous chercher nous-mêmes, serait-ce pour nous retirer du combat, que Dieu nous a rachetés, nous, perdus?
— Alors, mon Dieu, donne-moi un cœur; le mien ne vaut rien pour la lutte.

Les abords du Liban sont pleins de grâce. Collines vertes derrière collines vertes, chacune portant sur sa tête quelque bois d'oliviers avec un village blanc qui rit au travers; dans les vallons, de l'eau, et avec de l'eau de beaux platanes, des trembles, quelque vieille arche de pont noyée sous le lierre.

Ce matin, à notre droite, très près de nous : la résidence de Lady Stanhope. C'est un de ces coteaux, avant-postes du Liban, qui regardent la mer; il a devant lui l'étendue bleue, avec Sidon, ligne étincelante sur le rivage, et son château qui s'avance dans les flots. Quelques plans revêtus d'une exubérante végétation s'abaissent jusqu'à la Méditerranée; les ruisseaux, la rivière brillent çà et là. Un vieux mur couronne comme un cercle d'or la tête du coteau couvert d'arbres; les constructions de lady Stanhope apparaissent par les trouées. Il est impossible d'imaginer un site plus riant, plus ouvert, plus à portée de la civilisation : on dirait une villa au bord de quelque grand lac.

Le sommet de la colline ainsi que l'habitation primitive, appartenaient à un chrétien de Damas; il avait bâti l'une, planté l'autre pour s'en faire une retraite. Un soir, il voit défiler une caravane sur les flancs du coteau de *Djoun*. La caravane s'approche, elle s'arrête; on plante les tentes non loin de la demeure du marchand chrétien. Une dame descend de cheval et s'installe. Le négociant, moitié curiosité, moitié politesse orientale, accourt près d'elle et lui demande si elle ne lui fera point l'honneur de prendre le café chez lui : elle accepte.

La maison lui plaît, les jardins aussi, la vue encore. Le café pris, la dame ne fait pas mine de partir : « Elle s'attend à ce que je l'invite à dîner, » pense à part lui le marchand; l'invitation est faite, elle est acceptée. La femme, les enfants, les serviteurs et les servantes, tout s'évertue : on sert. Le dîner mangé, la dame s'accommode sur un divan et fume.

— Ah ça! se dit le négociant, va-t-elle passer la nuit céans? Peut-être est-il d'usage en Europe de retenir à demeure les gens qu'on prie à dîner. Et se tournant vers lady Stanhope : « — Madame, si ma maison a l'honneur de vous plaire, nous serons, ma famille et moi, bien heureux de vous y recevoir pour autant qu'il vous conviendra.

— Votre maison me plaît si fort, que je ne la veux quitter de ma vie!...

— *Forme de politesse!* — pense le bon homme — manière aimable de me dire qu'elle nous trouve tous à son gré. — On prépare un appartement; lady Stanhope s'y établit.

— Cela durera trois jours, quatre peut-être.

Cela en dure dix, quinze, et milady ne fait pas une seule allusion au départ. Cette fois-ci, le marchand s'inquiète; pour rien au monde il ne voudrait manquer aux lois de l'hospitalité, cependant la plaisanterie lui semble longue. Il parle de l'Europe, il parle de la longueur présumée du voyage de lady Stanhope, de son retour qui doit être *impatiemment attendu*.

— Moi! je ne retourne pas, je reste ici. Je vous l'ai dit, je crois.

— Ici..... aux environs, ah sans doute, je comprends, Milady fera construire un palais sur la montagne de *Djoun* ou dans la vallée?

— Non; je bâtirai plus tard, ceci me convient; je l'arrangerai, je l'agrandirai.

— Ceci!... mais *ceci*, Milady, c'est ma maison.

— Je la garde, vous savez.

— Mais je ne veux, Milady, ni la louer, ni la vendre.

— Je ne veux ni la louer, ni l'acheter; je la garde.

On s'échauffe, il y avait de quoi; le marchand chrétien envoie un exprès à l'émir Béchir; l'émir arrive, lit les firmans dont lady Stanhope avait les poches pleines, déclare qu'il est prêt à lui donner dans le Liban, la place, la vallée, la montagne qu'elle choisira; qu'il y fera construire ce qu'elle ordonnera, mais que chasser un propriétaire de chez lui pour y établir lady Stanhope, cela n'est pas possible.

Lady Stanhope, qui croyait, elle aussi, à la puissance des *faits accomplis*, tient bon dans la maison de son hôte; elle écrit à Constantinople, et le retour du courrier apporte cet ordre à l'émir : « *Faites tout ce que voudra la princesse d'Europe*; chassez l'homme qui ose lui résister; la maison est à elle, rappelez-vous que c'est une *Grande Princesse*. »

Le malheureux marchand court à Stamboul; il se fait musulman dans l'espoir de rattraper sa maison : apostasie gratuite, la colline reste en la possession de lady Stanhope. Après la mort de l'usurpatrice, la colline est tout naturellement retournée aux héritiers du marchand.

Je tiens ces détails d'Antonio, dont le cousin germain était interprète de lady Stanhope, et dont la mère, la sœur et le frère, ont passé trois mois prisonniers chez elle.

L'interprète de lady Stanhope lui avait demandé la permission d'aller à Beyrouth voir sa tante.

— Vous avez une tante? amenez-la!

La mère d'Antonio, conduite par son neveu, arrive en effet avec ses deux enfants. Au bout de trois jours elle veut partir : point. Au bout d'une semaine : point encore. Un mois, deux mois s'écoulent ainsi ; impossible d'échapper, les jardins de lady Stanhope sont environnés de murailles, gardés comme une forteresse, les habitants des montagnes la craignent ; en outre, elle a quatre cents hommes à sa disposition ; il faut donc se résigner.

Lady Stanhope s'était entichée de la sœur d'Antonio, jeune fille de quatorze ans ; quant au frère, elle le détestait, et l'avait consigné au village ; il n'entrait jamais dans le château. La pauvre enfant objet des prédilections de lady Stanhope, avait d'elle une peur terrible ; elle la voyait battre ses esclaves, les enfermer au cachot, elle tremblait, et sa mère pas moins qu'elle. Trois mois se succèdent ; on apprend le retour d'Antonio qui faisait alors son premier voyage en Europe. La mère supplie Milady de lui permettre de se rendre à Beyrouth avec sa fille et son fils, pour y recevoir Antonio. Lady pose pour condition un prompt retour ; elle paye le voyage et retient les effets comme garantie. La mère et la fille voient enfin les portes de la prison s'ouvrir, prennent la volée, et perdent à jamais la fantaisie des séjours à la campagne.

Lady Stanhope fit un jour raser à son interprète la moustache droite et le sourcil gauche, pour ce fait d'avoir, en fumant une pipe vers la fontaine de Djoun, ri avec deux jeunes filles.

Le mariage était interdit aux gens de sa maison.

Le mot de cette énigme, à la fois effrayante et triste, c'est : orgueil.

Zénab, l'esclave noire qui reçut le dernier soupir de la malheureuse lady Stanhope, vint après la mort de sa maîtresse, s'abriter chez la mère d'Antonio ; elle est mariée.

On a besoin d'espérer qu'à l'heure suprême, cette pauvre âme, nourrie des mensonges de sa folie, se sera tournée vers le Sauveur. Elle aussi se cherchait elle-même. Quelles terribles rencontres, pour ne rien dire des ridicules, on fait en se cherchant ainsi !

Les croupes du Liban s'élèvent à mesure que nous nous enfonçons dans la chaîne ; elles sont larges, arrondies, presque toutes cultivées jusqu'au sommet ; je n'ai jamais vu physionomie de montagne pareille à celle-là : austère, et riante ; déserte, et portant sur ses flancs l'empreinte de la présence de l'homme ; charmante par ses détails, et imposante par ses proportions.

Le blé pousse de la base à la cime, tantôt semé sur les terrasses, tantôt jeté çà et là parmi les rochers qui sortent blancs au milieu des brins verts ; de loin en loin, quelque village domine les horizons ; les mûriers, les oliviers, les figuiers qui montent jusqu'à lui l'enferment comme dans un bouquet. Croupes après croupes, têtes chauves après têtes chauves, au fond des vallées, torrents marqués par une ligne d'émeraude, et puis, tout à coup, de larges ouvertures par lesquelles apparaît dans son immensité la haute mer, dont la dernière ligne s'élève jusqu'au niveau des cimes du Liban. Des troupeaux de chèvres suivent les torrents, et le petit berger druse souffle quelque air sauvage au travers de son chalumeau. La femme druse, coiffée de la grande corne inclinée en avant, recouverte d'un voile blanc qu'elle tire sur sa figure comme un rideau, nous regarde sous les oliviers. Cette corne est l'excroissance la plus étrange, la plus inexplicable qu'on puisse concevoir. Longue d'un pied et demi, de deux souvent; fixée à la tête par trois boucles garnies de courroies; elle se présente presque horizontale, comme une corne de licorne. On jette par-dessus le voile qui a l'air d'être suspendu à quelque ciel de lit; les élégantes portent la corne penchée de travers; c'est encore plus bizarre. On ne comprend pas la vie pratique : l'entrer, le sortir, le dormir surtout, avec une pareille machine sur le chef. Les figures que nous parvenons à voir — et c'est difficile, car elles se cachent plus rigoureusement ici que dans la plaine, — ces figures sont rondes, colorées, animées par le candide regard de deux grands yeux noirs et naïfs, par le sourire d'une bouche enfantine; l'accueil est plein de grâce; nous ne passons jamais devant une Maronite au simple voile blanc, devant une Druse à la corne d'argent ou de cuivre, qu'elle ne mette la main sur le cœur et ne nous envoie quelque affectueuse salutation. Leur robe plus courte, drapée d'une autre façon qu'en Palestine, laisse mieux voir le large pantalon et donne quelque chose de svelte à toute la personne. Les hommes, qui ont le turban haut, fourni, la barbe longue et majestueuse, portent, au lieu de la veste, une espèce de robe de soie rayée, étroite, ouverte par devant.

Sur les cols élevés, quelques touffes de pins; le mûrier dans toutes les vallées et sur la plupart des pentes; il est planté serré, tenu bas. Maintenant on nourrit les vers à soie et il n'y paraît pas, tant la feuille est abondante. Des milliers de terrasses soutiennent les bois de mûriers et d'oliviers. Les soins, qui sont extrêmes, n'ôtent rien à la sauvage poésie de ces lieux. Rien d'aride, et pourtant le rocher montre partout ses fortes épaules. Les lignes gardent leur grandeur; il y a des ravins, il y a des flancs désolés; mais tournez ce pli, et votre âme sera consolée, vos yeux se perdront dans la belle verdure, vous respirerez le parfum du chèvrefeuille qui couvre ce chêne ou qui enveloppe ce rocher.

C'est ainsi que nous montons vers *Aïn Bal*. Les crêtes de la montagne, taillées à pic dans le roc, ont laissé tomber dans la vallée d'immenses blocs, polis, plats, coupés à l'équerre; ils jonchent les pentes, le blé pousse à côté, les oliviers croissent parmi, le beau village d'*Aïn Bal* se dessine sur le ciel, tandis que le torrent se creuse en bas un lit de pierre.

Arrivons à *Deïr el Kammar*. Voilà encore un aspect unique : une ville arabe, plus arabe que le Caire, jetée en amphithéâtre sur le flanc d'une haute montagne, entourée de hauts sommets qui tous ont un caractère sévère, qui entassent les unes derrière les autres jusqu'aux dernières, leurs têtes blanches de neige. *Deïr el Kammar* tire à elle un tapis de mûriers, de figuiers et d'oliviers. Vis-à-vis, le palais de l'Émir Béchir, avec ses pavillons, ses dômes, ses arceaux et ses cyprès noirs; regarde Deïr el Kammar, écoute le son de ses cloches chrétiennes. Et nous aussi, pour la première fois en Orient, nous les avons entendues, ces cloches du soir; elles ont fait tressaillir notre cœur, là, dans la montagne, avec ces fleurs des sommités sous nos yeux, avec cette neige à l'horizon, dans cet air éthéré.

Nous sommes campés sur l'herbe, un peu à droite de la ville; nous avons devant nous, séparée de nos tentes par une profonde vallée, la montagne et le palais de l'Émir.

La ville est bâtie de pierres de taille; les croisées, séparées par une fine colonnette, portent chacune un balcon de pierre chargé de fleurs; le jasmin et le chèvrefeuille s'entortillent aux grillages des moucharabiehs; les toits sont plats, et l'on voit se promener dessus quelque Maronite enveloppée du voile, quelque Druse dont la corne raide se profile sur l'horizon. Les enfants, vêtus d'une veste rayée, d'un large pantalon blanc, d'un petit bonnet rouge, ont tous de bonnes et belles figures de montagne. Ils accourent au campement, ils enfourchent, tout fiers de les mener boire, les mules, Zosi, l'âne de Bétûni : *le sultan des ânes,* comme l'appelle son maître.

Un Maronite cause avec mon mari ; bon ! il vient de m'apercevoir au fond de la tente, il pose ses pantoufles au bord du tapis, il entre, met un genou en terre, me baise la main, et pose à côté de moi un bouquet de giroflées. Peu s'en est fallu que je ne me misse à genoux de l'autre côté, comme le chevalier du sire de Joinville, quand la reine Marguerite se prosternait devant les camelots qu'il apportait de Tripoli.

C'est par souvenir surtout que nous jouirons de cette poésie. Aujourd'hui nous voyons, mais nous voyons avec un cœur mort ; il bat à de certains aspects, et puis il s'arrête sous les pensées de fer qui l'étreignent.

Vendredi, 12 mai 1848. — Aïnab. Encore dans le Liban, et pour la dernière fois sous la tente.

Il y avait un homme qui désirait ardemment voir cette *bonne montagne,* et qui ne l'a point vue. La vie de celui-là ne s'était pas écoulée au milieu de prés, vers les ruisseaux, au bord des lacs, en face de montagnes boisées et neigeuses ; il en avait passé les quarante dernières années dans le désert, dans ces immensités où croît l'épine, où miroite le soleil sur la terre calcinée, où les montagnes sont rouges, jaunes, où elles ont des reflets de plomb fondu ; ces quarante années de désert, il ne les avait pas passées tranquillement assis à la porte de sa tente, jugeant son peuple, menant en paix les troupeaux de *ouadi* en *ouadi* ; ces années n'avaient été pour lui que trouble et que train de guerre : séditions, pleurs, infidélités de son peuple, courroux de son Dieu, il lui avait tout fallu conjurer !

Enfin, il approche du pays de la promesse ; enfin, ses yeux fatigués de l'infini, rencontreront des vallées, et des montagnes, et des horizons bornés ; enfin, il reverra de l'herbe, et le blé doré, et les eaux courantes ; enfin, son peuple qu'il a conduit par la foi, va le bénir, à cette heure magnifique de la vue.

« — Seigneur Éternel ! tu as commencé de montrer à ton serviteur ta grandeur et ta main forte ; car qui est le Dieu fort au ciel et sur la terre qui puisse faire des œuvres comme les tiennes, et dont la force soit comme tes forces ? Que je passe, je te prie, et que je voie le bon pays qui est au delà du Jourdain, cette bonne montagne, *c'est à savoir le Liban !*... Mais l'Éternel était fort irrité contre moi à cause de vous, et il ne m'exauça point; mais il me dit : *C'est assez, ne me parle plus de cette affaire.* »

Et Moïse, le grand prophète de Dieu, meurt sans avoir réjoui son cœur de ses aspects; et nous pécheurs, et moi misérable, comblés déjà des munificences de l'Éternel, il nous est donné de vivre trois jours dans cette *bonne montagne*, d'en traverser les cols, d'en suivre les vallées, d'en côtoyer les torrents.

Ce matin les dernières cimes se détachaient nettes du ciel bleu, les coulées de neige se dessinaient sur le fond noir. Avant de prendre la direction de Beyrouth, nous traversons Deïr el Kammar et nous descendons le sommet sur lequel il se pose, pour remonter au palais de l'Émir.

Les toits des bazars sont couverts de feuillée, les places sont gaies, les femmes à la corne, passent leurs rideaux si bien tirés, qu'on ne leur voit plus qu'un œil. Et toujours cette charmante architecture arabe! le moindre Han a ses colonnettes, ses grands arceaux, ses toits en terrasse sur lesquels vit la famille. Chacun de ces toits porte son rouleau de pierre qui sert à presser la terre après les pluies; sans cette précaution, l'eau filtrerait dans la maison et l'inonderait.

Il n'y a de grandes magnaneries ni à Deïr el Kammar, ni dans le Liban; les montagnards qui possèdent le terrain élèvent les vers à soie dans leur demeure, et vivent, pendant ce temps, ou sur le toit, ou dans quelque recoin de la maison. Les cocons, lorsqu'ils ne se vendent pas, se dévident et se filent grossièrement par les cultivateurs eux-mêmes. Nos toiles de coton, nos indiennes mesquines commencent à envahir le Liban; cependant les habits des hommes sont encore faits d'épaisses étoffes de soie, filées et tissées au pays.

La montagne du palais de l'Émir est toute entière plantée d'oliviers et de mûriers. Sur la cime, les arcades, les pavillons, les cyprès; sur un autre sommet vis-à-vis, le palais du petit-fils de l'Émir, plus massif; et tout le long de la pente rapide, des eaux qui se précipitent en bouillonnant sous les lierres et sous les églantiers. Nous parvenons à la dernière terrasse; à côté de nous une cascade tombe du rocher, elle inonde de sa poussière les plantes grimpantes et les arbres qui étalent vers elle leurs larges feuilles. « O fontaines des jardins, ô puits d'eau vive! et ruisseaux coulants du Liban [1]. »

En face, *Deïr el Kammar*; en bas, en haut, les blés, les mûriers; à l'horizon, quatre ou cinq croupes de sauvages montagnes; derrière les montagnes, une plage et la haute mer.

Le palais de l'Émir sert maintenant de caserne; la vaste place qui précède la porte d'entrée, cette place où caracolaient les cavaliers arabes avec leurs

---

[1] Cantique des Cantiques IV, 15.

chevaux couverts d'argent et d'or, avec leurs armes brillantes, avec leurs vêtements magnifiques; cette place où se pressaient et les arrivants, et les partants, et les scheiks Druses, et les scheiks Maronites, et tout le train du grand seigneur d'Orient; cette place est déserte. Quelques soldats turcs, vêtus de la veste et du pantalon étriqué d'Europe, ont remplacé cette féerie. Le palais reste.

D'abord une cour immense, royale, garnie d'un côté par un bâtiment le long duquel court une ligne d'arceaux légers, — c'étaient les appartements destinés aux serviteurs, — de l'autre un mur bas avec la vue que je viens d'esquisser: les riantes vallées, *Deïr el Kammar*, la cascade, le palais du petit-fils de l'Émir, les gigantesques contre-forts de montagnes, et la mer qui se relève et se perd dans le ciel.

Après cette première cour, la cour du palais: au fond, le palais lui-même, précédé d'un péristyle mauresque, que soutiennent des gerbes de colonnettes aussi minces que des fuseaux; des arceaux délicats, des fenêtres en fer à cheval, des encadrements de portes travaillés comme de la dentelle, des clochetons, des pavillons, les lignes les plus pures de l'architecture la plus aérienne, les détails les plus délicats de la sculpture la plus riche, la *fantasia* en un mot. Aux nobles lignes du marbre, il faut ajouter la mosaïque, ses couleurs tranchées; il faut placer au centre un grand bassin d'où l'eau jaillit en gerbe étincelante; il faut encadrer cette merveilleuse cour d'arcs légers, soutenus par des colonnes qu'on dirait être des fusées de pierre; il faut étendre devant elle le même paysage grandiose que coupent de leurs silhouettes noires et précises, cinq grands cyprès. On rêve de telles constructions, de tels sites, on ne les rencontre jamais ici-bas.

L'intérieur du palais est gracieux, splendide, comme le dehors. Le divan, entouré de niches sculptées, incrusté de marbres précieux, surplombe sur la paroi verticale de rochers qui couronne la montagne; il n'y a pas une infraction au style mauresque, sinon quelques malheureuses peintures de plafond exécutées par une main prosaïque : ainsi, un cadran avec ses aiguilles et ses heures.

La cour du harem s'ouvre en plein ciel, un jet d'eau s'élève au milieu du pavé de marbre; le divan avec ses croisées à colonnettes, donne sur les grandes vallées et sur la mer. Pas une cour, pas une chambre où l'on ne retrouve l'eau, le marbre, l'architecture arabe dans toute sa poésie.

Les appartements du harem sont occupés par l'hôpital militaire. En passant, nous voyons les malades couchés dans des lits de camp dont la garniture est d'une étonnante blancheur; il y a deux ou trois malades tout au plus par chambre.

Le palais a conservé son éclat. Sauf deux bateaux à vapeur charbonnés sur un mur, pas une dégradation.

Je dresse dans un coin de la cour ma table à dessiner, le régiment entier se groupe autour de nous.

— Bonjour Monsieur, bonjour Madame!... — Nous nous retournons à ces mots prononcés sans accent : c'est un employé de l'hôpital. Tandis que je crayonne et que les *tourlourous* turcs suivent mes exploits avec de grands yeux, l'employé donne à mon mari quelques détails sur l'armée, sur le Liban et sur l'Émir.

— L'Émir Béchir exilé, vit à *Broussa*. Ses fils ont été comme lui bannis de la Montagne; son petit-fils seul est souffert à Deïr el Kammar; il y a bien encore des princes dans le Liban, mais ils sont insignifiants; d'ailleurs le Sultan les fera *porter* à Constantinople les uns après les autres.

— Et les Druses?

— Les Druses, Monsieur, sont des gens de rien, sans Dieu, sans religion; j'ai eu de leurs livres entre les mains!

Il m'est impossible de comprendre la définition que nous donne l'employé de leur croyance ou de leur incrédulité : Dieu est dans tout, et Dieu n'est rien! A ce compte-là, ce serait du panthéisme.

— Ont-ils un culte?

— Non.

— Qui les marie?

— Leurs Scheiks! mais c'est fait tout de suite.

Enfin leur religion, c'est d'adorer et de servir leur Prince; leurs livres ne leur disent que cela. Ces gens-là, voyez vous, ils n'ont qu'une parole; de père en fils ils jurent fidélité au Prince, et le Prince ne fût-il qu'un petit enfant à la mamelle, ils se feront tuer pour lui; ils n'ont qu'une parole. Un signe du Prince, ils se lèvent par toute la montagne : c'est brute, ces gens-là! Savez-vous ce qu'ils disent : Pour le Turc, une balle de trente drachmes ; pour le chrétien, une balle de douze drachmes; pour le Juif, une balle de quatre drachmes et demie. Ils ne croient ni à Mahomet, ni à Jésus-Christ : ce sont des idolâtres, voyez-vous; c'est sauvage cela, cela mange de la chair crue.

— De la chair crue?

— *De la chair crue!* Ils la mangent de deux manières : ils la pilent avec du blé vert — cela, tout le monde le fait; — et puis, quand on tue un mouton, ils coupent le foie, trempent leur pain dans le sang, et s'en régalent. Ce n'est pas un conte, Monsieur, c'est la vérité; et *pas eux* seulement le font, mais toute la Montagne, *et pas la Montagne seulement*, mais allez à Beyrouth, prenez quelque négociant que ce soit, offrez-lui une tranche de viande crue sur du pain; vous verrez s'il refuse! Tenez, la princesse, là, — en montrant l'autre palais — la princesse en mange tous les jours, et je ne suis pas parvenu à lui faire comprendre que cela me répugne!

Nous avons, plus tard, questionné Antonio. — Antonio ! est-il vrai que les Druses mangent de la viande crue ?

— Les Druses, Madame, et les Maronites, et moi encore ! ajoute naïvement Antonio ; c'est-à-dire, *mange*....., on ne la mange pas toujours comme cela. Quand on tue un mouton, eh bien ! on prend un morceau de foie ou de quelque chose, avec du pain, c'est délicieux.

Notre employé continue ; il y a deux ans qu'il n'a ouvert la bouche en français, ne faut-il pas qu'il se dédommage ? Pas un mot ne lui manque. Je voudrais bien lui donner mon journal à écrire.

— Les Druses occupent la partie du Liban que vous venez de traverser ; vous traverserez encore leurs villages aujourd'hui.

— Qui gouverne la Montagne ?

— Deux *Caïmakans*, l'un Druse, l'autre Maronite ; nous autres Turcs, nous gardons Deir el Kammar ; la tête du Liban ; nous avons deux mille hommes ici.

Nous lui faisons compliment sur la tenue de l'hôpital.

— Savez-vous qu'on change quatre fois par semaine la garniture des lits, et plus souvent lorsque la maladie l'exige ? Nous descendons deux fois la semaine à Deir el Kammar pour donner les consultations gratuites. Aux pauvres, on accorde les drogues de la pharmacie; aux riches, on remet seulement une ordonnance.

— A quoi employez-vous vos soldats?

— Aux exercices; et puis nous les instruisons. Le Sultan a donné ordre de faire quatre heures de *classe* par jour; il n'y a pas un de ces gens-là, voyez-vous, derrière Madame, qui ne sache lire!

En effet, ces figures sont étonnamment intelligentes : je n'en veux pour preuve que leurs regards. A mesure que j'avance, ils vont du trait de crayon au détail qu'il est censé reproduire et le reconnaissent…… pour cela, il ne faut pas être bête.

— Combien dure le service militaire?

— Cinq ans. Il y a deux ans, il était sans limite; il fallait employer la force pour amener le soldat sous les drapeaux; maintenant il y vient de lui-même; au bout de cinq ans on le renvoie chez lui. Si de son plein gré il veut rester, on lui donne un grade. Autrefois, les *Séraskiers* nommaient de leur autorité le premier venu; tout se faisait par intrigue. Maintenant les nominations, même celles des sergents, arrivent de Constantinople : cela se fait sur le vu des états de services; on n'avance plus personne s'il ne sait au moins lire!

Voilà des progrès. Je crois que bientôt, du train dont on y va en Turquie… et en Europe, la lumière nous reviendra de l'Orient.

Mon esquisse est finie : *Mashalla !* disent les soldats.

L'employé nous propose de nous conduire chez la princesse.

— Mais j'ai des souliers percés.

— Les princesses du Liban en portent souvent de pareils, je vous assure, Madame.

— Impossible ! ce serait déshonorer la France.

L'envoyé nous offre un bouquet, mon mari le prie d'accepter un Nouveau Testament, nous nous faisons mille civilités et nous rejoignons notre caravane.

La route de Beyrouth cailloux, et roches comme toutes celles du Liban, tourne la montagne de Deïr el Kammar pour se diriger droit au nord en franchissant croupes après croupes.

Nous traversons la rivière d'*el Eddamour* sur le pont du *Kadi;* elle coule profonde, silencieuse, au milieu du canal qu'elle s'est creusée dans le roc. Les ruisseaux lui arrivent de toutes parts. Un peu plus loin, une cascade se jette d'un mur perpendiculaire, des touffes de lauriers-rose s'accrochent à la paroi; par-dessous la nappe limpide, attachés au rocher, s'épanouissent de grands cyclamens d'un lilas pâle.

Les pentes du Liban ont aujourd'hui quelque chose de plus austère; les bois de pins couvrent ses flancs, les oliviers et les mûriers entourent encore les villages, on voit la feuille vernie des uns, le feuillage glauque des autres reparaître à toutes les hauteurs; mais ces hauteurs sont dépouillées : le blé, pauvre blé aux tiges rares, les couvre d'une teinte verdâtre. Au temps de la moisson, le Liban doit ressembler à une montagne d'or.

Les villages conservent la même élégance d'architecture. Les cornes s'y promènent, longues de deux pieds; les femmes mariées seules portent cet ornement; il est d'argent, quelquefois d'or. On ne le découvre jamais, pas même dans la maison; le voile alors, au lieu d'être ramené sur la figure, flotte des deux côtés du visage.

Nous rencontrons sur le sentier solitaire une femme Druse et sa fille, la mère ne laissant deviner qu'un œil, la fille, jolie enfant de seize ans, son voile rejeté en arrière.

— Madame voudrait-elle voir de près une de ces cornes?

— Sans doute.

— Eh bien! que Madame descende avec mademoiselle Jeannette; nous autres hommes, nous filerons en avant; que Madame marche avec cette femme; Madame saura bien faire!

Nous sautons à terre, la caravane passe devant, et nous cheminons à côté de la femme Druse. A peine les hommes sont-ils hors de portée, que la femme Druse laisse tomber les coins de son voile. Nous voyons une douce figure, des yeux dont chaque regard est une caresse, un sourire tendre mais un peu triste. La jeune fille marche derrière; son visage frais et rond est tout entouré de boucles soyeuses, son regard s'arrête sur nous avec candeur, sa bouche laisse voir une rangée de petites dents égales comme les perles d'un collier. La femme Druse prend ma main, elle la baise, elle nous adresse la parole avec ces intonations musicales qu'on retrouve si souvent en Orient et qui ressemblent au roucoulement de la tourterelle. Elle me fait signe de détacher le mouchoir de mousseline qui cache mon visage, et puis elle examine mes gants : je les ôte, elle baise encore mes mains, met les siennes un peu brunes à côté, et soupire en me montrant qu'elle travaille. Je prends à mon tour ses mains et je les caresse en lui disant : — *Tayb, tayb!* Belles, belles! — De fil en aiguille, nous en venons à la corne ; notre amie soulève son voile ; la corne est une espèce de tuyau fermé, enrichi de ciselures ; elle fait tellement corps avec la chevelure qui s'entortille aux agrafes, tellement corps avec la tête, qu'on arracherait plus facilement la corne d'une chèvre. J'ai bien envie de savoir comment elle la quitte, comment elle l'ajuste ; Antonio revient sur un signe ; notre gentille Druse ramène un peu son voile et puis le laisse échapper de nouveau.

— Antonio, demandez-lui si elle dort avec cette corne?

— Oui Madame, elle dort ; et toutes font de même.

— Vous pouvez vous tourner?

— Oui, comme cela et comme cela! — Elle met une joue et puis l'autre sur sa main. Jamais une Druse n'ôte sa corne. Ceci restera toujours un problème pour moi... enfin, passons.

Elle me montre ses tresses, belles tresses noires qui pendent mêlées à des cordons; de grosses grenades en argent ciselé d'où sortent des houppes de soie rouge terminent les tresses; tout cela se cache dans le pan de la robe, relevée autour de la ceinture.

— Avez-vous des enfants?

— Non.

— Et moi, que cette fille!...

Ici un petit cadeau, et nous nous séparons. — Cette douce voix, ce regard, ces inflexions touchantes m'ont fait du bien; que les femmes sont des êtres charmants quand elles s'abandonnent aux tendances élevées de leur nature!

A peine passons-nous la crête de la montagne qu'un horizon à perte de vue se déroule à nos pieds: trois étages de cimes; derrière, la plaine verte, la plage immense couverte de sable jaune, ceinture d'or au golfe de Beyrouth, et puis la mer qui va s'éloignant et montant toujours; les nuages qui courent dans le ciel la tachent de leur ombre, on dirait un Archipel qui sort des flots.

Nous campons vis-à-vis de ce tableau.

Tout à l'heure, la jeune femme Druse est revenue; elle est revenue un vase d'airain plein de lait dans les mains, quatre ou cinq œufs frais dans un pan de sa robe, son mouchoir rempli de pois verts qu'elle a cueilli dans son jardin; elle s'est arrêtée sur le seuil de la tente, elle a déposé son offrande sur la table, elle a baisé nos mains en nous parlant de sa voix touchante, en nous regardant de ses beaux yeux. Ce don était fait avec tant de grâce, avec un si naïf plaisir! Il a fallu la contraindre pour lui faire accepter quelque monnaie en retour; oh que j'aurais voulu pouvoir lui parler cœur à cœur!

— Il y a déjà dix ans que je suis mariée, a-t-elle dit avec un de ses gros soupirs.

— Vous êtes heureuse, n'est-ce pas?

Elle a encore soupiré. — Ici, quand une pauvre femme n'a pas d'enfants : *welhad* — *garçons* — les hommes sont fâchés!

— Que Dieu vous bénisse, que Dieu vous console; Il vous aime, Il est bon, très bon!

Et nous nous sommes séparés. Malheureusement ni elle, ni sa fille ne savent lire.

— Si j'avais pensé que vous deviez planter ici vos tentes, je vous aurais forcés à venir chez moi.

Beyrouth, samedi 13 mai 1848. — Nous avons fait ce matin une lieue au midi, pour gagner le village d'*Abeih* où se trouvent les écoles des missionnaires américains. Abeih, situé en face de la mer, domine comme Aïnab les premiers plans du Liban. Le regard, qui passe à une grande hauteur par-dessus ces croupes, va errer sur les immenses horizons maritimes, s'il ne s'arrête en chemin le long de la plage, dans la verte campagne qui entoure Beyrouth. De ce côté, du côté du midi, les sables gagnent la plaine; on les voit s'avancer, large zone de couleur ocre, contre les plantations qui se défendent.

Abeih s'accroche au flanc de la montagne, il sourit à la mer au milieu de ses figuiers, de ses noyers, de ses prairies et de ses blés que trempent les ruisseaux.

Nous montons à la maison d'un des missionnaires, elle est meublée avec simplicité : quatre murs blancs, les poutres du toit pour plafond, des nattes de paille pour tapis, un divan recouvert d'indienne, une table et des chaises de sapin, quelques cartes de géographie et une bibliothèque; c'est ce qu'il faut, mais il ne faut rien de plus. Que l'intérieur de la maison missionnaire soit un modèle de propreté, qu'on y voie les conséquences pratiques du christianisme, qu'on y trouve cette élégance que la présence d'une femme crée partout, fût-ce dans la plus pauvre chaumière; mais que ce *comfort* soit le résultat du savoir-faire et non du luxe, qu'il vienne plus de l'industrie féminine que du fait d'une grande aisance. Il me semble que la maison missionnaire ne doit se distinguer des autres, que par ce que le bon arrangement y apporte de bien-être : mêmes matériaux, même qualité de meubles que chez les classes moyennes de la localité, mais tout cela mis en usage par une intelligence plus développée. — Le monde a l'œil sur les missions, il tire vite parti, ne fût-ce que des apparences. Les prosélytes aussi, comparent incessamment l'Évangile avec l'application qu'en font les missionnaires. Entre les deux prédications, celle de la vie et celle des lèvres, l'une est toujours mieux écoutée que l'autre; c'est celle-là qui importe. Si par vos habitudes, si par votre état de maison vous vous placez au-dessus des petits que vous enseignez; ou prenant l'Évangile par un côté terrestre et faux, ils s'imagineront en devenant chrétiens, s'élever dans l'échelle sociale; ou ils concevront l'idée également fausse et mauvaise, qu'entre votre profession de bouche et votre profession de fait, il y a quelque différence.

La maison missionnaire de ce matin, qui n'a rien demandé au luxe, sauf peut-être son plan trop vaste et son architecture trop ornée, a beaucoup reçu de la nature, beaucoup des soins : de la première, une vue idéale; des seconds, deux petits jardins qui ne sont qu'un bouquet. Il n'a pas fallu grand'chose pour cela : un berceau de lattes, et planter. Planter des rosiers, apporter de la montagne quelques grands iris bleus, de la plaine quelques-uns de ces arbres à fleurs lilas qui embaument l'air et qu'on appelle ici la *gloire des Indes*. Les rosiers ont grimpé le long du berceau, ils ont formé un toit émaillé sur la terrasse, chaque fleur y répand son parfum : ces parfums d'Orient, éthérés, délicats, qui ne ressemblent pas à nos parfums d'Europe; l'ombre et la fraîcheur sont venues reposer autour de l'habitation, et voilà un paradis terrestre.

Nous passons quelques moments avec M. *** et sa femme. La même simplicité règne dans les écoles et dans le séminaire. La mission, trop pauvre pour acheter, n'a pu que louer; elle s'en tient au strict nécessaire, et c'est tant mieux.

L'école normale qui reçoit à demeure dix ou douze élèves dont elle fera des instituteurs évangélistes, occupe une maison du village; la classe se tient dans la salle de culte; au-dessus, s'ouvrent les chambres des élèves, dotées du luxe de la belle vue et du bon air. Le matelas se roule ou se déroule sur un divan; la Bible, les livres sont posés sur une table de sapin, il y a une chaise devant, voilà tout.

Les élèves restent quatre ans, plus s'il le faut dans le séminaire. Outre l'éducation chrétienne, ils reçoivent une instruction très forte. L'histoire; l'histoire arabe en particulier; la géographie, —

ils font des cartes eux-mêmes, — l'algèbre, la géométrie, la trigonométrie, la chimie, la physique, la littérature arabe, leur sont enseignées dans l'école normale; ils y entrent au sortir de l'école primaire.

— Ne risquez-vous pas de charger ces intelligences un peu neuves?

— Non Monsieur, nous ne devons pas seulement nourrir l'âme de l'homme, mais encore développer l'instrument autant qu'il est en lui. Nous désirons élever progressivement le niveau de l'enseignement, de manière à ce que ce peuple entre réellement en possession de toutes les facultés que Dieu lui a données.

Il y a là un profond respect pour la dignité humaine, un profond amour de l'œuvre de Dieu, une foi immense dans la vérité; certainement celui qui apporte cette gerbe de lumière dans l'âme, ne craint rien pour le dogme qu'il annonce.

Le travail de nos frères Américains porte, en outre, le cachet d'un complet désintéressement; je parle de désintéressement quant aux questions de Nationalité, quant aux questions d'Église; l'autre est partout. Les leçons se donnent en arabe, on pousse très loin l'étude de cette langue, très loin celle de l'histoire du pays : on fait des *Arabes chrétiens*, et non des chrétiens *Américains* ou *Anglais*.

S'agit-il de l'Église, on la laisse s'organiser elle-même dès que la congrégation est assez nombreuse pour le permettre. L'Église de Beyrouth vient de naître ainsi ; elle ne relève que d'elle et se tient debout, sans étais. Elle crée, elle nomme ses pasteurs, les missionnaires ne sont que ses ministres provisoires ; ils construisent le vaisseau, ils le lancent, ils le montent pour voir s'il tient la mer, mais cela fait et le navire une fois éprouvé, ils le remettent à l'équipage qui choisit son pilote.

La florissante Église Arménienne de Constantinople, fruit de la mission américaine, marche seule, libre, et marche bien.

M. *** nous montre l'école primaire, pauvre chambre où trente à quarante enfants sont assis par terre, leur livre dans les mains. M. *** aidé d'un sous-maître formé dans l'établissement, donne lui-même les leçons dans l'école normale. L'école primaire est tenue par un élève. Il faudrait un pinceau pour rendre ce tableau de genre ; le maître presque enfant lui-même, avec son visage épanoui, sa veste brodée, ses larges pantalons blancs, sa tenue grave ; les écoliers, tous le tarbousch écarlate à la floche bleue, tous de belles petites vestes de soie rayée, assis jambes croisées, et venant tour à tour réciter leur leçon, avec ce chant monotone qui retentit et retentira jusqu'à la fin des siècles, dans les écoles de l'univers entier.

L'école des petites filles que dirige une des dames missionnaires, ne contient ce matin que peu d'élèves : c'est samedi, jour de lessive. Les petites filles fidèles à l'école lisaient, leur jolie tête couverte du voile de mousseline blanc, penchées sur leur Évangile. On leur enseigne l'écriture, l'arithmétique et la couture.

Les missionnaires trouvent un accès plus facile chez les Druses que chez les Maronites, ils n'ont pas à combattre chez les premiers l'influence d'un clergé hostile.

L'œuvre évangélique est bien vue de ce côté du Liban ; de l'autre, à *Hasbeiya*, il n'en va pas de même. Les chrétiens protestants y sont persécutés par la population grecque, qui les injurie, qui les maltraite, et refuse de leur fournir des aliments. Sans les Druses qui, malgré la défense de l'Émir soudoyé par le clergé grec, leur vendent les objets de première nécessité, ils auraient été forcés de quitter le pays. Ce sont eux que le pacha de Damas avait emprisonnés, sur le vu du *firman protecteur* de la Porte.

M. *** connaît à fond la religion des Druses ; il a leurs livres et les comprend mieux, je crois, que notre pharmacien de Deïr el Kammar.

Les Druses croient en un Dieu ; ils croient à sept incarnations de ce Dieu. La dernière est le sultan *el Hakim*, dont nous avons vu le tombeau au Caire.

Un des vizirs d'*el Hakim* est l'objet de la vénération, presque de l'adoration des Druses. M. *** ne nous le nomme pas ; cette conversation a lieu dans l'école, en présence de plusieurs enfants druses. Les Druses qualifient ainsi ce vizir : *La souveraine intelligence*. Il descendra du ciel où il se trouve actuellement, et les fera tous *rois* et *princes* ; le reste des hommes sera réduit en esclavage.

Les Druses croient à la métempsycose : l'âme passe du méchant riche au pauvre, du pauvre honnête au riche. Il n'y a pas d'autre jugement que celui-là, pas d'autre avenir que le règne du Vizir et de ses adhérents.

Les Druses se divisent en *initiés* et en *non-initiés*. Les initiés seuls ont un culte, le reste vit dans la superstition et l'idolâtrie. Les initiés se réunissent toutes les trente nuits dans une habitation, ordinairement placée sur *un coteau*, ou *sous un arbre vert*[1]. M. *** ne sait pas en quoi consiste le culte, il pense que la lecture des livres sacrés en fait la base. Les femmes sont admises à l'initiation.

Les Druses n'ont qu'une femme. Ils font divorce avec une extrême facilité, mais ils ne peuvent pas reprendre l'épouse qu'ils ont une fois répudiée.

Et maintenant nous descendons, nous descendons en face de cette mer, de cette plaine, de ce Liban

---

[1] « Et vous saurez que je suis l'Éternel, quand les blessés à mort d'entre eux seront parmi leurs dieux infâmes, autour de leurs autels, sur *tout coteau haut élevé*, sur tous les sommets des montagnes, *sous tout arbre vert*, *et sous tout chêne branchu*, qui est le lieu auquel ils ont fait des parfums de bonne odeur à tous leurs dieux infâmes. » (Ézéchiel VI, 13. — Ésaïe LVII, 5, 7. — Jérémie II, 20. — Osée, IV, 13.)

splendide; nous passons près des genêts en fleurs, près des buissons de myrte; nous passons sous les bois de pins jetés çà et là sur la pente, et nous voyons la mer au travers de leurs colonnes déliées. Des couvents latins, des couvents grecs, de beaux villages couronnent les cimes de la chaîne; quelques palmiers s'épanouissent derrière; les terrasses montent de la base aux derniers sommets, plantées de mûriers, d'oliviers, de figuiers et de caroubiers; ces feuillages si divers heurtent leurs belles teintes sur le fond de la mer, et le *Gebel Sannin*, blanc de neige, regarde, perdu dans ses frimats, les magnificences de la végétation.

Dans les villages qui se pressent à mesure que nous descendons vers Beyrouth, s'élèvent à côté de chaque habitation des huttes de cannes. On les dresse pour le moment de l'éducation des vers à soie; les vers ne passent que huit jours dans la maison: ces huit jours écoulés, on les établit sous la hutte. Les paysans ne cueillent pas la feuille du mûrier, ils taillent la branche tout entière, de sorte qu'il ne reste à l'arbre que le tronc avec le moignon. La pousse, disent-ils, en est plus prompte et plus riche. En effet, des mûriers taillés depuis une semaine, se couvrent déjà de verdure.

Ce qui émerveille les agriculteurs de la caravane, c'est de voir manœuvrer la charrue dans les étroites terrasses, entre les oliviers et les mûriers. La plus large de ces terrasses a tout au plus six pieds, les terrasses ordinaires en ont cinq; l'extrémité, l'endroit justement où l'on tourne, en a rarement plus de *quatre*, et souvent n'en a que *trois*; eh bien, les bœufs, — petits bœufs à la vérité, — la charrue, l'homme, tout cela s'en tire. L'homme porte la charrue, les bœufs passent délicatement leurs cornes entre les arbres, leur quatre pieds se substituent les uns aux autres, et le tour s'opère!

Nous voilà dans la plaine. Ah! c'est ici, vraiment ici Canaan. Les arbres du Midi et ceux du Nord, les parfums des îles Borromées et la fraîcheur des Alpes, des eaux abondantes, des cultures, des lianes qui enveloppent les haies de grenadiers; des oliviers, des orangers, un ciel bleu, une mer bleue, Beyrouth éclatante de blancheur tout auprès, et ces sables rouges qui tranchent avec la puissante verdure, et l'amphithéâtre royal du Liban qui embrasse la plaine, qui embrasse les flots, de ses terrasses de montagnes, et son *Gebel Sünnin* à tête blanche, large, appuyé sur ses contre-forts neigeux!

A une demi-lieue environ de Beyrouth, au milieu de la plaine, au milieu des orangers, des cactus en fleurs, des palmiers, de cette abondante végétation tropicale, il y a quelque chose qui, pour moi, surpasse tout ce que j'ai vu par la magnificence du contraste: c'est un grand bois de pins, ouvert de larges clairières, avec des pins en parasols qui,

s'élançant çà et là, arrondissent leur tête élégante
à vingt pieds au-dessus du premier dôme et de la
première ombre. Qu'on regarde la plage et la rade
au travers, qu'on se tourne et qu'on regarde le Liban, qu'on erre entre ces colonnes, sous ces voûtes, dans cette fraîcheur : cela est toujours d'une
parfaite beauté.

Magnificence de mon Dieu, tu éclates à tous les
bouts de la terre; mais il semble qu'ici tu aies plus
de richesses, plus d'ampleur et plus de sourires que
sous d'autres cieux.

Nous voici à la campagne, au bord de la mer;
chez Antonio — non pas le nôtre — l'écume lorsqu'elle jaillit mouille les arbres du jardin, l'arceau
du balcon encadre la baie de Beyrouth et le Liban.
Ces splendeurs m'émerveillent. Hélas! elles tombent sur un cœur profondément triste du malheur
des siens, et profondément misérable.

BEYROUTH.

Dimanche, 14 mai 1848. — Mon mari s'est rendu ce matin à la chapelle américaine. Le culte des missionnaires ressemble bien plus au nôtre que celui de l'église anglicane; il se compose de la lecture de la Bible, de prières improvisées, du chant des cantiques et d'une explication de la Parole de Dieu.

Il a plu presque tout le jour; nos regards seuls se sont promenés, sur la mer, où passaient à toutes voiles un brick et de grosses barques marchandes; sur la terre, dans ce fouillis de verdure entremêlé de maisons blanches; le long des pentes du Liban, qui cachait sa tête dans les nuages.

Nous avons eu quelques visites intéressantes.

La population de la Montagne — et la Montagne s'étend de Sidon à Tripoli — n'excède pas 193,000 âmes. On se l'est fort exagérée en France; des recensements nombreux ont toujours amené ce chiffre; il ne nous étonne pas; les cultures vont partout, mais les villages qui couvrent le penchant occidental, sont très rares à l'intérieur.

Le Liban se divise en deux portions : la partie purement chrétienne, et la partie mixte.

La partie chrétienne, gouvernée par un *Caïmakan* chrétien, par des *Mokatagis* ou chefs de districts chrétiens, embrasse le territoire compris entre la rivière du *Chien*, — située à deux lieues au nord de Beyrouth — et Tripoli. La partie mixte, gouvernée par un Caïmakan druse et par des Mokatagis druses, embrasse le midi de la montagne, à partir de la rivière du Chien jusqu'à Sidon. La partie chrétienne est de beaucoup la plus considérable : le Liban contient de 100 à 130,000 chrétiens. Les Caïmakans nomment les Mokatagis. Il y a dix, vingt Mokatagis par district ; il y en a autant que le Mokatagi principal possède de frères, d'oncles et de cousins. Ce luxe de Scheiks n'entraîne pas de grands inconvénients dans la partie chrétienne, où l'esprit, où les intérêts sont communs ; il ne produit de vexations que dans la partie mixte.

La Porte lève un impôt de trois mille bourses sur le Liban, il faut y ajouter les exigences des Mokatagis ; ces exigences doublent ou triplent la somme. La portion chrétienne du Liban, portion qui s'administre elle-même, et ne relève en quelque sorte que d'elle, n'a rien à désirer. Les Maronites de la portion mixte sont moins heureux, bien

que dans cette portion même ils forment la majorité : — 30,000 Chrétiens pour 25,000 Druses. —
M. Bourrée, consul français à Beyrouth, a provoqué, dans l'intérêt des Maronites et dans celui de la justice, une mesure que la Porte va exécuter et qui remédiera à tous les maux du Liban. Cette mesure est l'organisation du cadastre. Chaque propriété sera reconnue, fixée ; l'impôt sera proportionnellement réparti entre tous ; on affichera les listes dans chaque couvent, dans chaque église, de sorte que le propriétaire mis au fait, fort de son droit, fort de la protection du gouvernement, ne se laissera plus arbitrairement imposer.

Les couvents, possesseurs de biens immenses, libres jusqu'ici de toute imposition, rentreront dans la condition commune, et l'impôt, ainsi divisé, se réduira à quelques piastres par individu. Ceci fait, la Porte exilera les plus mauvais Mokatagis, les Mokatagis sangsues, incorrigibles : le pays alors, vivra de sa vie propre.

Il est à cette heure cent fois plus prospère que du temps de l'Émir Béchir. L'Émir Béchir levait vingt à vingt-cinq mille bourses sur la Montagne, l'Émir Béchir ne se faisait faute, ni de têtes, ni de nez, ni d'oreilles coupées. Les Maronites ont gagné le cent pour cent à son départ.

Le désarmement s'est opéré d'une manière inégale dans la partie mixte. Les Druses ont en général conservé leurs fusils et leurs pistolets à long manche ciselé; nous en rencontrions chaque jour portant l'un en bandoulière, les autres à la ceinture; les Maronites au contraire se sont vus dépouillés; mais la mesure allait être complétée par l'influence du consul, quand les événements de France ont tout arrêté. Les armes ici constituent plutôt une distinction morale, qu'une supériorité effective.

Les Druses sont beaucoup plus inoffensifs qu'on ne les fait; les Maronites sont bien moins intéressants. Ce sont ces derniers qui ont commencé la dernière guerre, ce sont eux qui de notoriété publique ont commis les plus grandes atrocités. On a enflé leurs pertes, comme on s'est exagéré leurs vertus: ils ont eu *mille* hommes tués dans leurs affaires avec les Druses, pas un de plus[1]. Ils passent, non pas auprès des gens prévenus, mais auprès de tout le monde, pour vantards et peu courageux. Qu'il y ait un délit dans la Montagne, cinquante,

[1] A l'heure qu'il est, heure de paix, n'existe-t-il pas à Paris un honorable comité qui se fait envoyer trois fois par mois la relation des *cruautés* commises par les Druses sur les Maronites pendant la dernière *décade*; comité dont l'argent, en Syrie, n'est occupé qu'à cette œuvre d'imagination. Notre consul reçoit de France, sur l'état de la Montagne, des nouvelles qui le feraient rire si elles n'avaient leur contre-coup fâcheux dans le Liban. — Pourquoi tant de messieurs, pourquoi tant de belles dames qui ont des larmes à verser sur les souffrances illusoires des Maronites, qui ont une grande influence à leur consacrer, s'inquiètent-ils si peu des chrétiens des provinces turques? Ceux-ci pourtant s'y courbent par milliers sous une oppression réelle, sous des exactions dont personne ne parle. Serait-ce parce que personne n'en parle?...

cent délations maronites arriveront à Beyrouth; pas une délation druse; on n'en a jamais obtenu.

Maintenant la montagne est tranquille; il y a fort à parier que si l'on avait moins parlé d'elle au sein des chambres, elle l'aurait toujours été.

Quant à l'influence étrangère dans le Liban, elle ressemble à l'influence étrangère en Grèce. Qu'une puissance arrive avec des vaisseaux de guerre et beaucoup d'argent, l'influence lui est acquise; qu'une autre puissance vienne, qui ait, et plus de vaisseaux, et plus d'argent, l'influence est à elle, jusqu'à ce qu'une troisième s'en empare, par le seul fait d'un chiffre plus élevé de vaisseaux et d'argent.

Lors de la dernière guerre, les Maronites avec l'Émir Béchir se tournèrent vers Ibrahim contre la France; ils allèrent demander des fusils aux Anglais : les Druses n'en reçurent pas un. Pourtant le désarmement n'était pas opéré alors, et les Maronites possédaient autant de moyens de défense que les Druses.

Les couvents donnent à eux seuls plus de travail à notre diplomatie, que les plus grosses questions. Les moines, qui ne voient que l'intérêt de leur maison, s'étonnent fort qu'à la moindre dispute avec les Druses ou avec les Turcs, la France *leur protectrice*, ne les *protége* pas à coups de canon; tout prêts d'ailleurs, à se jeter dans les bras de la première puissance venue dont ils espéreront un secours aveugle : de la Sardaigne par exemple, qui à cette heure, fait d'autant plus de jésuitisme au dehors qu'elle en fait moins au dedans. — *Une frégate, toutes bouches allumées !...* Les moines ne connaissent que cela. S'agit-il d'un mur, d'un morceau de terrain, d'un droit, d'une prétention : *Le canon !* Examiner une affaire avant de l'appuyer, la traiter *en affaire*, c'est trahir la foi catholique. Pauvre foi, qui a recours à de tels expédients !

Si l'on croit ce que l'on croit, si l'on se sent dans la vérité, on va son chemin, fort de la force de Dieu : tous les royaumes de la terre s'armeraient contre la vérité qu'ils ne la détruiraient pas, ils se réuniraient tous pour l'appuyer qu'ils ne la fortifieraient pas. On oublie toujours que c'est aux hommes à demander des forces à la vérité, jamais à la vérité d'en demander aux hommes. Ceux qui lui cherchent des étais en dehors d'elle s'en méfient ; ceux qui veulent à leur conviction des appuis humains ne sont pas convaincus. Si vous pensez faire les affaires de Dieu, vous vous soucierez fort peu du secours des hommes, vous savez que Dieu s'en passe ; si vous faites vos affaires, les affaires d'une communauté, d'une idée, d'une passion, vous chercherez partout de l'appui, vous savez que Dieu n'est pas avec vous. Les Juifs idolâtres regardaient à l'Égypte, les Juifs fidèles marchaient seuls contre les milliers d'Assyrie.

Antonio, dont la famille habite Beyrouth, revient ce matin avec un costume splendide ; veste de dessous toute d'or, veste de dessus richement brodée : il brille comme un soleil. Nous nous sommes séparés de nos Mûkres et de Zosi. Pauvre Zosi[1], doux, brillant, avec ta jolie tête que tu secouais d'un air mutin, avec tes sauts à pieds joints dans les pas difficiles ; j'ai pensé pleurer à l'idée que je ne te verrais *jamais plus,* toi, dont j'aimais tant à caresser le cou lustré. Qu'ils s'adressent à l'animal, qu'ils s'adressent à la chose, qu'ils s'adressent à l'homme, il y a des larmes dans tous les *jamais.*

Mardi, 16 mai 1848. — J'ai passé la journée d'hier à chercher quelques objets pour nos amis d'Europe. D'échoppe en échoppe, de marchand rêveur à marchand languissant, nous parvenons à trouver ce que nous voulons ; ce n'est pas sans peine. Ces braves gens ne savent pas ce qu'ils possèdent. Ils tirent du haut de leurs tablettes trois ou quatre carrés de papier qui contiennent des étoffes, des *écharpes d'Asie aux brillantes couleurs ;* mais chaque marchand n'a qu'un nombre limité de ces bienheureux carrés-là, il faut s'arrêter devant vingt bou-

---

[1] Les chevaux de bagages de nos Mûkres ont été saisis par le gouvernement, qui avait un envoi à faire à Saïda — Sidon. — On les a pris de force, surchargés, battus, si cruellement maltraités en un mot, que la pauvre jument volée et retrouvée a péri sous les coups. C'est ici *la loi et les prophètes ;* il n'y a pas une plainte, pas une réclamation à faire.

tiques pour choisir. Je ne suis pas émerveillée des associations de couleurs dont on nous parle tant en Europe. Le laid a sa large part ici comme ailleurs, il l'a peut-être plus large. Sur cinquante pièces de robes, quarante-huit sont à la lettre hideuses; sur cent écharpes, on en trouve à grand'peine cinq belles, à moins qu'on ne les prenne toutes pareilles. Ce qui est bien est très bien, ce qui ne l'est pas est très mal. Les étoffes d'or de *Deïr el Kammar* : ces éblouissants petits sacs, ces pantoufles, ces bonnets d'hommes tissés dans le Liban font exception; ils sont tous de bon goût. Ici, comme au Caire, nous tombons, à notre entrée au bazar, dans les mains de quelque officieux qui nous conduit aux bons endroits et qui va déterrer pour nous ce que jamais nous ne trouvions sans lui.

Beyrouth a des rues étroites et sales comme toutes les rues des villes orientales; ces rues sont animées cependant; on y fume le narguileh, on y mange avec les doigts des mets étranges dressés sur de petites tables à trois pouces du sol, on y boit dans des coupes de porcelaine l'orangeade et les fraîches liqueurs. Les abords, la campagne, les maisons à grands arceaux noyées dans la verdure, les cafés avec leurs *Vérandahs*, leurs fumeurs nonchallamment assis en plein air, leurs tas d'oranges et de citrons frais, cette admirable baie qu'on voit de partout dans l'éclat de son azur, entourée de ses rives d'émeraude, couronnée par le Liban et ses neiges, voilà ce qui éblouit toujours.

Nous sommes allés ce matin, par des sentiers cachés sous les nopals, voir Mme Bourrée dans la campagne qu'elle habite sur la colline; — M. Bourrée est en France. — Nous avons trouvé chez elle cet accueil charmant, cette grâce exquise qui distinguent nos représentants dans le Levant.

A moins d'un miracle, à moins de lettres contenant l'ordre formel d'achever notre voyage de Syrie, nous partirons ce soir. La mer est mauvaise, le vent contraire est très fort; nous l'avons bravé pour satisfaire nos goûts; nous le supporterons bien pour accomplir notre devoir.

Il faudra nous séparer d'Antonio; nous le regrettons sincèrement. Antonio connaît à fond l'Orient; il en connaît les hommes, les usages; il ne fait mal à propos ni civilités ni menaces; il se fâche quand il faut, il a patience quand il faut encore : c'est plus important qu'on ne pense. Antonio connaît l'Europe aussi bien que l'Orient, et cela n'est pas inutile; il sait ce que nous autres *civilisés*, nous pouvons supporter en fait de privations; il sait ce dont nous ne pouvons nous passer qu'au risque de succomber. Il organise le matériel du voyage avec une perfection qu'on trouve exagérée au moment du départ, dont on comprend l'urgence une fois en route. Et puis Antonio a du cœur, il a de l'élévation, de l'imagination, de la poésie. Avec lui on garde sa liberté d'action, de résolution; liberté bien contestée par la classe des drogmans, habituée à considérer le voyageur comme une espèce de ballot qu'on fait rouler de l'Égypte en Syrie, sans qu'il s'en mêle.

— Et les défauts ?

— Il en a certainement; mais nous en avons, vous en avez, et les siens ne sont pas pires que les nôtres. Si nous avions à recommencer, nous reprendrions Antonio; cela dit tout.

Nous reprendrions aussi Habib, notre excellent Habib; honnête, doux, serviable, la candeur même: caractère et cœur d'or. Que Dieu veuille bénir ces deux compagnons de notre pèlerinage.

Plus tard : Nous partons, nos lettres ne nous pressent que faiblement de rester, notre cœur est démarré aux trois quarts. Le vent qui avait un instant baissé se relève; que Dieu nous préserve de doute et de murmure. Ce sont de bien grands mots pour une si petite chose : le mal de mer ! Ceux qui l'ont eu, ceux qui vont l'avoir surtout, me comprendront.

Les journaux apportent le résultat des élections. Grâce au ciel, il n'est plus question de la candidature involontaire de mon mari.

Les élections ne sont pas dans le sens le *plus*

avancé; je ne puis m'en réjouir : on crie déjà à la réaction. D'ailleurs, puisque ce sont les minorités qui font la loi, j'aurais autant aimé que la minorité en France fît la majorité dans la Constituante. Le bout de ma lunette est peut-être tendu de noir; mais je vois l'abîme devant nous. Il s'agit d'y arriver, ou par une glissade insensible, à la manière des montagnes Russes; ou par saccades, de révolutions en révolutions; ou par un saut franc, comme on se jette en bas d'un cinquième étage. Des trois manières, la première et la dernière sont celles que j'aime le mieux. Avec le saut, on se brise ou l'on ne se brise pas. Si l'on se brise, tout est dit; si l'on ne se brise pas, on se secoue, on se remet sur ses jambes, et l'affaire, bien ou mal finie, est finie. — Avec la glissade, on s'égratigne, c'est vrai; la descente est plus longue, c'est encore vrai; mais on arrive la vie sauve. — Avec les saccades, on se cogne partout; ce coin de rocher vous fracasse une côte, cet autre vous emporte une jambe; si vous restez accroché à quelque branche d'arbre, c'est pour mieux savourer l'amertume de la chute; à chaque bond vous croyez arriver au fond du gouffre, et vous n'y arrivez point; une fois que vous y êtes, il vous reste peut-être bien quelque chose de votre personne, une tête, un bras, que sais-je... mais à quoi cela sert-il?

Hélas! hélas! Et voir recommencer les parades de

la révolution de 89; les fêtes au Champ-de-Mars, les jeunes filles autour des chars de triomphe! Il ne nous manque plus que les vieillards. — Je ne sais pas si le factice ici, ne m'inspire pas plus d'horreur que le mal tout cru, tout vert.

RETOUR.

Jeudi, 18 mai 1848. A bord de l'Osiris, devant Alexandrie. — Nous n'avons presque pas souffert. Nous voici pour deux jours en rade, reste neuf jours de mer; le Seigneur y pourvoira.

A peine mettons-nous le pied sur l'*Osiris*, que nous sommes en pleine France. Officiers français, matelots français, gaieté quand même, illusions sur l'avenir, accueil aimable, bon sens parfait, qui n'a jamais empêché et qui n'empêchera jamais une sottise, parce qu'il n'est pas doublé de caractère. *Des caractères !* La Bruyère aurait bien de la peine à faire ses deux volumes; il écrirait *un caractère*, un seul, celui de tout le monde, et puis, il remettrait sa plume dans l'étui.

Je trouve aussi l'*Illustration*, celle de 1843, j'en parcours les gravures en face d'Alexandrie, en face du désert. Il y a de quoi se sauver dans quelque *ouadi.* — Faux! faux! faux! faux plaisirs, fausses douleurs, fausses émotions, vie, affections faussées! Prenez l'existence de salon, celle de la rue, celle des châteaux; le faux est partout, partout la convention, partout le tâché; rien de prime-sautier, de vert et de dru comme une forte pousse pleine de sève en Avril. — Certes, si l'on touche à notre civilisation, ce n'est pas moi qui m'en plaindrai; il en sortira peut-être du *pire*, mais au moins de l'*autre*. Nous avons besoin d'être secoués à fond pour que le plâtre tombe; nous avons besoin que l'on nous envoie tous garder les vaches aux champs pour nous remettre dans le vrai.

Plaisanterie à part, il y avait, il y a une réforme immense à opérer; ce n'est pas la première fois que je le pense, et, si j'osais, j'ajouterais que je le dis. Nous sommes à cent lieues de la vie normale. La civilisation, notre égoïsme plutôt, nous ont créé des besoins de malades; chaque année renchérissait sur l'année précédente; pendant que les uns avaient à peine une croûte de pain à mettre sous la dent, les autres raffinaient les raffinements mêmes de leurs jouissances. On a beau dire que le luxe fait vivre l'ouvrier, il le fait mourir aussi; mourir d'envie, mourir de haine, mourir en le jetant dans le faux.

Que le pauvre mange du bouilli et que le riche mange du rôti, voire même quelque dindon, je le veux ; mais que le pauvre se nourrisse de haricots, pendant que le riche truffe et retruffe ses morceaux ; que le pauvre sente la bise qui traverse sa mansarde le glacer sous une méchante couverture, pendant que le riche ouate et reouate jusques à ses volets ; que le pauvre aille à peine vêtu, pendant que le riche s'enveloppe de velours et se couvre de bijoux ; que le pauvre marche à pied le long des rues, pendant que le riche fait éclater à ses yeux la moire de ses voitures, les galons, les torsades, l'or et l'argent de ses livrées : voilà ce qui m'indigne. De tels contrastes feront toujours rompre l'essieu. Je sais bien que le luxe est mort, mais c'est la peur qui l'a tué ; cette mort-là ne profite à personne : cinq ou six mois de calme, et il reviendra.

Il n'y a qu'un remède à notre mortelle maladie : la charité ; la charité qui discerne, qui sent, qui pense, qui met un frère à côté du pauvre ; la charité qui prend un plat sur la table de celui qui a, et qui va le porter de son plein gré sur la table de celui qui n'a pas. Il y a de la vie en elle, il n'y en a point dans vos machines socialistes ; elles ne feront que des mannequins, la charité fait des hommes. Il faut du pain à ces bouches affamées, il faut l'Évangile à ces âmes. La matière étouffait l'Évangile, et voilà pourquoi Dieu a brisé nos intérêts matériels.

On triomphe ici des élections : point de communistes, point de socialistes, nous sommes sauvés !

Non, nous ne le sommes pas; c'est encore cet *aujourd'hui* qui occupe tout le champ de la lunette et qui empêche de voir *demain*. Si la pensée communiste existe en France, pourquoi l'escamoter? Croit-on que les idées s'évanouissent avant d'avoir produit ce qui est en elles? Que gagne-t-on à étouffer leurs jets? des pousses monstrueuses. — Liberté pour l'erreur! les plantes de serre chaude meurent à l'air vif; le soleil, les rosées, tout ce qui fait vivre les végétations naturelles, tue les végétations factices. Liberté pour le mensonge! et je ne crains rien pour la vérité, à condition qu'elle soit libre aussi.

Nous sommes encore bien aristocratiques à bord. *Pauline*, le chien mouton de l'avant, chien savant qui a tous les matelots pour instituteurs, ne se hasarde qu'à la nuit tombée sur l'arrière ou trône *Parador*, l'épagneul du commandant. De jour, Parador ne regarde seulement pas Pauline; à la brune, Parador trottant sous lui et prenant le long des bancs d'un air distrait, va chercher Pauline. Pauline arrive alors, sale, avec de petits yeux rouges, un nez en museau de cochon; intelligente, serviable : Parador s'étale, et Pauline s'assied en toute humilité devant lui; mais qu'un officier passe et lui dise en fronçant le sourcil : « Est-ce ici votre place? » Pauline, la queue entre les jambes, file son nœud vers l'arrière.

Autre infraction à la fraternité! Celle-ci est plus

grave. Les domestiques placés *aux secondes* et payant le prix *des secondes*, ne mangent pas à la table *des secondes*. Ils vivent dans le salon des secondes, couchent dans les lits des secondes, et lorsque la table est dressée, que leurs compagnons de passage s'y asseyent, ils n'ont pas le droit de s'y mettre! Ils donnent, comme ceux-ci, quatre francs pour leur nourriture, et ils ne mangent que les restes des restes! Cela est tout simplement une insulte à la dignité humaine. Je voudrais bien savoir en quoi un domestique vaut moins que vous ou que moi? Est-il fait d'une autre pâte? Et s'il paye comme vous ou moi, pourquoi ne mangerait-il pas avec vous ou avec moi?— Nous avons tous besoin des services des domestiques, leur secours est ce dont nous nous passerons le moins, ils savent nos habitudes, notre caractère, nos sentiments; de fait, ils sont plus membres de nos familles qu'une foule de gens que nous appelons nos cousins; nous disons à qui veut nous entendre qu'une partie notable de notre paix intérieure, de notre bonheur même dépend d'eux; et au lieu de relever cette classe si utile, si importante, nous l'avilissons à plaisir, nous semblons prendre à tâche d'éloigner de cette carrière tous les hommes de cœur et d'honneur, ceux justement dont nous aurions besoin! — Quant à la position de *Parias* qu'on leur a créée à bord de nos paquebots français, elle n'existe ni sur les *vapeurs* de l'Autriche, la plus aristocratique des nations; ni sur ceux d'Angleterre ou d'Italie... Mais *liberté, égalité, fraternité!* cela explique tout.

L'ordre et la tenue sont admirables à bord; le navire est décoré avec une richesse que je n'ai pas dans mon salon, tant s'en faut; on respire dans les vastes cabines; les maris et les femmes ne sont pas séparés pendant treize jours que dure la traversée; le salon des dames contient un beau piano; on s'y assied sur le velours, on y marche sur des tapis épais : c'est un mauvais apprentissage à la vie républicaine.

Hier soir la lune rouge, large, s'élevait derrière les cordages et les mâts dans le port, pendant que nos matelots entonnaient en chœur les chansons de France, chansons franchement coupées, précises comme notre langue et brillantes comme notre esprit. Mais de rêveries, plus; nous rentrons dans la série des faits; les événements se chargeront peut-être de nous tailler de la poésie en grand.

Je crois que je deviens révolutionnaire par dégoût de la vieille civilisation et du prévu. Il y a plus de cela qu'on ne pense dans nos sapeurs sociaux.

Nous achetons un bélier barbarin destiné à la table de l'*Osiris;* il courait sur le pont, et chacun de lui faire fête, quitte à se régaler après de ses gigots; le voilà sauvé. A Malte nous lui donnons une compagne, et nous importons la race à Orango.

Mercredi 24 mai, à bord de l'Osiris, dans le port de Malte. — Pendant que l'amiral Dupotet avait le portefeuille de la marine, une dame sollicitait : dans ce temps-là, cela arrivait quelquefois...... Elle sollicitait de l'avancement pour son fils, jeune habitué du boulevard de Gand. Après avoir fait inutilement persécuter l'amiral par des amis, elle se décide à lui demander une audience; elle expose sa demande. L'amiral embarrassé dans la toile d'araignée que tisse autour de lui la charmante solliciteuse, a bien de la peine à trouver quelque faux-fuyant; il se remue sur sa chaise, essuie ses plumes, puis tout à coup : — « Comment voulez-vous que je nomme Monsieur votre fils, pendant que les autres sont depuis dix ans à *bourlinguer!* » — La solliciteuse resta bouche béante, elle se leva, fit la révérence, sortit, et M. Dupotet n'en entendit plus parler. Ce terme technique, admirablement expressif, avait mieux convaincu la dame que ne l'eussent fait cent bonnes raisons.

Bourlinguer, rouler d'une lame à l'autre, mollement, uniformément, sans relâche, voilà ce que nous faisons depuis cinq jours et quatre nuits. Huit heures ici pour prendre du charbon, des dépêches, et puis nous *bourlinguerons* quatre autres jours et quatre autres nuits, jusqu'à Marseille.

La distance est immense; pour la bien mesurer, il faut naviguer à grand renfort de roues, la nuit, le jour, sans voir autre chose à l'horizon que la ligne bleu foncé de la mer jointe à la ligne bleu clair du ciel. Cela est grand, mais profondément monotone. Il n'y a que le fini qui fasse comprendre l'infini; Gudin le sentait lorsqu'il a jeté dans son Océan sans bornes, un homme qui se débat contre les flots.

Nous rencontrons ce matin une barque de Tunis; elle est chargée de moutons, elle a perdu sa route, elle cherche Malte, à peu près comme ce bâtiment grec qu'un négociant d'Alexandrie avait nolisé pour Malte, et qui revint au bout de deux mois de navigation, en déclarant que Malte *n'existait pas*, ou *n'existait plus*.

Hier quelques oiseaux jaunes, oiseaux de passage, quelques hirondelles fatiguées sont venues s'abattre sur le navire. Je croyais, sur la foi des élégies maritimes, que les matelots respecteraient leurs hôtes; ils ont sauté dessus comme des chats, ils ont coupé les ailes de deux pauvres hirondelles, et les hirondelles sont mortes de faim. Quand je vois l'homme si éternellement, si gratuitement méchant, j'ai envie de m'aller cacher au fond des bois. Et ceux-là ne sont pas plus mauvais que d'autres. Ils jouent à la savate, ils chantent en chœur: *Jamais* en France! jamais l'Anglais ne régnera : NON! et l'un des chanteurs fait des vers.

Mais cela n'est rien. Ce matin, une pauvre ouvrière phthisique qui revenait d'Alexandrie avec son mari, est expirée sans souffrance sur le navire. J'ignorais sa présence à bord, je l'ai amèrement regretté, nous aurions pu la soigner, lui lire quelque consolante parole de l'Évangile. Elle est morte, son mari va l'ensevelir à Malte, il a accepté le don d'un Nouveau Testament, il a refusé les secours.

— J'ai des bras, j'ai quelques épargnes; je vous en prie ne me contraignez pas.

Le climat brûlant d'Égypte a tué cette pauvre femme, et puis les privations.

— Voyez Monsieur, à déjeuner nous disions : tu as assez, n'est-ce pas, moi aussi; gardons le reste pour ce soir..... et le soir nous disions quelquefois : gardons pour demain : et ainsi, elle s'est affaiblie. — » Voilà de ces choses qui empêchent d'avaler.

Nous n'apercevons de Malte qu'une terre plate, jaune, avec des fortifications formidables, et Lavalette, qui s'avance en mer flanquée de ses deux ports. Nous glissons devant le premier, une escadre anglaise y mouille, les pavillons flottent en guirlande éclatante : c'est l'anniversaire de la naissance de Victoria, reine d'Angleterre. Nous glissons autour du fort Lavalette, de ses batteries à fleur d'eau, des antiques *auberges* des chevaliers, et nous venons jeter l'ancre dans le second port, le port du Lazaret.

Notre temps se passe à lire, à travailler, à causer quand la mer est supportable, et quand elle s'agite, à nous demander, quarante heures durant, si nous..... ou si nous ne..... Cela fait la plus sotte vie du monde; on ne jouit que du quart de son intelligence, on n'a de courage à rien; et puis le soir, lorsque tout se tait, qu'on n'entend plus que le fracas des lames qui se brisent, que le craquement des parois, que le tremblement saccadé du navire sous l'impulsion de la puissante machine; on se pose des questions plus ou moins lugubres : — Si la chaudière sautait..... et pourquoi ne sauterait-elle pas? — Si le feu prenait..... et pourquoi ne prendrait-il pas? — Si une voie d'eau se déclarait, si un orage éclatait?

« Icelui est bien fol, qui scent avoir aucune chose de l'autrui, et quelque pesché mortel en son âme, et se boute en tel dangier; car si on s'endort au soir, l'on ne sçait si on se trouvera au matin au sous de la mer [1]. »

Mardi, 30 mai 1848. Lazaret de Marseille. — Depuis deux jours nous sommes au port. Eh bien! j'aimais notre cabine, je commençais à aimer la vie

---

[1] M. Petitot, *Collection des mémoires relatifs à l'histoire de France*, tome II. Joinville, page 207.

de mer, même le combat contre la houle. A notre départ de Malte, la mer était soulevée, les eaux bleu-noir se creusaient en vallées, la vague s'entr'ouvrait, se dressait, et son écume d'argent glissait le long des pentes; la proue marchait victorieuse à la rencontre du vent *Ouais nord-Ouais*, qui dans sa rage prenait le flot, le transportait tout entier sur l'avant et en inondait *Marron* et *Noirette* — notre bélier et notre brebis, — les plus douces et les plus sottes des bêtes. Ce temps-là nous aurait couchés demi-morts un premier jour de navigation; mais après une semaine et plus, nous étions à peu près imbéciles; voilà tout.

Vendredi, nous passons près des îles *Maritimo*, pyramides fièrement plantées dans la mer; nous voyons les côtes de Sicile à l'horizon. Samedi, nous traversons l'admirable *Passe de l'ours*, entre la Corse et la Sardaigne. La Corse nous montre sa longue chaîne de montagnes frangées de neige, la Sardaigne jette en avant ses îlots de rochers qui se dressent au sein des eaux tranquilles. Sainte Madeleine, petite ville blanche encadrée par deux écueils se tapit au fond d'une anse; à gauche, les rocs affectent des formes bizarres; l'ours de pierre, lourdement assis au sommet de son pic, tend sa grosse tête pendante par-dessus ses larges pattes et regarde son île. Les écueils se resserrent, le navire se trouve en face d'un mur; mais l'*Osiris* ne s'embarrasse pas pour si peu. Le voilà dedans, comment? on n'en sait rien, il y est; il navigue dans les eaux d'un lac paisible. Voici de jolies criques vertes et de belles plages blanches; il n'y avait pas d'entrée, il n'y a pas d'issue, et l'*Osiris* sort. Une fois dehors, nous prenons du bon temps. Le Commandant met l'équipage aux pièces, on envoie deux boulets ricocher sur la plaine liquide; à chaque bond, une fusée jaillit de l'abîme et brille au soleil, c'est une colonnade de diamant qui sort sous un doigt de fer. Le lendemain, tir au fusil : hier c'était le sublime, aujourd'hui c'est le burlesque. Chaque matelot, plus accoutumé à manier la corde du loch, la chaîne des ancres, la brosse et l'éponge que la crosse des tromblons, vient à son tour s'aligner et viser. Il y en a qui visent à six mètres au-dessous du but, d'autres à cinq mètres au-dessus, d'autres à cinq mètres à droite, d'autres à cinq mètres à gauche; on n'est sûr de sa personne que derrière. Ceci est pure méchanceté; une bonne moitié de l'équipage atteint la cible. Après ces exercices guerriers, des exercices natatoires. Cette fois, ce sont les thons et les nautiles qui en font les frais; ceux-là tiennent pied à l'*Osiris*; on les voit sautant tête et queue en l'air, tracer une ligne étincelante à côté du navire; ceux-ci se laissent ballotter dans leur berceau de cristal à la surface de la mer houleuse : on dirait de grosses bulles d'air parsemées çà et là.

Nous avions pris à Malte une provision de Nouveaux Testaments; grande distribution aux matelots: ils les reçoivent avec plaisir. Nous en offrons à nos amis de traversée; vingt exemplaires de la Parole de Dieu se placent ainsi.

Dimanche, de bonne heure, nous voyons les côtes de Provence, les grandes montagnes de Toulon, les grands rochers de Marseille, Notre-Dame-de-la-Garde assise sur son piédestal, le château d'If sur son rocher gris au milieu de l'azur de la rade, et la ville qui s'éparpille autour des eaux.

Nous quittons l'*Osiris*, reconnaissants de l'accueil parfaitement aimable qu'on nous y a fait, et nous voici pour la seconde fois à l'état de pestiférés.

Le lazaret renferme une petite montagne couverte de lavande et de genêts en fleurs; le bâtiment ouvre sur la vue de mer par une immense galerie que soutiennent des colonnes. Derrière cette belle architecture, il y a des appartements un peu fanés et des tapisseries qui tombent en lambeaux; on a bien de la peine à obtenir du restaurateur, qui ne voit arriver ses pestiférés ordinaires que trois fois le mois, quelque apparence de déjeuner ou de dîner; mais, le premier moment passé, tout s'arrange, la vie se régularise, chacun se crée son intérieur, et cet apprentissage de prison me donne presque goût à la chose.

Marron et *Noirette*, profondément dégoûtés de la

vie aquatique, se sont, en arrivant, jetés sur l'herbe avec une telle avidité, qu'il a fallu toute l'autorité, je dis peu, toute la puissance d'action de M. le commissaire de l'*Osiris* accompagné de ses dix matelots, pour les arracher à cette dégustation préliminaire.

On parfume nos lettres, on nous tend nos dépêches au bout d'une planchette; nos administrateurs nous tiennent dans les limites extérieures du cercle que trace leur grand bâton; nous avons chacun notre gardien : précaution bien nécessaire, puisque le lazaret ne contient d'autres hôtes que nous, et que nous sommes tous arrivés par le même *vapeur*.

Mercredi, 31 mai 1848. — Douleur poignante! — La mort s'abat une seconde fois sur notre famille. Encore des larmes, encore des parents vénérés que l'épreuve déchire. Nous pleurons, notre deuil redouble; ces deux grands vides, là où il y avait tant de jeunesse et tant d'espoir, nous épouvantent.

Notre rentrée au pays est bien sombre.

Mettre la main sur sa bouche, et puis adorer et prier!

Jeudi, 6 juillet 1848. Valleyres. — Gratuité de mon Dieu, tu surpasses toute espérance. Nous voici dans le nid paternel. Tu nous as fait la grâce de retrouver nos bien-aimés parents de France et de

Suisse. Au milieu des douleurs de la famille, des convulsions de la patrie, nos cœurs attristés ont pu s'ouvrir à des émotions de reconnaissance. Et maintenant, notre regard plonge sous les grands platanes, il se baigne dans un jour vert et tout doré; j'entends les fontaines : leur voix chante toujours la même chanson uniforme et charmante; la cloche sonne des heures de paix; la *Réne* coule sous les noyers, la fraîcheur en monte jusqu'à la tourelle perdue dans les feuilles; au travers des pommiers du verger, je vois les chalets de la montagne, blancs dans leurs clairières, entourés de sapins noirs. Les fumées du village montent lentement; là il y a de pauvres gens que j'aime, des malades, des vieillards, des enfants, — les jeunes, les bien portants, je n'y compte guère. — Derrière ces bois, dans la ville aux antiques tours, dans le château du moyen âge fièrement posé sur son coteau, des cœurs chauds et fidèles battent pour nous.

Hier, nous avons longtemps erré sous les chênes, c'était le soir; les derniers chars de foin revenaient au village; les orchis dans le fourré, les reines des prés le long du ruisseau donnaient tous leurs parfums; la lune, arquée, transparente, planait aux cieux; nous marchions lentement, au milieu de nos souvenirs, au sein de notre bonheur. Ah! j'aurais embrassé les arbres et la belle pelouse que nous foulions.

Seigneur, merci ! Seigneur, de ta part tout est amour ! Seigneur, toi seul as de ces tendresses qui font déborder le cœur ! Où que nous regardions, nous rencontrons tes bontés. Tu nous as comblés, mon Dieu, pendant ces huit mois ; nous sommes à toi : *use* de nous, Seigneur, comme tu le voudras, mais *use de nous* !

FIN DU TOME TROISIÈME.

DIRECTIONS PRATIQUES POUR LE VOYAGE.

EMPLETTES.

Selles de femme. — Elles sont indispensables pour les excursions à *cheval* et à *âne*. Les chameaux ont leurs bâts. — Acheter en Europe.

Parapluies. — Contre le soleil et contre la pluie. Un par personne; à canne de *bambou*, le bambou seul résiste au vent impétueux du désert. Je ne me suis servie du parapluie contre le soleil, qu'un jour ou deux; cela fatigue la main et devient un supplice; il vaut mieux s'accoutumer à supporter le soleil. Les parapluies se placent dans un solide étui de cuir qui les renferme tous. — Acheter en Europe.

Malles. — Nous avions, à nous quatre, trois malles pour nos effets particuliers; une pour nos livres; une petite caisse à chapeaux; une boîte plate pour les robes; et quatre sacs de nuit. Dans l'excursion en Grèce, nous n'avions pris avec nous que nos sacs de nuit. Durant la navigation sur le Nil, nous y avions ajouté deux malles. — Acheter en Europe.

Tentes. — Le mieux est de les acheter *au Caire*. Pour cent francs environ, on a une vaste tente verte, plus chaude et plus commode que la petite tente que nous avions apportée de France. Les tentes des domestiques coûtent beaucoup moins. On peut les acheter de seconde main. Éviter les frais de transport qui sont énormes de France ou d'Autriche en Orient, à moins qu'on ne prenne toutes ses caisses *avec soi*. Quatre ou cinq caisses, venues sans nous de Trieste et de Marseille, nous ont coûté *cinq cent francs* de port, rendues à Alexandrie.

Piquets de fer. — Pour assujettir les tentes. Il en faut une demi-douzaine en sus du strict nécessaire. — *Europe.*

Hache. — Pour enfoncer les piquets. — *Europe.*

Pioche. — Pour creuser des rigoles autour des tentes en cas de pluie et pour arracher des buissons. — *Europe.*

Lit. — Faire faire dans le port de mer où l'on s'embarquera, des *matelas de crin*. Ceux de laine ou de coton sont détestables. Veiller à ce que les bords soient *carrés*. Qu'ils se replient par le milieu afin de se fermer comme un livre. De jour ils servent de siége. On les étend sur la terre recouverte d'un tapis. Un matelas par personne suffit.

Il est inutile d'acheter des lits de fer ; c'est un embarras de plus et l'on dort tout aussi bien sur la terre en Syrie, sur les pierres dans le désert, sur les planches dans la cange.

On peut acheter une moustiquière. On ne s'en sert pas dans les villes ; les lits en sont garnis. On ne s'en sert pas en Grèce ; il n'y a pas de cousins. On s'en sert dans la cange, contre les rats. On ne s'en sert plus ni dans le désert, ni en Syrie ; cela serait trop long, les nuits sont trop courtes, et l'on a trop sommeil pour s'inquiéter des insectes. Il faut faire la moustiquière en mousseline grossière ; il faut la faire carrée, de manière à la suspendre par les quatre coins au *plafond du dahbieh*.

Acheter dans le port de mer où l'on s'embarque :

1º Des *oreillers* avec leur taie.

2º Des *couvertures* de laine et de coton : une couverture de laine, et une de coton par personne.

3º Des *draps* de toile.

4º Deux *paires de draps* supplémentaires, pour les cas de maladie. Dans les pays chauds on lave et fait sécher en quatre heures, il ne faut donc pas exagérer les précautions de cette nature.

5º Des *serviettes* à laver, à essuyer, et des serviettes de table.

6º Un *sac* solide, où l'on place tous les matins la garniture de lit.

7° Une *enveloppe* en toile d'emballage, où l'on place les matelas ; sans cela ils se déchireraient et se saliraient : les Bédouins s'y accroupissent tout le jour sur les chameaux.

Tapis. — Grossiers, en nombre suffisant, pour étendre sur le sol dans la tente. — *Acheter au Caire.*

Table. — Pliante, avec deux pieds en X. — *Au Caire.*

Chaises. — Des pliants. — *Au Caire.*

Lampe. — Suspendue, fort simple, et basse. Si elle est sur de trop grandes proportions, on ne peut s'en servir dans la cange dont le plafond est très bas. Notre lampe, garnie d'un abat-jour en tôle verte, allait tout juste, tandis que nous en avons vu revenir plusieurs autres, dorées, superbes, mais qui n'avaient pu trouver place dans le *dahbieh*. Cette lampe nous a fait passer des soirées délicieuses. Les flambeaux vacillent avec la cange et éclairent mal. On laisse la lampe au Caire, pour adopter dans le désert et en Syrie la lanterne de toile, qui sert à éclairer durant les courtes soirées sous la tente. — Faire une provision de *mèches* et de *verres*.

Cadeaux. — Lunettes d'approche, pour les Scheiks, drogmans, etc. — *En Europe.* — Mouchoirs d'indienne, ciseaux, dés, bobines de coton, aiguilles, pour les femmes Arabes, Nubiennes, Bédouines, Syriennes, etc. — *Au Caire.*

Camera Lucida. — Avec sa table. Les jambes de la table se placent dans un étui de cuir. La table se met dans un fourreau d'étoffe solide, avec le portefeuille, l'étui, l'étui aux crayons, les clous d'acier à tête plate nommés *punaises*, qui servent à fixer le papier sur la table, etc. Il ne faut pas se décourager si les premiers essais réussissent mal. Avec de la persévérance on arrivera toujours. Ne pas *ombrer*; cela serait trop long. Marquer les effets de lumière, et achever dans le *han*, sur la *cange*, ou sous la *tente*. La fatigue des yeux disparaît après quelques jours d'exercice. — *A Paris.*

Papier a dessiner. — Ample provision. Le gris ou le jaune fait mieux valoir le dessin que le blanc. — *Europe.*

Fournitures de bureau. — Le plus possible. On ne se repent jamais que de n'avoir pas pris assez de ces petits objets dont on se sert chaque jour, et dont l'absence cause une vive contrariété. — *Europe.*

Livres. — Des ouvrages spéciaux, et puis une petite bibliothèque de classiques bien choisis. Ils sont absolument nécessaires pour réveiller l'intelligence, et même la faculté de jouir, écrasée par les ouvrages spéciaux. — *Europe.*

Thermomètre. — *Europe.*

Armes. — Deux fusils à deux coups; deux paires de pistolets; c'est ce que nous avions avec nous. Une *surabondante* provision de *capsules*, de *balles de calibre*, de *poudre* et de *plomb*. — *Europe.* — On trouve de la poudre au Caire, et le reste aussi, mais plus cher et de qualité médiocre.

Toilette de femme. — Éviter le *vert* : couleur sacrée pour les Musulmans. Du linge solide, des brodequins, quelques-uns à double semelle, en nombre. Deux robes *à toute épreuve* : les étoffes anglaises en *poil de chèvre*, sont d'un porter désagréable, mais elle résistent à tout. — Une toilette du matin, complète; une toilette de ville, *idem*; une toilette habillée, *idem*. Outre deux chapeaux, l'un simple, l'autre habillé; un chapeau de castor gris, souple, rond, pour le voyage à cheval, à dromadaire et pour la navigation sur le Nil. — Un nécessaire de toilette. On n'en comprend toute la valeur que dans un voyage de cette nature. — Une provision de gants, de ceintures, de cravates, de rubans à nouer autour du cou, de cols simples et solides, de manchettes, etc., etc. — Des mouchoirs de mousseline blanche, pour s'envelopper la figure. — Une veste grecque ou arabe, en drap, ouatée, doublée de soie. Cela est beaucoup plus commode qu'un châle, qui tombe sans cesse, et dont les bouts s'accrochent à tout. — Un bon manteau. Un autre *en caoutchouc*. — De la flanelle. Il est bon d'en porter habituellement. — Du tulle de soie, des rubans, du taffetas, ce qu'il faut en un mot pour recouvrir un chapeau, ou pour orner une robe. — *D'abondantes fournitures d'ouvrages à l'aiguille.* — *Europe.*

Un *tarbousch* de femme, commode sur le Nil, ou le soir sous la tente. — *Au Caire.*

Prendre plutôt des vêtements épais et chauds que des vêtements légers; l'épaisseur des étoffes défend aussi bien contre l'ardeur du soleil que contre le froid. Nous n'avons jamais quitté nos vestes *ouatées*, pas même quand le thermomètre montait à se rompre.

Cantines. — En acheter une paire à Paris, chez *Gaudillot*. L'une contient la batterie de cuisine, la vaisselle d'étain, les boîtes de fer blanc où l'on place le thé, le chocolat, les bougies, le café, etc. L'autre est vide, et reçoit d'autres provisions de bouche. — *Paris.*

PROVISIONS DE BOUCHE. — Conserves de viande et de légumes. Le bœuf, bouilli ou rôti, et les petits pois, sont ce qu'il y a de mieux. Une boîte de viande et une boîte de légume par jour nous suffisaient. Nous étions : deux maîtres, deux serviteurs, un drogman, un cuisinier et le Scheik. On ne se sert des conserves que dans le *désert.* En Égypte, on mange le gibier qu'on tue; en Syrie, on trouve de la viande chaque jour, mais cette viande et les herbes qu'on vous donne sous le nom de *légume*, vous font regretter les conserves de Marseille. Ce sont de ces choses dont il vaut mieux prendre *trop* que *pas assez.* Ajoutez à cela que la préparation est simple et prompte, avantage inappréciable en voyage. — On met durant *dix minutes* la boîte de conserves dans une casserole pleine d'*eau bouillante*, on enlève le couvercle avec un couteau, on verse le contenu dans un plat, et le tour est fait. — Les conserves de marrons sont excellentes. — *Marseille, chez Roux.*

Quelques flacons de *cornichons au vinaigre.* — Une abondante provision de boîtes de sardines : excellent déjeuner. — Moutarde. — Thé. — Chocolat. — Quelques flacons d'eau de fleur d'orange. — Vin. En Grèce, le vin est plein de résine, amer, et presque inbuvable. En Égypte, il coûte assez cher. — *Europe.*

Savon. — Bougies. — Sucre. — Café. — Riz, *en abondante provision.* — Macaroni. — Biscuit, *en abondante provision.* — Confitures. — Fromage. — Saucissons; très utile pour le déjeuner de midi, dans le désert. — Oranges, *en surabondante provision, par centaines.* Nous en avions je crois *cinq cents* sur le Nil, et autant dans le désert. Indispensable, c'est le seul rafraîchissant. — Citrons, huile, vinaigre. Et bien d'autres choses que le drogman prévoit et qu'il achète. — *Au Caire.*

Dans le désert, tout se simplifie. On n'ajoute aux conserves de Marseille, que du *riz*, des *oranges*, du *biscuit*, des *confitures*, et des *saucissons*, grande ressource.

En général, il n'y a qu'à laisser faire le drogman; en le bridant un peu toutefois.

UNE PHARMACIE. — Composée d'après les instructions d'un médecin, dont on fera bien de prendre et d'*écrire* les conseils. — La

Quinine doit occuper une grande place dans la pharmacie. Les *poudres de James* aussi, pour provoquer la transpiration et couper les *refroidissements* qui deviennent vite graves en Orient. — Ne pas oublier le *cachou de Bologne*, en petites boîtes, excellent pour l'estomac. — *L'Arnica*. Dans les cas de contusions, de coupures, de plaies, de brûlures. Quelques gouttes versées dans un verre d'eau où l'on trempe des compresses, enlèvent l'inflammation et amènent une guérison prompte. En cas de chute, d'accident, verser quelques gouttes d'*Arnica* pur sur un morceau de sucre et avaler. Ce remède que nous avons éprouvé, est très puissant. — *Europe*.

VOYAGE.

TRIESTE.

Paquebots du Lloyd Autrichien. — De *Trieste* à *Alexandrie*, en passant par *Athènes*. — Premières places, 315 fr.; secondes places, 195 fr. Les lits se payent à part : 12 fr. 50 cent. par lit, aux secondes comme aux premières places. La nourriture se paye à part : 7 fr. 50 cent. à peu près, par jour, pour les premières places ; 5 fr. 50 cent., pour les secondes.

En prenant à *Trieste*, les places de *Trieste* à *Alexandrie*, au lieu de les prendre de *Trieste* à *Athènes*, et d'*Athènes* à *Alexandrie*, on fait une économie assez forte. Elle a été de 200 francs pour nous sur quatre places, deux premières et deux secondes. Les billets délivrés à Trieste, sont valables pour *deux* mois et pour *trois* quand on en fait la demande. On peut donc séjourner deux mois en Grèce, et poursuivre après.

Il est bon de se faire recommander au capitaine, de choisir et d'arrêter son lit d'avance ; il faut, autant que possible, le prendre *au milieu* du bâtiment.

Les paquebots partent tous les *quinze jours* ; les *mardis*, à compter du *second mardi* du mois.

Hôtel Metternich. — Cher. Les appartements propres, le service détestable.

Navigation. — Huit jours pour se rendre de *Trieste* à *Athènes*. — On est censé mettre 17 heures, pour aller de *Trieste* à *Ancône*; y passer sept heures : de neuf heures du matin, à quatre heures de l'après-midi; — d'*Ancône* à *Corfou*, 48 heures; y passer vingt-quatre heures : du vendredi à quatre heures de l'après-midi, au samedi à quatre heures de l'après-midi; — de *Corfou* à *Patras*, 12 heures; y passer trois heures : de quatre à six heures et demi du matin; — de *Patras* à *Vostizza*, 3 heures; y passer deux heures : de neuf heures et demie à onze heures et demie du matin; de *Vostizza* à *Lutrachi*, 11 heures. On y arrive le dimanche soir et l'on passe la nuit à bord. Le lundi, on traverse l'isthme en voiture; on attend six à sept heures le départ du paquebot d'Athènes, qui vient prendre les voyageurs à *Calamachi*. De *Calamachi* au *Pirée*, 6 heures. On y arrive le soir.

La compagnie du Lloyd se charge du transport au travers de l'isthme.

On trouve, au *Pirée*, des voitures qui mènent à Athènes.

ATHÈNES.

Hôtel d'Angleterre. — Propre; bon service. *Par jour* : 10 francs par tête pour les maîtres, 5 francs par tête pour les domestiques. L'éclairage et le chauffage sont en dehors. — Il faut exiger un bon logement.

Guide dans Athènes : une piastre d'Espagne — 5 fr. 75 cent. — par jour.

GRÈCE. — EXCURSION.

Prendre un *courrier grec* qui se charge de tout : logement, meubles, nourriture, cuisinier, agoyates, chevaux, etc. — Les étrennes du courrier, celles des agoyates, du cuisinier, et le retour des chevaux, lorsqu'on les renvoie d'un point quelconque, sont en sus. — Par jour : 25 fr. par maître, 12 fr. 50 cent. par domestique.

Navigation. — Le paquebot du Lloyd reprend les voyageurs au *Pirée*, les transporte en une nuit à *Syra*. On passe vingt-quatre heures à Syra. On s'embarque le soir sur le grand paquebot qui ait le service d'Égypte. Partis le mardi à quatre heures, nous sommes arrivés à *Alexandrie* le vendredi à la même heure.

ALEXANDRIE.

Hôtel d'Orient. — Médiocre ; 30 fr. par jour, pour deux maîtres et deux domestiques. Tout est compris. — Même prix dans tout l'Orient. On déjeune et l'on dîne à table d'hôte.

Navigation. — Paquebot d'*Alexandrie* au *Caire*. — On va d'Alexandrie au Caire en trente-six heures. Premières places, 300 piastres — 75 fr. — Secondes, 250 piastres — 62 fr. 50. — Troisièmes, 200 piastres — 50 fr. — Quatrièmes, 150 piastres — 37 fr. 50. — La piastre vaut cinq sous. La nourriture est comprise dans ces prix, non le vin ; il y a, en outre, une foule de frais de transport qui accroissent de beaucoup le prix de la navigation.

LE CAIRE.

Drogman. — 100 à 150 fr. par mois, sans compter les étrennes, qu'on donne ordinairement au retour du voyage sur le Nil après la traversée du désert, en se séparant, et qui sont considérables. Elles doublent à peu près les honoraires. Dans les villes, 5 fr. par jour en sus pour la nourriture.

Hôtel d'Orient. — Ni meilleur ni moins bon que les autres ; même prix.

Anes. — On s'en sert pour toutes les courses à l'intérieur et à l'extérieur : 6 piastres par jour, sans compter le *bakschich* à l'ânier.

LE NIL.

Dahbieh. — Le choisir avec soin. Le prendre verni à neuf ; cela sent mauvais, mais on évite les insectes. Ne pas croire à la promesse qu'on vous fait de *couler la cange* afin de noyer les insectes ; cela se dit, et cela ne s'exécute jamais ; le Reiss se borne à mouiller les parois qui gardent tous leurs habitants. Veiller à ce que le plafond de la cabine soit assez élevé pour qu'on puisse se tenir debout.

Meubler le Dahbieh. — C'est-à-dire : garnir le divan de coussins, les parois de tablettes et de clous à vis. Il faut résoudre ce problème : faire tenir le plus grand nombre d'objets dans le plus petit espace possible. Établir sur le pont une cuisine avec son four, une vaste cruche de Keneh à filtrer l'eau ; deux *kafass*, ou caisses en nervures de feuilles de palmiers, dans lesquelles se place la vaisselle, et bien d'autres *etc.* auxquels veille le drogman.

Les dépenses d'appropriation et de *provisions* pour le *voyage du Nil* se sont élevées, pour nous, à mille francs, à peu près. Là dedans ne sont pas comprises les dépenses courantes de chaque jour : lait, beurre, charbon, etc., etc.

On prend le dahbieh à la *course* ou au *mois*. — A la course il coûte un peu davantage ; mais on se rattrappe en épargnant du temps, l'équipage étant intéressé à marcher vite pour faire un second voyage ; tandis qu'au mois, il prolonge, cherchant à garder le plus longtemps possible ses voyageurs une fois qu'il les tient.

Tous les contrats doivent se passer au consulat. On paye d'avance une partie du prix arrêté, en ayant soin d'avertir le Reiss qu'à part les *bakschichs*, il ne recevra plus une piastre avant le retour.

Notre dahbieh, — huit hommes d'équipage, plus le Reiss et le pilote, — demande 3,000 piastres — 750 fr. — par mois. A la course : 7,000 piastres — 1,750 fr. — du Caire à la première Cataracte et revenir ; 8,000 piastres — 2,000 fr. — du Caire à la seconde cataracte et revenir.

Nous avons droit à *douze jours pleins* pour visiter les antiquités ; cela est stipulé dans le contrat. Ces jours se calculent par *heures*. On en tient une note exacte. Les arrêts par suite d'achats de provisions dans les villages, du pain que fait l'équipage, ou de calme plat, ne comptent pas dans les douze jours.

100 piastres, — 25 fr. — par jour qu'on prendrait outre les douze. Un *talari* au Reiss chaque dimanche, à la condition qu'il ne laisse pas travailler son équipage ce jour-là.

Le prix du passage de la première Cataracte, montée et descente comprise, est de 400 piastres — 100 fr. ; — il se paye en sus. Le Reiss s'engage à procurer les moyens de passer.

Il faut, si l'on veut pousser jusqu'en Nubie, que le dahbieh ou cange puisse franchir la première Cataracte. On assure, au Caire, qu'il y a à *Assouan* des dahbiehs qu'on prend si le dahbieh du Caire est trop grand pour franchir la Cataracte ; nous n'en avons pas vu un seul, ni à *Assouan*, ni à *Chalal*, ni à *Ouadi Alfa*.

On donne un bakschich à l'équipage devant chaque ville en remontant le Nil : deux piastres par matelot, quatre au Reiss, quatre au pilote.

En redescendant, on donne au Reiss de la Cataracte pour lui et pour sa troupe un bakschich de deux *talaris*.

En redescendant le Nil, deux bakschichs en tout à l'équipage.

Au Caire : un *talari* à chaque matelot, trois au Reiss, deux au pilote ; dix piastres en sus à chacun des matelots qui accompagnent dans les excursions pédestres.

Tout le long du Nil, on prend des ânes pour aller voir les antiquités ; c'est le drogman qui en arrête le prix.

C'est lui qui achète, de village en village, les provisions supplémentaires : lait, charbon, beurre, volaille, etc., etc.

Cuisinier. — On le paye sur le Nil : 50 fr. par mois avec des étrennes considérables.

TRAVERSÉE DU DÉSERT DU SINAÏ.

Cuisinier. — On le paye de 60 à 70 fr. par mois ; en outre, des étrennes considérables. Cinq francs par jour pour sa nourriture dans les villes où le voyageur loge à l'hôtel.

Scheik. — Le contrat se passe avec lui, au consulat ; c'est lui qui traite avec les Bédouins ; on n'a affaire qu'à lui seul. — Avant le départ : deux talaris d'arrhes. — Un bakschich aux chameliers.

Chameaux. — On paye 150 piastres — 37 fr. 50 cent. — par chameau, du *Caire* au *Sinaï* ; 100 piastres — 25 fr. — du *Sinaï* à *Nûkle* ; 100 piastres — 25 fr. — de *Nûkle* à *Dahrieh*, situé à cinq lieues d'Hébron ; 50 piastres — 12 fr. 50 cent. — de *Dahrieh* à *Hébron*. Les bakschichs au Scheiks et aux Bédouins sont en sus. Le droit de passage au Scheik des Bédouins *Tiahs* qu'on rencontre dans les environs de *Nûkle*, se paye encore en sus ; il est de 160 piastres — 40 francs.

On prend, sans y être tenu, une provision de biscuits et de lentilles pour les Bédouins. On leur donne le biscuit le matin et les lentilles le soir. Le Scheik mange avec le drogman.

Du *Caire* au *Sinaï*, nous avions *seize* chameaux, y compris celui du Scheik. Ce nombre paraît considérable ; mais il faut songer qu'outre les malles et les cantines, ces chameaux portent les tentes, les ustensiles, les provisions, les matelas et l'*eau*; deux chameaux portaient nos quatre tonnelets d'eau.

Du *Sinaï* à *Hébron* nous n'avions que *quinze* chameaux; l'eau se trouve plus souvent.

Veiller à la provision d'eau; empêcher qu'on se serve de la bonne pour faire la cuisine, pour laver les ustensiles ou pour la toilette.

Avoir chacun, pendu à la selle de son dromadaire, du côté de l'ombre, une *zinzamia*, outre à goulcau, à laquelle on revient souvent dans les sables du désert.

Couvent du Sinaï. — 300 piastres — 75 fr. — pour le couvent; 44 piastres — 11 fr. — à chacun des frères convers attachés au service des étrangers. 44 piastres — 11 fr. — au frère qui guide sur le Sinaï et à Sainte-Catherine; 40 piastres — 10 fr. — au Jebeleyeh qui accompagne les voyageurs dans ces excursions, en portant leurs provisions. Quelques piastres à ceux qui suivent le voyageur malgré lui; 44 piastres — 11 fr. — aux porteurs des effets dans le couvent. 20 piastres — 5 fr. — à l'aide cuisinier. Et bien d'autres bakschichs;

Excepté le pain et le logis, tout se paye à mesure et en sus des *trois cents piastres* : blanchissage, œufs, légumes, etc., etc.

Nûkle. — C'est là qu'on se sépare des Bédouins *Taouarahs*, pour prendre les Bédouins *Tiahs*. On obtient du Scheik des Tiahs, qu'il laisse passer le Scheik Taouarah, ainsi que deux ou trois chameaux de selle. Le Scheik *Taouarah* perd alors son autorité de Scheik et devient simple chamelier. Mais il est bon de le conserver, parce qu'il connaît les habitudes des voyageurs et qu'il est d'une humeur plus facile que les *Tiahs*.

Le Scheik des *Tiahs* perçoit à Nûkle son droit d'accompagnement mais n'accompagne pas lui-même les caravanes, il met à leur tête un Bédouin quelconque, qui n'est *Scheik* que pour les voyageurs.

Si l'on passe par la citadelle même de Nûkle, on fait le contrat avec les Tiahs par-devant le gouverneur; on lui offre le café, on fume avec lui, on paye les gardes ornés de queues de lapins dont il entoure le campement, et l'on a quelque peine à se tirer de ses griffes.

Si on évite la citadelle, on a des ennuis d'un autre genre, pareils à ceux que nous avons rencontrés.

Vingt piastres; — 5 fr. — de bakschich, à chacun des chameliers venus du Caire à Nûkle; 10 piastres — 2 fr. 50 cent. — à chacun de ceux qui ne nous ont accompagnés qu'à partir du Sinaï. Quelques Bédouins se joignent ordinairement à la caravane, à dater du Sinaï. — 30 piastres ; — 7 fr. 51 cent. — au Bédouin qui a pris un soin particulier des chameaux de selle, qui les a conduits, etc.

Hébron. — Bakschich de 300 piastres — 75 fr. — au Scheik *Touarah* qui a fait tout le voyage ; 20 piastres — 5 fr. — au Bédouin Tiah ou *Touarah* — si on lui a permis de passer — qui a pris soin des dromadaires des voyageurs ; 20 piastres — 5 fr. — au Scheik des Tiahs, et aux Tiahs qui ont *particulièrement* aidé à planter les tentes ; 10 piastres — 2 fr. 50 cent. — à chacun des autres.

On peut se rendre en un jour à Jérusalem, en s'arrêtant deux heures à Bethléhem. Le drogman écrit à Jérusalem, en fait venir des chevaux et des *mûkres* — conducteurs de chevaux — qui effectuent le transport. Le *mûkre* et son cheval, se paye 25 piastres — 6 fr. 25 cent., — par jour ; les bakschichs sont en sus.

JÉRUSALEM.

Louer une maison, ou aller à l'hôtel.

Notre maison nous coûtait 70 piastres par jour — 17 fr. 50 cent. Elle se composait de trois pièces, dont une microscopique ; et d'une cuisine.

Lorsqu'on loge chez soi, on se nourrit à ses frais.

Il est plus économique d'aller à l'hôtel avec tout son monde. *Meschullam*, Juif converti, tient un hôtel excellent ; on y vit plus commodément et à meilleur marché qu'en se nourrissant soi-même.

Excursion a la mer morte et au Jourdain. — Elle prend trois jours. On n'emmène que tout juste ce qu'il faut pour camper deux nuits. On se sert des mûkres et de leurs chevaux. On se fait accompagner par quelques Bédouins dont le nombre varie suivant l'état du pays ; on leur donne une somme ronde proportionnée à leur nombre. — Je crois, sans en être sûre, que nous avons remis 100 piastres — 25 fr. — à notre escorte, composée de six hommes.

SYRIE.

Dans toute la Syrie, mûkre et son cheval, 25 piastres — 6 fr. 25 cent. — par jour, les bakschichs en sus ; on les proportionne à la longueur de l'excursion. Notre caravane se composait de *quatre ânes*, qu'on ne payait pas et qui portaient les mûkres; de *six mûkres*, qu'on ne payait pas, ou mieux, dont les gages étaient englobés dans le prix des chevaux; de *six chevaux*, et de *sept mules*. Les six chevaux étaient montés par nous six ; et les sept mules portaient *tout le bagage*. Il est vrai que nous n'étions plus obligés de transporter notre eau. On charge fort peu les chameaux et beaucoup les mules. — C'étaient ces treize bêtes-là, que nous payions 25 piastres par jour, chacune.

Retour sur les paquebots français. — De *Beyrouth* à *Marseille*, treize jours. Prix des premières places : 500 fr. la place. Prix des secondes places : 250 fr. la place. La nourriture se paye en sus.

L'important dans un voyage de cette nature, c'est d'avoir un *drogman* probe. — Tous les marchés se font par lui, toutes les emplettes par lui encore; avec un drogman voleur, la plus stricte économie est absolument inutile. Le plus honnête drogman perçoit un droit très fort sur tous les achats. Heureux est-on, quand il s'en tient là.

ERRATA DU TROISIÈME VOLUME.

Page	ligne	au lieu de	lisez
88	17	au fond creux d'un rocher	au fond d'un creux de rocher
271	7	Asalom	Absalom
289	21	oiseux pêcheurs	oiseaux pêcheurs
311 note 4		deux réunions	des réunions
327	4	au nord on voit Naplouse	nous voyons Naplouse
455 note 4		comité dont l'argent	comité dont l'agent

TABLE DES MATIÈRES DU TROISIÈME VOLUME.

Pages.

Désert de Suez. 4
Sources de Moïse. 14
Ouadi Ouardan. 22
Ouadi Usseit. 30
Ouadi Murkah. 37
Ouadi Feyran. 42
Ouadi Solaf. 51
Plaine d'el Halu. 90
Ouadi Barrak. 93
Sababut el Kadim. 97
Ouadi Abum Tégani. 103
Ouadi el Arisch. 108
Ouadi el Fadieh. 123
Ouadi Gherour. 131
Ouadi el Seraf. 136
Ouadi el Kulasa. 139
Ouadi el Kalil. 149
Hébron. 157
Jérusalem. 192
La mer Morte et le Jourdain. 277
Beeroth. 312
Naplouse. 318
Djennin. 330
Le Thabor. 343
Nazareth. 355
Le Carmel. 369
Ptolémaïs. 389
Tyr. 397
Sidon. 408
Le Liban. 416
Beyrouth. 452
Retour. 464

FIN DE LA TABLE DU TROISIÈME VOLUME.

Contraste insuffisant

NF Z 43-120-14

www.ingramcontent.com/pod-product-compliance
Lightning Source LLC
Chambersburg PA
CBHW050610230426
43670CB00009B/1342